Gideon und Christine Böss

Schatz, wir werden reich! (Vielleicht)

Ein Paar und zwanzig Anläufe zum großen Geld

Das Buch

Ein einfallsreiches Paar lässt uns humorvoll an seinen Anläufen zum großen Geld teilhaben - mit 20 verschiedenen Methoden, die alle den großen Geldregen versprechen....

Ein Paar in chronischer Geldknappheit. Um aus dem Strudel aus Dispokrediten, Nachzahlungen und Inkassobriefen herauszukommen, entwickeln die beiden eine Idee, die sie von all diesen Sorgen befreien soll: reich werden. Also versuchen sie sich als Börsenspekulanten, Pferdewetter, Kunstsammler und Goldhorter. Es gibt so viele Wege, die (angeblich) zum großen Geld führen – und dieses Paar versucht sie alle zu beschreiten.

Die Autoren

Gideon Böss: geboren 1983 in Mannheim und aufgewachsen in der Vorderpfalz. Nach dem Abitur 2003 begann er ein Studium der Soziologie in Mainz, das er 2010 in Berlin abschloss. Nach einer kurzen Zeit im öffentlichen Dienst lehnte er den Entfristungsvertrag ab und wechselte in die Selbstständigkeit als Autor und Journalist. Im Jahr 2014 erschien mit »Die Nachhaltigen« ein erster Roman, auf den 2016 mit „Deutschland, deine Götter – eine Reise zu Tempeln, Kirchen, Hexenhäusern" das erste Sachbuch folgte.

Christine Böss: Geboren 1986 in Kasachstan. Mit zwei Jahren nach Deutschland gekommen, wo sie in Mainz am Rhein aufwuchs. Nach dem Abitur ging sie für das Studium der Medienpädagogik erst nach Trier, um es schließlich in Mainz abzuschließen. Danach zog sie nach Berlin, wo sie nur deswegen eine Wohnung hat, weil das Kulturkaufhaus Dussmann nicht rund um die Uhr offen ist. Derzeit arbeitet Christine als Online-Marketing-Managerin.

Gideon & Christine Böss

SCHATZ, WIR WERDEN R€ICH!

(vielleicht)

Ein Paar und zwanzig Anläufe zum großen Geld

Deutsche Erstveröffentlichung bei
Topicus, Amazon Media EU S.à r.l.
38, avenue John F. Kennedy, L-1855 Luxembourg
Mai 2019

Umschlaggestaltung: semper smile, München,
www.sempersmile.de
Umschlagmotiv: © Abstractor / Shutterstock; © semper smile, München,
www.sempersmile.de
Lektorat: Marketa Görgen
Korrektorat: Verlag Lutz Garnies, Haar bei München, www.vlg.de
Gedruckt durch:
Amazon Distribution GmbH, Amazonstraße 1, 04347 Leipzig /
Canon Deutschland Business Services GmbH, Ferdinand-Jühlke-Str. 7,
99095 Erfurt /
CPI books GmbH, Birkstraße 10, 25917 Leck
ISBN 978-2-91980-743-7

www.topicus-verlag.de

Inhalt

Einleitung

Geld macht nicht glücklich, heißt es, und das stimmt wahrscheinlich auch. Aber weil kein Geld auch nicht glücklich macht, entscheide ich mich lieber für die Variante mit Geld. Zumindest in der Theorie – in der Praxis bin ich aktuell ziemlich mittellos. Keine Immobilien, kein Erspartes und nicht einmal die Aussicht auf ein großes Erbe. Stattdessen ein »Vermögen«, das selten die 500-Euro-Grenze durchbricht. Wäre ich Schüler oder Student, könnte das unter Umständen den einen oder anderen meiner Freunde beeindrucken, der noch weniger hat. Ich bin aber Mitte dreißig, und da schaut eigentlich niemand mehr zu dir auf, weil du über ein dreistelliges Vermögen verfügst. Viel eher gibt es da besorgte Blicke, und für manchen diene ich als Beruhigung dafür, dass die eigenen finanziellen Sorgen ja doch nicht so schlimm sind. Alles ist relativ, und ich relativiere für mein Umfeld dessen Abstiegsängste. Dabei könnte es auch anders aussehen, denn ich war nach dem Studium im öffentlichen Dienst angestellt und erhielt nach Ende meines Zweijahresvertrags das Angebot einer Entfristung – und kündigte, statt zu unterschreiben. Öffentlicher Dienst ist ja so etwas wie Beamtentum light – wer da drin ist, bleibt da eigentlich auch. Ich hatte aber andere Ziele und wollte mein Geld als Autor verdienen. Also halte ich mittlerweile bei Arbeitsbeginn keine Stechkarte mehr vor das Lesegerät, sondern schreibe stattdessen für Zeitungen oder arbeite an Romanen, womit ich gerade mal meinen Anteil der Miete bezahlen kann. Seit ich das Trikot vom Team Staatsdienst gegen das vom Team Freiberuflichkeit getauscht habe, ist mein Konto jedenfalls chronisch im roten Bereich.

Aber das soll sich ändern. Und es gibt so viele Leute, die mir dabei helfen wollen. Man könnte fast den Eindruck gewinnen, dass der Kapitalismus nur dafür erfunden wurde, um mich reich zu machen. Ob Banker, Berater oder Autoren von »Reich über Nacht«-Ratgebern, sie alle zerbrechen sich scheinbar permanent den Kopf darüber, wie sich mein Konto füllen lässt. Vielen Dank dafür! Vielleicht sollte ich ihnen eine Chance geben. Womöglich war ich bisher nur deswegen nicht reich, weil ich jede Hilfe ausgeschlagen habe.

Aber jetzt trete ich ins Licht. Jetzt bin ich bereit, mir helfen zu lassen.

Und ich starte nicht allein. Mein Partner ist in diesem Fall eine Partnerin, nämlich meine Frau Christine, mit der ich seit mehr als einem Jahrzehnt die Tiefen und, ähm, tieferen Tiefen der finanziellen Minimalbeweglichkeit teile. Wobei sie in dieser Zeit eine erstaunliche Begabung dafür entwickelt hat, Mahn- und Inkassoschreiben in so etwas Ähnliches wie motivierende Gutschriften umzudeuten. »Das ist eine erste Mahnung, das ist gut, da haben wir noch Zeit, und wenn ich die Kreditrate zurückbuche, haben wir sogar mehr Geld als im Vormonat!« Ich habe mich so sehr an diese Interpretationen gewöhnt, dass ich nervös werde, wenn wir mal eine Woche lang keine Mahnung im Briefkasten haben.

Es heißt immer, dass Flexibilität in der heutigen Berufswelt zum Erfolg führt. Christine hat das ausprobiert und kann bestätigen: Nein, das stimmt nicht. Als wir uns während des Studiums in Mainz kennenlernten, lernten wir uns erst mal über drei Monate hinweg nicht wirklich kennen, weil Christine immer direkt nach Ende des Kurses fluchtartig das Gebäude verließ, als hätte sie als Einzige den Feueralarm gehört. Immer ging es geradewegs zu einer Brezelbude, einem Automobilverlag, einem Job an der Schule oder einer Nebentätigkeit in der Buchhandlung. Ich habe ehrlich gesagt den Überblick darüber verloren, wo sie überall und wie lange gearbeitet hat, aber sie kann noch heute Stadtführungen auf den Spuren ihrer Mindestlohnexistenz anbieten. Egal ob in der Mainzer Altstadt, der Neustadt, dem Bahnhof oder den großen Einkaufspassagen. Überall gibt es Läden, Geschäfte und Unternehmen, für die sie als Teenager oder Studentin mal gearbeitet hat. Es ist praktisch unmöglich, mehr als fünf Minuten geradeaus zu laufen, ohne dass Christine wieder eine Wirkungsstätte ihrer geschäftigen Jugend entdeckt.

Neben der Flexibilität bewies sie auch noch die andere Primärtugend, die in der modernen Arbeitswelt erwartet wird: Mobilität. Wir zogen 2009 nach Berlin, und Christine machte an der Spree direkt da weiter, wo sie am Rhein aufgehört hatte. Sie überprüfte für Lieferdienste Speisekarten, korrigierte Lexikonartikel und jobbte in der Buchhandlung. Der Höhepunkt war erreicht, als sie das Leserinnenforum der Pferdezeitschrift »Wendy« betreute. Was konkret bedeutete, den ganzen Tag über Streitereien pubertierender Mädchen zu schlichten, die sich gegenseitig ewige Feindschaft schworen, weil sie sich nicht auf die exakte Fellfarbe eines bestimmten Gauls einigen konnten. Wenn es also jemanden braucht, der die Friedensgespräche zwischen Palästinensern und Israelis moderiert, wüsste ich seit diesen »Wendy«-Tagen eine überqualifizierte Kandidatin dafür – es wäre nur schön, wenn man Christine wenigstens für diese Friedensarbeit mehr als den Mindestlohn zahlen würde.

Weder Flexibilität noch Mobilität sorgten aber dafür, dass das Geld in großzügiger Menge zu ihr floss, und das wenige hatte noch dazu selten den Anstand, lange zu bleiben. Von daher reichen diese beiden Eigenschaften wohl doch nicht aus, um sich in die »Forbes«-Liste hochzuarbeiten. Auch meine Arbeit als Autor hat uns bislang keinen dauerhaften Reichtum beschert, also haben wir beide ein Interesse daran, den Kapitalismusbaum zu schütteln und zu sehen, was für finanzielle Glücksfrüchte uns dabei vor die Füße fallen …

Ach ja, ein Nachtrag: Aktuell arbeitet Christine als Online-Marketingmanagerin. Ein einziger Job, nicht zwei oder drei – wir alle werden irgendwann ruhiger.

Pferdewetten

Christine und ich haben beschlossen, reich zu werden. Weil das aber kein Ausbildungsberuf ist, gibt es verschiedene Wege, die zum Ziel führen können. Beginnen wir also mit dem leichtesten: Geld verdienen, während andere für dich schuften. In diesem Fall sind es Tiere, fünfhundert Kilo schwere Tiere. Ja, wir gehen zum Pferdewetten.

Auf dem Gelände der Rennbahn Hoppegarten, die sich etwas außerhalb von Berlin befindet, wirkt die Zeit ein wenig angestaubt, als ob sie hier und da schon von Motten angefressen wurde. Man kommt sich sofort elitär vor, wenn um einen herum die Männer Anzug mit Tuch in der Brusttasche tragen und die Frauen ihre großen blauen Hüte spazieren führen. Ein Hauch von englischem Hochadel im Berliner Speckgürtel kurz vor Brandenburg. Überall auf dem Areal gibt es kleine Läden, bei denen Wetten abgegeben und Gewinne abgeholt werden können. Immer stehen einem freundliche Mitarbeiter gegenüber, die das Gefühl vermitteln sollen, die Betreiber hätten es nicht vor allem auf das Geld der Gäste abgesehen. Während im Casino jedem klar ist, dass die Kugel nur rollt, solange gezahlt wird, verbreitet so eine Rennbahn die Illusion, hier stünde die Liebe zu den Pferden im Mittelpunkt. Als würden die ohnehin ihre Rennen laufen und das Wetten wäre nur ein netter Nebeneffekt, aber keineswegs Mittelpunkt des ganzen Geschehens.

Auf Empfehlung einer Mitarbeiterin gehen wir vor dem ersten Rennen zu einer Nebenkoppel, wo die Pferde vorgeführt werden. Jeder kann sich dabei ein eigenes Bild von den Tieren machen. Wobei die echten Wettprofis das nicht brauchen – die studieren lieber die Rennverläufe der letzten zwei Jahre und vergleichen, auf welchem Untergrund welches Pferd wann am besten abgeschnitten hat. Nur Anfänger kommen auf die Idee, die irgendwie ja doch alle ziemlich ähnlich aussehenden Pferde anzugucken, um sich dann spontan für eines zu entscheiden.

»Ich setz auf die Drei!«, legt Christine sich fest, noch bevor sie alle Tiere gesehen hat. Ob die Drei ihr zugezwinkert hat oder ob es ihre Glückszahl ist, weiß ich nicht. Aber sie scheint überzeugt zu sein. Ich lege mich schließlich auch fest und wähle die Nummer sieben. Einziger Grund dafür ist, dass ich auch für die anderen keine besseren Argumente hätte.

Wir zahlen unsere Wetten ein. Christine setzt sofort fünfzig Euro, ich nur zehn. Und weil das Rennen gleich beginnt, machen wir uns auf den Weg zur eigentlichen Rennbahn. Die Tribüne befindet sich auf Höhe der Ziellinie, aber wir sitzen wie die meisten anderen Besucher auf der Wiese direkt vor der Bahn.

Die Stadionrunde ist länger als in der Leichtathletik. Die Pferde müssen tausendzweihundert Meter zurücklegen, die auf Bildschirmen verfolgt werden können, weil sich das Rennen größtenteils auf der Gegengeraden abspielt. Was auf einem Rennbahngelände mit den Ausmaßen eines mittelgroßen Flughafens bedeutet: sehr weit weg. Über diese Bildschirme ist jetzt erst mal zu sehen, wie Helfer die Pferde in die Startkabinen schieben, als handelte es sich um sture Esel. Dann geht das Rennen los, und ein Moderator kommentiert das Geschehen so unterkühlt, als würde er sonst den Wetterbericht im nordkoreanischen Fernsehen verlesen. In der Ferne bewegen sich sechs verschiedenfarbige Punkte vorwärts, die sich irgendwann in eine Kurve legen und dabei erst langsam und dann immer schneller größer werden. Als sie auf die Zielgerade einbiegen, verwandeln sie sich endgültig in einzelne Pferde. Jetzt hat es etwas vom olympischen Hundertmeterfinale. Hufe donnern auf den Boden, und die Tiere spurten mit einem Tempo voran, für das man im verkehrsberuhigten Innenstadtbereich den Führerschein entzogen bekommt. Irritierend sind dabei die Reiter auf ihren Rücken, die allesamt an betrunkene Rumpelstilzchen erinnern, die wie von Sinnen mit dünnen Stöcken auf die Tiere einschlagen. Und dann kommen die Pferde an uns vorbei und überqueren die Ziellinie.

»Gewonnen hat Killerbiene!«, verkündet der Moderator, und irgendwer in meiner Umgebung schreit seine Freude heraus. Da muss jemand viel gewonnen haben, denke ich, bis ich merke, dass Christine dieser Triumphator ist. Ihre Drei hat gewonnen, und sie ist zweihundertfünfzig Euro reicher. Was für ein Einstieg in unsere Laufbahn als Pferdewetter! Unter diesen Umständen verzeihe ich es meinem Gaul auch, nur den letzten Platz gemacht zu haben. Dabei sein ist alles!

Für uns hätte der Tag nicht besser beginnen können: Gleich beim ersten Versuch wurden aus fünfzig Euro zweihundertfünfzig. Wenn wir auch das verfünffachen, sind wir nach dem nächsten Rennen bei 1 250 Euro, dann bei 6 250 und nach dem achten und letzten Rennen bei 19 531 250 Euro. Millionäre! Zuerst einmal kaufen wir uns aber Bratwürste und Cola.

Dann geht es wieder an die kleine Koppel, um die Pferde des nächsten Rennens mit kritischem Blick zu prüfen. Welches Tier macht einen guten Eindruck? Christine hat sich wieder schnell entschieden und erhöht nun auf hundert Euro Einsatz. Auch ich habe einen Favoriten, der nun mit klackernden Hufen näher kommt. Schwarzes Fell, das in der Sonne glänzt wie der Lack eines Porsches, und die dunklen Augen eines stolzen Gewinners. Jeder Schritt eine Kampfansage an die Konkurrenz. Hier läuft der Champion, keine Frage. Ich bin schon bereit, fünfzig Euro auf ihn zu setzen, als er plötzlich im Laufen mehrere Pferdeäpfel fallen lässt. Wie unprofessionell kann man sein als Pferd? Vor so einem wichtigen Rennen erwarte ich mehr Disziplin. Wer sich so wenig im Griff hat, unterbricht am Ende auch das Rennen, um sich über ein paar Blumen am Wegesrand herzumachen. Ich ziehe meinen Tipp zurück und wechsle zu einem Gaul mit grauem Fell. Ehrlich gesagt nicht, weil ich ihn für einen Sieger halte, sondern weil mir seine Lässigkeit gefällt. Viele der anderen Pferde machen es den Mitarbeitern nicht leicht, die sie an den Zügeln durch die Koppel führen; sie bleiben stehen, wollen sich umdrehen, und manchmal stellen sie sich sogar auf die Hinterbeine. Mein Pferd nicht. Es wirkt nicht wie jemand, der um den Titel mitrennt. Stattdessen wirkt es ein bisschen wie der Bastian Schweinsteiger unter den Teilnehmern – zwar sympathisch, aber halt auch schon seit ein paar Jahren über den Zenit. Doch es imponiert mir, wie ruhig er zwischen all den schnaubenden Konkurrenten mitläuft. Er muss niemandem mehr etwas beweisen. Ich setze auf ihn, aber nicht auf Sieg, sondern auf Platz. Er muss also unter die ersten drei kommen. Zwanzig Euro auf den Schweinsteiger-Gaul.

Tatsächlich setzt sich mein Pferd sogar an die Spitze des Feldes, als das Rennen beginnt. Vermutlich will es wenigstens kurzzeitig ganz vorn sein, bevor die jungen Wilden es übertrumpfen. Doch Schweinsteiger überrascht mich. Als die Tiere auf die Zielgerade einbiegen, führt er immer noch. Erst dreißig Meter vor dem Ziel preschen drei Gegner vor und versuchen, ihn zu überholen. Einer schafft es. Es sind noch zwanzig Meter. Noch einer schafft es. Es sind noch zehn Meter und … vorbei! Schweinsteiger hat sich auf dem dritten Platz ins Ziel gerettet. Christines Alles-oder-nichts-Wette ist dieses Mal nicht aufgegangen, ihr Favorit blieb weit hinter den Erwartungen zurück. Meine weniger riskante Strategie bringt aber auch nicht viel Geld ein, und so gibt mir die Frau im Totoladen nur zweiunddreißig Euro.

Hätte ich geahnt, dass das schon der größte Erfolg meiner Pferdewetten-Karriere war, ich hätte den Moment mehr genossen, statt das Geld achtlos und in der Erwartung, dass das nur der Beginn sei, in den Geldbeutel zu stecken. Von den hundert Euro, die ich zum Wetten dabeihatte, bleiben mir nach den kommenden zwei Rennen nur noch fünfzehn Euro. Auch Christine hat kein Glück mehr mit ihrer »Pferde nach Optik auswählen«-Strategie, und so schmilzt auch bei ihr alles bis auf einen Restbestand von neun Euro dahin. Wobei ihr Absturz spektakulärer ist, schließlich hatte sie auf dem Höhepunkt ihres Wettglücks zweihundertfünfzig Euro in der Tasche. Wir stehen also beide vor Rennen fünf schon mit dem Rücken zur Wand beziehungsweise zum Pferdestall. Wird uns das Comeback gelingen? Wir legen unser Geld zusammen und teilen uns auf. Christine geht die Pferde auf der Koppel angucken, und ich lese im Begleitheft nach, welche nützlichen Hinweise es zu den verschiedenen Tieren gibt. Schließlich einigen wir uns auf Pferd zwei, das laut Programmheft bei diesem Rennen »durchaus ein Thema ist«, was auch immer das heißen mag. Wobei man aber auf der Pferderennbahn ohnehin keine rhetorischen Höhenflüge erwarten sollte. Auch die Besitzer der Pferde sind eher schwierige Gesprächspartner, wie die Versuche des Radiomoderators zeigen, der sich mit seinen Siegerinterviews viel Mühe gibt und doch immer wieder auf hufeisenharte Einsilbigkeit stößt.

»Wollen Sie heute unbedingt gewinnen?« – »Warum nicht.«

»Was macht so ein Pferd, wenn es nicht rennt?« – »Außer essen nicht viel.«

»Warum gewinnen so oft Pferde Ihres Stalles?« – »Keine Ahnung.«

»Wer gewinnt wohl das nächste Rennen?« – »Das kann ich nicht sagen.«

Wer am Ende das letzte Rennen gewinnt, weiß ich nicht. Ich weiß nur, dass unser Tier »durchaus *kein* Thema« war und unser Wettkonto schließlich eine schlanke Null aufweist. Nichts mit 19 531 250 Euro.

Später in der S-Bahn streichen wir die Pferdewetten von der Liste der Dinge, die uns reich machen können. Schade eigentlich. Es war ein netter Nachmittag zwischen Pferden, Wetten und Menschen, die sich so vornehm kleiden, als ginge es in die Oper. Aber gut, wir stehen ja noch ganz am Anfang. Nun ist es erst mal Zeit, einen Schritt zurück zu machen und das Thema Reichtum mit mehr Struktur und Ordnung anzugehen.

Als Nächstes wollen wir darum einen Blick in die Ratgeberliteratur werfen. Wird sie uns lukrativere Wege aufzeigen können als das Wetten auf Pferde? Mal sehen.

Fazit: Das Glück der Erde liegt vielleicht auf dem Rücken der Pferde – der finanzielle Erfolg aber nicht.

Ratgeberliteratur

Beim Weg zum Reichtum ist es wie mit dem Klettverschluss für Schuhe: Er muss nicht neu erfunden werden. Es gibt genügend reiche Menschen, an denen man sich orientieren kann, wenn man ebenfalls in diese Geldliga aufsteigen will. Manche dieser Reichen haben sogar Bücher geschrieben, in denen sie ihr Erfolgsgeheimnis mit ihren Lesern teilen – wobei ich davon ausgehe, dass sie ihr letztes Geheimnis für sich behalten wie ein Sternekoch, der das eine exotische Gewürz verheimlicht, damit er weiterhin etwas besser ist als seine Konkurrenz.

Na gut, vielleicht trifft es die Wahrheit nicht ganz, wenn man von »manchen« Reichen spricht, die gern ihre Anleitungen zum Reichwerden publizieren. Es gibt nämlich eine gigantische Zahl an Büchern zum Thema. »Denke nach und werde reich«, »Der reichste Mann von Babylon«, »50 Klassiker des Erfolgs«, »Die 7 Wege zur Effektivität«, »Mein Leben und Werk«, »Der Weg zum Reichtum«, »Die dynamischen Gesetze des Reichtums«, »Die Millionärsformel«, »Denken Sie groß!«, »Das Gesetz des Reichwerdens« – und das sind nur die ersten zehn auf der Liste, die Christine erstellt hat (weswegen meine Aufgabe darin besteht, eines davon zu lesen, schließlich ist das hier Teamarbeit). Zehn von einhundertfünfunddreißig. Fünf vollgeschriebene Seiten mit Buchtiteln, die alle irgendwie gleich klingen. Aber wie bringt uns das weiter? Würden wir die alle kaufen, wäre das nicht die Formel zum Reichwerden, sondern die Garantie für unsere Verarmung. Also entschließe ich mich, in eine Buchhandlung zu gehen und mich beraten zu lassen.

* * *

Im Laden gibt es sogar einen eigenen Tisch mit passender Fachliteratur. Hier ist schon gnadenlos vorsortiert, und so schrumpft die Auswahl von einhundertfünfunddreißig auf drei oder vier. Als gerade eine Buchhändlerin vorbeikommt, spreche ich sie an.

»Ich will reich werden, welchen Ratgeber können Sie mir dafür empfehlen?«

Sie schaut mich aus grünen Augen an, die seit Jahrzehnten Leser und Bücher miteinander verkuppeln.

»Wollen Sie nachhaltig investieren oder möglichst schnell viel Geld verdienen?«

»Ich will schnell viel Geld haben.«

Ihre Hände schweben über den Tisch, als träten sie mit jedem der Cover in Berührung, die allesamt aussehen wie Instagram-Fotos protziger Neureicher mit viel zu viel Glitzer, Gold und Jachten.

»Das könnte zu Ihnen passen!«

Ich bin einen Moment irritiert, denn Donald Trump zeigt jetzt mit ausgestrecktem Zeigefinger auf mich und wirkt dabei sehr entschlossen. »TRUMP – Wie man reich wird« steht da in goldenen Buchstaben, und im Untertitel: »Ansichten und Einsichten eines Multimilliardärs«.

»Von ihm als Präsidenten muss man nicht reden, aber als Milliardär weiß er natürlich was über Geld«, meint die Buchhändlerin.

Ich mache also das, was Hillary Clinton den Russen vorwirft: Ich kaufe Trump.

* * *

Als ich mich zu Hause an den Schreibtisch setze, neben mir Kugelschreiber und Notizheft, um die wichtigsten Ratschläge notieren zu können, ist die erste Überraschung schon im Impressum zu finden. Dort steht: *Den Autor erreichen Sie unter: info@finanzbuchverlag.de.* Ob das die Politiker dieser Welt wissen, die sich alle um Termine beim US-Präsidenten bemühen? Ich probiere sofort aus, ob diese Leitung zum mächtigsten Mann der Welt wirklich funktioniert, und schreibe ihm eine Nachricht. In dieser will ich erst mal das Thema Geld im Hintergrund halten und stattdessen das Emotionale und Menschliche hervorheben, weswegen ich den pfälzischen Wohnort seines Großvaters in den Mittelpunkt rücke. Und so verschicke ich unter dem Betreff »Reichtum und Kallstadt« meine Nachricht:

> Sehr geehrter Herr Trump,
>
> erreiche ich Sie wirklich über diese E-Mail-Adresse? Ich kenne übrigens Kallstadt sehr gut, wo Ihr Großvater herkommt. Ich wohnte selbst nur wenige Kilometer entfernt (in Ellerstadt) und fuhr oft mit dem Rad durch dieses Dorf. Gern kann ich Ihnen aktuelle Fotos von Kallstadt schicken, wenn Sie daran interessiert sind – wobei ich annehme, dass Ihre Überwachungssatelliten und Drohnen sicherlich eine bessere Auflösung haben als

mein Smartphone und Sie darum wohl nicht auf meine Mithilfe angewiesen sind.

Ich freue mich über eine Antwort und würde nach dem Lesen Ihres Buches gern noch einmal Kontakt aufnehmen, um Fragen zu stellen, die sich während der Lektüre sicherlich ergeben werden.

Mit freundlichen Grüßen vom Prenzlauer Berg in Berlin ins Weiße Haus in Washington

Gideon Böss

Unter die E-Mail schreibe ich noch meine Telefonnummer für den Fall, dass er mehr der Typ ist, der kurz durchklingelt, statt lange Nachrichten zu schreiben.

Drei Wochen später kommt tatsächlich eine Antwort:

Sehr geehrter Herr Böss, vielen Dank für Ihre E-Mail, die an mich weitergeleitet wurde. Bedauerlicherweise erreichen Sie unter der E-Mail-Adresse »info@finanzbuchverlag.de« nicht Herrn Trump persönlich, sondern uns – den Verlag, der die deutsche Version von Donald Trumps Buch »How to Get Rich« publiziert hat. Und leider haben auch wir keinen persönlichen Kontakt zu ihm – besonders jetzt, wo er Präsident der Vereinigten Staaten ist, wird es wohl schwer, ihn zu erreichen.

Sollten sich beim Lesen des Buchs Fragen ergeben haben, melden Sie sich gern wieder bei uns. Zwar wird nicht Herr Trump Rede und Antwort stehen können, doch wir werden unser Bestes geben, keine Fragen offenzulassen.

Mit besten Grüßen

Und dann geht es endlich inhaltlich los. Eine von Trumps Geschäftsregeln lautet: »Fangen Sie in jungen Jahren an zu arbeiten.«[1] So toll ist die nicht. Wäre das ein Erfolgsgeheimnis, hätte Christine auch schon ein paar Millionen auf dem Konto. Immerhin muss man eine ganze Weile im Berufslexikon stöbern, bis man auf einen Job stößt, den sie nicht schon gemacht hat. Ich blättere weiter durch das Buch und lese Ratschläge wie »Wie in einer Komödie geht es auch beim Geld vor allem um richtiges Timing«[1], »Spielen Sie Golf«[1] (weil man seine Deals mit den Geschäftspartnern am besten dort, nun ja, einlochen kann) oder »Und glauben Sie den Kritikern nicht – außer natürlich denen, die Ihre Arbeit lieben«[1].

Die Tatsache, dass der Autor dieses Ratgebers heute kein Immobilientycoon mehr ist, sondern US-Präsident, lässt sich beim Lesen nicht vollständig ignorieren. Ich versuche es zwar, aber es ist unmöglich. Wenn er etwa schreibt »… wie dringend ich Phasen brauche, in denen mich niemand stört … um mein inneres Gleichgewicht zu bewahren. (…) In meinem Fall eignen sich die frühen Morgenstunden am besten für diese Art der Reflexion«[1], muss ich automatisch daran denken, dass es genau diese Morgenstunden sind, in denen er seine zornigen Tweets veröffentlicht. Auch teilt er mit, nach reiflichen Überlegungen erkannt zu haben, »… dass ich mich in meinem Geschäft zu wohl fühlte, um für das Amt des Präsidenten zu kandidieren«[1].

Irgendetwas muss also zwischen der Veröffentlichung des Buches und seiner Kandidatur vorgefallen sein.

Seine Ratschläge bleiben oft erstaunlich oberflächlich und mein Notizzettel dementsprechend leer. Er empfiehlt: »Schütteln Sie niemandem die Hand, wenn es sich vermeiden lässt«[1], stattdessen ist er für die Einführung der japanischen Verbeugung. Darüber kann sicherlich diskutiert werden, aber auch wenn ich mich in Zukunft vor den Leuten verbeuge, statt den seiner Meinung nach »schrecklichen Brauch«[1] des Händeschüttelns fortzuführen, bringt mir das noch keinen Cent mehr Geld ein. »Wenn Ihnen jemand wehtut, dann sollten Sie so hart und gewaltsam zurückschlagen[,] wie Sie können«[1], lautet ein Erfolgsgeheimnis, das er auch noch theologisch begründet mit: »Wie es in der Bibel heißt: Auge um Auge.«[1] Damit hat er die Idee hinter »Auge um Auge« komplett falsch verstanden, denn dabei geht es ja gerade nicht um einen Gewaltexzess, sondern um dessen Vermeidung. Wenn dir jemand eine Ohrfeige gibt, sollst du ihm nicht im Gegenzug den Kiefer brechen, weil du »so hart und gewaltsam« wie möglich reagierst. Es geht um die Verhältnismäßigkeit. Entweder gibst du ihm auch eine Ohrfeige, oder du erhältst eine Entschädigung im Gegenwert einer erlittenen Ohrfeige.

Ziemlich bald gebe ich die Hoffnung auf, in diesem Werk zwischen blasiertem Selbstlob (»Wenn ich Flughöhe sage, spiele ich damit nicht auf meinen Privatjet an«[1]) und absurden Geständnissen (»Ich persönlich finde, dass mein Haar gut aussieht, aber ich habe nie behauptet, es sei meine größte Stärke«[1]) wirklich sinnvolle Ratschläge zu finden. Dafür entwickeln die reichlich vorhandenen Fotos in ihrer schamlosen Egozentrik eine ganz eigene Komik. Ein Beispiel: Trump steht auf einer Hochhausbaustelle irgendwo über New York und hält sich an einem Stahlrohr fest, das aus dem Beton ragt. Er trägt einen teuren Mantel und einen ebensolchen Anzug und hält ein bizarr großes Handy an sein Ohr. Die Arbeiter, die von diesem Fototermin offenbar überrascht wurden, schauen allesamt neugierig herüber, keiner arbeitet mehr. Und der ganze Aufwand nur, um in der Bildunterschrift verkünden zu können: »Wenn man an der Spitze steht, hören die Anrufe niemals auf.«[1] Es gibt noch ein ganz ähnliches Motiv, das vermutlich am gleichen Tag auf der gleichen Baustelle entstand. Trump, immer noch maximal unpassend gekleidet, steigt eine Leiter hinauf und schaut sich um: »Ich prüfe die Dinge gern selbst, auch ohne meinen Hubschrauber.«[1] Auf diesem Niveau zieht sich das Fotoalbum durch die Kapitel, was tatsächlich einen hohen Unterhaltungswert hat, der aber so wohl nicht beabsichtigt war.

Eigentlich gibt es nur einen sinnvollen Rat, den ich aus diesem Buch mitnehme: »Investieren Sie nur in Produkte, die Sie verstehen[,] und mit Leuten, denen Sie vertrauen können. Manchmal sind die besten Investments diejenigen, die man unterlässt.«[1] Im Buch selbst betont Trump immer wieder, dass für ihn nur die höchste Qualität gut genug sei. Ich könnte ihm das eher glauben, wenn sich nicht schon beim ersten Durchblättern in schöner Regelmäßigkeit Seiten aus dem Buch lösen würden. Schon bald sieht mein Schreibtisch aus, als hätte ich die Kontrolle über eine Loseblattsammlung verloren.

Von Donald Trump können wir also wenig Hilfe erwarten, Milliardär hin, US-Präsident her. Aber das werde ich nicht twittern, sonst beschimpft er mich womöglich noch als *Crooked Gideon.*

Fazit: »Ich neige nicht dazu, Wunschvorstellungen mit der Realität zu verwechseln.«[1]

Rentenfonds

»Um Geld habe ich mich noch nie gekümmert.« – Reiche Leute sagen diesen Satz mit einer gewissen Blasiertheit, bei nichtreichen Leuten hingegen ist er zumeist schon Teil der Diagnose. Wir gehören zu letzterer Gruppe. In unserem Umfeld wechselt Geld vor allem dann den Besitzer, wenn wieder irgendein Opa gestorben ist und daraufhin eine Eigentumswohnung im Wert von 400 000 Euro in Enkelkind-Besitz übergeht. Wenn ich mir meine familiären Erbmöglichkeiten so ansehe, wird es diese Wohnung in meinem Leben nicht geben, weil es den dazugehörigen Großvater nicht gibt. Das ist aber nicht so schlimm, weil ich ohnehin zusammen mit fünf Geschwistern geerbt hätte, weswegen mir nur ein Sechstel der Wohnung gehören würde, also der Flur oder die Besenkammer. Die Situation mit meinen Geschwistern erinnert an Tierfilme, in denen das Wolfsrudel über den massigen Elch herfällt. Ein Tier allein hätte an dem 600-Kilo-Fleischberg lange Zeit seine Freude, wenn aber sechs Wölfe gleichzeitig an ihm reißen und zerren, sieht das schon ganz anders aus. Zumal wir uns eines Tages nicht um einen schwergewichtigen Elch streiten werden, sondern um einen verhungerten Maulwurf, um im Bild zu bleiben. In Sachen Erben ist es eindeutig besser, ein einsamer Wolf zu sein, also Einzelkind …

Christine (ein Bruder) steht in dieser Hinsicht besser da, aber auch bei ihr wachsen die Erbbäume nicht in den Himmel, ja, nicht mal über die Regenrinne des Elternhauses hinaus. Aus der Ecke der Blutsverwandten sollten wir also nicht so viel erwarten, weswegen sich die Frage stellt: Wie kommen Menschen sonst so zu Geld? Mit einem Job, könnte man jetzt einwerfen. Aber – wie viele Leute verdienen so gut, dass sie nach Miete, Auto und dem Spanienurlaub noch wirklich viel übrig haben? Das Gehalt deckt meistens nur die laufenden Kosten, und wenn dann noch ein Eigenheim abgezahlt werden muss, ist es als Grundstock für ein Vermögen endgültig verloren.

Weil also mit einem normalen Broterwerb keine großen Sprünge zu machen sind, wollen wir uns die notwendigen Euros an der Börse verdienen. Dafür haben wir einen Termin im Beratungszentrum der Berliner Sparkasse in Berlin-Mitte ausgemacht. Es ist ein modernes Gebäude, was heißt, dass es vor allem aus breiten Fensterfronten besteht. *Wir haben nichts zu verbergen und sind transparent bis aufs Pausenbrot,* ist die Aussage dieser Architektur. Mit dem Fahrstuhl geht es in Etage sechs hinauf, und weil auch er verglast ist, wirkt diese Reise wie die Gratisfahrt in einer Kirmes-Attraktion, die erst weit hinauf in den Himmel steigt, um dann mit rasantem Tempo auf den Erdboden hinabzustürzen. (Nach dem Aussteigen kann man dann am Fotostand ein Bild kaufen, das zeigt, wie das eigene Gesicht bei Todesangst aussieht. Wenn man es genau bedenkt, ist das ein sehr verstörender Spaß.)

Oben angekommen, werden wir an der Tür schon von einer Beraterin erwartet.

»Das ist ja toll, wenn alles so hell und offen ist«, meine ich zur Begrüßung mit Blick auf die Fenster.

»Im Sommer ist das ein Treibhaus«, kommt es zurück. »Mein Name ist Ritter.«

Wir folgen ihr durch ein Großraumbüro in einen Flur. Unsere Beraterin wirkt dynamisch, als stünde sie gerade für eine erfolgreiche Banker-TV-Serie vor der Kamera. Sie hat schulterlanges blondes Haar und eine Körperspannung, wie es sie sonst höchstens noch auf Kasernenhöfen gibt. Vom Typ her gehört sie zu den Frauen, deren wahres Alter von wohl Ende vierzig nie genannt wird ohne den entschuldigenden Hinweis: »Aber sie sieht mindestens zehn Jahre jünger aus.«

Wir betreten ein Büro, das so sauber und steril wirkt, als ob es bei IKEA ausgestellt wäre. Christine und ich nehmen auf zwei Stühlen an einem großen Schreibtisch Platz.

»Wasser?«, fragt Frau Ritter und beugt sich zu einer Minibar hinunter.

»Nein, danke«, antworte ich.

»Ja, bitte«, sagt Christine.

»Dann auch für mich.«

»Also zwei«, rechnet die Fachfrau für Zahlen zusammen, stellt uns Flaschen in der korrekten Anzahl auf den Tisch und setzt sich schließlich ebenfalls. Der Schreibtisch und sie bilden eine Einheit, sie sind ein eingespieltes Team. Aufgrund ihres motivierenden Lächelns nimmt man Ritter sofort ab, dass sie immer das Beste für den Kunden rausholen will. Für uns holt sie das aber nicht raus, denn es dauert nur zwei Sätze, bis sie weiß, dass wir lediglich eine kleine dreistellige Summe investieren können. Danach geschehen sehr schnell hintereinander drei Dinge: Erstens äußert sie Unzufriedenheit darüber, dass wir von der Sparkassen-Hotline an sie vermittelt wurden, zweitens erinnert sie sich laut daran, dass sie eigentlich erst ab 100 000 Euro aufwärts in Beratungen einbezogen wird, und drittens verlässt sie daraufhin das Zimmer.

»Ich schicke einen Kollegen, der besser zu Ihrer Situation passt«, meint sie noch, bevor der dunkle Flur sie verschluckt.

»Hat sie uns jetzt einen Korb gegeben?«, fragt Christine, während sie von dem Wasser trinkt, das als stummer Zeuge an die 100 000-Euro-Beraterin erinnert.

»Ja«, murmle ich.

Offenbar sind wir hier nicht Gucci. Wir sind KiK.

Es klopft an der Tür, und herein kommt ein etwa Dreißigjähriger, den vom ersten Moment an eine Maxmustermannhaftigkeit umweht, die die Erstellung eines Phantombildes unmöglich machen würde. Er könnte jeder sein und jeder könnte er sein. (Nur nicht Frau Ritter, er ist der organische Gegenentwurf zu ihr.) Kurze schwarze Haare, blasse Haut und als auffälligstes Merkmal im Gesicht eine Brille. Ob er gut aussieht oder nicht, ob er groß ist oder klein, kann eigentlich nicht festgestellt werden, weil bei ihm alles auf ein Ergebnis zueilt: Er ist allumfassend unscheinbar.

»Mein Name ist Schneider, wie wollen Sie denn Ihr Geld anlegen?«, möchte der Berater für finanzielle Leichtgewichte wissen, während er umständlich Platz nimmt. Sein Kugelschreiber rollt auf den Tischrand zu und fällt auf den Boden. Vielleicht ist das der stumme Protest des Schreibtisches gegen diesen Beraterwechsel.

»Wissen wir noch nicht, irgendetwas an der Börse«, meine ich.

»Ich verstehe, soll es um kurzfristigen oder langfristigen Profit gehen?«

»Am besten beides«, schlägt Christine einen interessanten Kompromiss vor.

Schneider nickt und spielt an seinem Kugelschreiber herum.

»Ich verstehe«, murmelt er wieder, scheint aber nicht wirklich etwas mit dieser Aussage anfangen zu können.

»Was gibt es denn für Investitionsmöglichkeiten?«, will ich wissen.

»Nun, da gibt es sehr viele«, kommt es unter Kopfnicken zurück.

»Okay. Was?«

»Als Erstes natürlich Aktien. Da könnten wir Ihnen verschiedene Pakete zusammenstellen, die ganz auf Ihre Interessen zugeschnitten sind.«

»Unser Interesse sind Aktien, die uns reich machen.« Sehr gut! Christine setzt die richtigen Prioritäten. Bestimmt sind viele Leute nur deswegen nicht an der Börse erfolgreich, weil sie nicht explizit nach Aktien fragen, die reich machen. Prima, dass wir diesen Fehler vermieden haben.

»Wenn das so einfach wäre«, meint Schneider mit einem gequälten Lächeln. Ich habe nicht den Eindruck, dass er Christines Wortmeldungen mag. »Lassen Sie uns zuerst anhand einiger Fragen feststellen, was für ein Finanztyp Sie sind«, meint er und startet eine Software auf dem Computer. Frage um Frage stellt er uns, und es fühlt sich fast an wie in einer Beziehungsshow, bei der geprüft wird, wie gut sich das Paar wirklich kennt. Wir kennen uns offenbar so lala gut.

Bei meiner Geldanlage achte ich vorrangig auf die Renditen. (Christine Ja / Gideon Ja)

Die Gefahr, einen Teil meines Vermögens zu verlieren, belastet mich stark. (Christine Ja / Gideon Nein)

Auch kleine Verluste machen mich schon nervös. (Christine Ja / Gideon Nein)

»Sie müssten sich nun noch entscheiden, wessen Ergebnisse für die Auswertung genutzt werden sollen«, erklärt Schneider, und nach kurzer Besprechung entscheiden wir uns für die von Christine. Danach dauert es keine zehn Sekunden, bis wir unsere Diagnose haben: Gruppe 3!

»Die mittlere Risikogruppe«, murmelt Schneider, der immer sofort den Augenkontakt abbricht, wenn sich unsere Blicke zufällig kreuzen.

»Heißt das, dass wir nur mittelmäßig gewinnen, aber auch nur mittelmäßig verlieren können?«, will ich wissen.

»In dieser Risikogruppe wird versucht, Risiko und Sicherheit moderat abzuwägen. In der höchsten Stufe hätten wir es mit deutlich dynamischeren Geldanlagen zu tun, wo die Streuungen höher sind.«

Wer risikofreudig ist, ist also dynamisch, und Verluste sind Streuungen. Banker sind ja noch kreativer im Erfinden von Nebelworten als Diplomaten. Wer pleite ist, ist vermutlich auch nicht pleite, sondern nur finanziell fokussiert.

»Was empfiehlt uns der Computer denn?«

Schneider bittet noch um etwas Geduld, während seine Software das Ergebnis berechnet. Was wird die künstliche Intelligenz uns mittelmutigen Anlegern wohl empfehlen? Wir stehen ja zwischen den Waghalsigen und den Ängstlichen. Zu zögerlich, um in eine Marsexpedition zu investieren, aber zu risikofreudig, um mit einem klassischen Sparbuch zufrieden zu sein.

Der Kompromiss zwischen Risiko und Sicherheit hat schließlich einen Namen, und dieser lautet: Rentenfonds.

Für mehrere Augenblicke sagt Schneider danach nichts mehr. Vielleicht hat er das in einem Rhetorikseminar gelernt.

»In Anbetracht Ihrer Risikobereitschaft schlägt die Software die Investition in einen Rentenfonds vor«, erklärt Schneider dann. »Damit sind wir nicht so abhängig von einzelnen Werten.«

Er trinkt etwas.

»Haben Sie zu diesem Zeitpunkt noch Fragen?«

»Ja«, meint Christine, »was ist ein Rentenfonds?«

Gute Frage. Das interessiert mich auch.

Schneider wirkt etwas irritiert, aber das muss in seinem Fall nicht unbedingt etwas mit der Frage zu tun haben.

»Rentenfonds setzen sich zumeist aus festverzinslichen Anleihen zusammen.«

»Und was sind Anleihen?«, setzt Christine weiter nach.

»Also das …« Er denkt kurz nach, und für einen Moment frage ich mich, ob er sagen wird, dass er für uns nicht zuständig ist, weil er nur bei Kunden hinzugezogen wird, die die Grundbegriffe kennen. Aber nein – er bleibt und erklärt: »Im Grunde leiht sich der Schuldner zu einem bestimmten Zinssatz Geld, das er nach einer vereinbarten Zeit zurückzahlt.«

»Also gibt es in Rentenfonds keine Aktien?«

»Nein. Aber wenn Sie daran interessiert sind, können wir auch Aktien dazunehmen. Das wäre dann kein reiner Rentenfonds mehr, sondern ein Mischfonds.«

»Aber dann wäre das kein Investment mehr, das uns der Computer als Risikogruppe 3 vorgeschlagen hat?«

»In Ihrer Gruppe wird vor allem auf Rentenfonds gesetzt, das ist richtig.«

Christine nickt. Ihr Auftritt als Erstklässlerin und Prüferin in einem ist beendet.

»Wenn es noch weitere Unklarheiten gibt, bitte gern fragen«, ermutigt uns unser Berater, aber es klingt wie eine Floskel.

»Im Mischfonds sind also verschiedene Anlageformen zusammen. Wie wenn man auf den Wochenmarkt geht und neben Birnen auch noch Äpfel und Himbeeren und Eier in den Korb legt?«, frage ich nach.

Schneider nickt. Und schweigt. Offenbar weiß er nicht so recht, was er mit meinem Wochenmarktvergleich anfangen soll.

»Rentenfonds sind also reine Birnenkörbe?«

»Wenn man so will, ja.« Er bleibt vorsichtig, traut diesem Wochenmarkt nicht.

»Und je höher die Risikogruppe, umso mehr verschiedenes Obst liegt im Korb?«

»Es hängt immer vom Kundenwunsch ab, aber im Bereich 4 und 5 sind Aktienfonds in der Tat relevante Optionen«, beantwortet er meine Frage, ohne den hingehaltenen Obstkorb aufzunehmen.

»Okay«, meine ich nach einigen sehr langen Sekunden. »Wie geht es jetzt weiter?«

Schneider nickt. »Wir sind ja schon sehr weit gekommen. Ich würde nun mehrere Fonds vorbereiten, zwischen denen sie sich dann entscheiden können, wenn Ihnen einer zusagt.«

»Wie lange wird das dauern?«

»Drei, vier Tage.«

Er begleitet uns noch durch den Flur zum Ausgang. Im Großraumbüro sitzt die 100 000-Euro-Frau am Schreibtisch und telefoniert. Sie wirft uns ein kurzes Lächeln zu, das gewinnender ist als eine halbstündige Beratung durch den spröden Herrn Schneider. Mittlerweile steht die Sonne am Mittagshimmel und heizt den gläsernen Flur vor dem Fahrstuhl auf. Die Scheiben wirken dabei wie Lupen, die die Wärme noch einmal zu konzentrierterer Hitze bündeln. Wir fahren im gläsernen Fahrstuhl hinunter, was sich anfühlt, als würden wir sehr langsam aus großer Höhe auf den Erdboden zustürzen.

* * *

Als wir drei Tage später von Schneider informiert werden, dass unsere Unterlagen fertig sind, geht es zurück ins Büro im Glasbaukasten. Es gibt wieder Wasser zu trinken, allerdings liegt dieses Mal auch eine Reihe von Dokumenten auf dem Tisch. Schneider wirkt gewohnt unsicher, was eine beruhigende Konstante im schnelllebigen Wertpapierhandel ist. Egal, ob der Dax steigt oder fällt, Herr Schneider schwitzt. Darauf ist Verlass.

Auf den Papieren wird jede denkbare grafische Darstellungsform genutzt, um Gewinn- und Verlustentwicklungen der jeweiligen Werte darzustellen: Da gibt es Tortendiagramme, Balken, Graphen zu Aktienkursen, Prozentangaben und das Ganze mal in Schwarz-Weiß und mal in Farbe. Am besten gefällt mir, dass diese Unterlagen auch eine Einschätzung zur Weltpolitik beinhalten, die im Vergleich zu der sonst so steifen Bankersprache beinahe lyrische Ambitionen erkennen lassen. »Blickt man auf die Lage der Weltwirtschaft, lässt sich passend zum bevorstehenden Sommer viel Sonnenschein ausmachen«[2], heißt es da, bevor die Wettermetapher noch weitergedreht wird, denn »lediglich die letzten Daten aus China verdunkeln etwas den Himmel und mahnen zur Vorsicht«[2]. Wer hingegen einfach immer Sorgen bereitet, ist der Autor meines Ratgeberbuchs beziehungsweise der aktuelle US-Präsident, der sich »einmal mehr« bei irgendwas als »Spielverderber« erwiesen hat und wie ein »Elefant durch den Porzellanladen der internationalen Beziehungen«[2] trampelt.

»Ich habe mich auf die Vorbereitung von drei Fonds konzentriert, bei denen ich mir vorstellen kann, dass sie Ihnen entgegenkommen«, stellt unser Bankberater fest, dem zum wiederholten Male der Kugelschreiber auf den Boden fällt.

»Weil Sie sich ja auch für Aktien interessierten, wäre da als Erstes der Aktienfonds ›Welt‹, der in Aktien investiert, die überdurchschnittliche Dividendenqualität erwarten lassen. Wobei dieser schon der Risikogruppe 4 zuzuordnen wäre. Blättern Sie bitte mit mir auf Seite 3, da sehen Sie zum Beispiel eine Reihe der Unternehmen, in die investiert werden könnte.«

Wir blättern um und lesen Namen wie Allianz, Axa, Nestlé und Pfizer. Außerdem informiert ein Kasten darüber, dass der Finanzsektor in diesem Fonds mit 18,7 Prozent am stärksten vertreten ist.

Nachdem es eine Weile lang ruhig gewesen ist, weil wir die Daten studiert haben, stellt Christine fest: »Das klingt nicht nach dem, was wir suchen.«

»Wie meinen Sie das?«, kommt es verunsichert zurück, und in diesem Fall ausnahmsweise zu Recht, da Christines Stimme einen seltsamen Unterton hatte, den ich nur aus Mafiafilmen kenne, wenn mit der Lieferung etwas nicht stimmt.

»Das sind alles etablierte Unternehmen, wir wollen aber in das nächste Apple investieren.«

Christine ist gut darin, die eigenen finanziellen Träume zum Problem anderer zu machen.

»Das wünscht sich jeder«, murmelt Schneider, »aber so etwas kann natürlich nicht garantiert werden.«

»Nestlé wird schon mal kein zweites Apple und die Allianz auch nicht«, kommt es von der Patin zurück. Wäre Christine ein Mann mit tiefer Stimme, Schneider hätte vermutlich längst den Alarmknopf betätigt.

»Sie können sich natürlich auch andere Unternehmen mit in den Fonds holen, wenn Sie nicht zufrieden sind.«

Christine schweigt.

»Wir haben ja noch zwei weitere, was bieten die denn?«, versuche ich, den Konflikt zu beenden. Aber da auch der zweite Fonds in Aktien investiert und Christine ziemlich schnell wieder »Apple« murmelt, diskutieren wir erst gar nicht lange darüber. Fonds drei unterscheidet sich insofern von den ersten beiden, dass er auf Währungen setzt und dass Christine stumm bleibt.

»Anlageschwerpunkt sind dabei Schwellenländer«, meint Schneider, der wohl selten so froh war, keine Aktienunternehmen anbieten zu müssen.

»Vor allem wäre das ein Rentenfonds, so wie es der Computer vorgeschlagen hat«, wirft Christine ein.

»Ja, das wäre ein klassischer Rentenfonds.«

»Wie müssen wir uns so eine Investition vorstellen?«, möchte Christine wissen, die es irgendwie schafft, gleichzeitig wie eine Richterin und eine Laiin zu wirken.

»Der Fonds investiert in Wertpapiere in den jeweiligen Lokalwährungen außerhalb des Euros«, kommt es zurück.

»Wir investieren also Geld in Nigeria und hoffen, dass Nigeria wirtschaftlich erfolgreich ist, weil dann auch unsere Investition erfolgreich ist?«

»Nun, Nigeria ist nicht in diesem Fonds enthalten«, stellt Schneider fest und überhört dabei die eigentliche Frage.

»Aber vom Prinzip her«, bleibt Christine dran. »Wir investieren in schwache Wirtschaften und hoffen, dass sie wachsen?«

»Sehr vereinfacht kann man das so sagen«, stimmt Schneider schließlich zu. Oder vielleicht gibt er auch nur auf. Keine Ahnung.

Ich blättere durch unsere drei Fonds-Angebote, und unser Berater klickt sich recht willkürlich durch die Homepage seines Arbeitgebers. Christine wiederum sitzt nur da und denkt nach. Bis auf das Klicken der Computermaus und das Rascheln der Dokumente beim Umblättern ist nichts zu hören.

»Ich schlage vor«, meint Schneider schließlich, »Sie nehmen die Unterlagen mit und schauen Sie sich zu Hause in aller Ruhe an. Wenn Sie von einem der Konzepte überzeugt sind, werde ich alles Weitere in die Wege leiten. Außerdem stehe ich für Rückfragen natürlich immer zur Verfügung. Wollen wir es so machen?«

Ich nicke und erhebe mich gleichzeitig mit Schneider, als uns ein »Halt!« zurückfallen lässt. Christine sitzt da und hat noch Fragen.

»Wenn wir nur Aktien haben wollen, was können Sie uns da empfehlen?«

»Nun, zwei der drei Fonds bestehen ja nur aus Aktien«, gibt Schneider zu bedenken.

»Ich meine aber nur die Aktien eines einzelnen Unternehmens!«

»Also kein Aktienfonds?«

»Genau, kein Aktienfonds«, bestätigt Christine und wirkt dabei wie ein Gast, der den Kellner fragt, ob er statt des bestellten marinierten Wildlachses mit gebratenen Jakobsmuscheln vielleicht doch nur eine einzelne Bockwurst haben kann, ohne Senf.

»Nun«, meint Schneider überrumpelt und tippt auf seinen Kugelschreiber, »wir wollen für unsere Kunden einerseits einen hohen Gewinn, andererseits aber ein möglichst geringes Risiko. Da ist es sinnvoll, einen Fonds zu nutzen. Deswegen habe ich ausschließlich solche Angebote vorbereitet.«

»Wenn wir jetzt aber nur Aktien eines Unternehmens wollen?«, bleibt Christine unbeeindruckt.

»Das Risiko bei einzelnen Unternehmen ist sehr groß, weswegen wir bei der Bank nur Aktienfonds anbieten, aber keine einzelnen Aktien empfehlen.«

»Also würden Sie uns kein Angebot über ein einzelnes Unternehmen machen?«

»Wenn wir wüssten, wer das neue Apple ist, würden wir das tun. Aber es ist nicht seriös, so etwas zu behaupten.«

»Wenn wir nur in ein einzelnes Unternehmen investieren wollen, dann also ohne Sie?«

Er nickt, und ich habe endgültig den Eindruck, dass da ein bisschen Resignation mitschwingt.

»Gut, dann ist das jetzt auch geklärt«, dränge ich zum Gehen, »wir schauen uns die Unterlagen jetzt erst mal ein paar Tage in Ruhe an.«

Schneider scheint erleichtert zu sein, als wir tatsächlich aufbrechen. Wieder bringt er uns zum gläsernen Fahrstuhl, und das Ganze verläuft in einem unangenehmen Schweigen. Es ist die Art von Stille wie bei überraschenden Begegnungen mit alten Schulkameraden, mit denen man schon nach der Begrüßung nichts mehr zu bereden hat.

In unserer Wohnung verläuft das Gespräch in drei Phasen. Phase eins: Trauen wir Schneider überhaupt genug zu, um auf seinen Ratschlag hin 500 Euro zu investieren, deren Fehlen wir definitiv spüren werden? Eigentlich nicht, da er aber im Grunde nur ausdruckt, was das Computersystem errechnet hat, sind es ja nicht seine Gedanken, sondern irgendwelche seelenlosen Algorithmen, denen wir vertrauen müssen. Phase zwei: Wir entscheiden uns für den Rentenfonds, der in Währungen investiert und außerdem der Risikogruppe entspricht, in die uns der Computer eingeordnet hat. Und Phase drei: Wir werden selbst Aktien kaufen, dafür braucht es ohnehin keinen Berater. Christine ist jedenfalls fest entschlossen, das Apple unserer Zeit zu finden. Warum sollte ich sie da aufhalten wollen?

Aber nun heißt es erst einmal, 500 Euro zu investieren und den Schwellenländern alles Gute zu wünschen. Natürlich wünscht man allen Menschen ein gutes Leben, aber ich muss sagen, ich wünsche es den Asiaten (26,68 Prozent unseres Geldes gehen dorthin) und den Mittel- und Südamerikanern (20,29 Prozent) aktuell doch noch etwas mehr als denen im Mittleren Osten (5,44 Prozent) oder gar den Ozeaniern (3,28 Prozent). Sollten wir bemerken, dass der Kurs atemberaubend steigt, bringt uns das aber zuerst einmal nicht viel, da wir frühestens nach einem Jahr verkaufen dürfen. Da fühlt man sich eben noch wie ein global agierender Tycoon, und schon wird man wieder auf das Maß eines Mieters geschrumpft, der frühestens nach zwölf Monaten kündigen darf.

Wir können die Entwicklung des Kurses im Internet verfolgen, was wir in den ersten Tagen auch mit einer ungesunden Fixierung machen. Insgesamt ist es erstaunlich, wie schnell Aberglaube Einzug hält, wenn Menschen einem Ereignis machtlos ausgeliefert sind. Ich schaue immer zu den gleichen Zeiten auf die Kursentwicklung, als ob das irgendeinen Einfluss hätte oder irgendwelche Börsengötter vom Olymp aus ihren Daumen gnädig nickend heben würden, um mir sterblichem Spekulanten einen Gefallen zu tun. Christine wiederum entwickelt eine beinahe mütterliche Beziehung zu dieser blauen Linie, die wie ein Seismograf alle Ausschläge nach oben und unten dokumentiert. Geht es bergab, geht es dem blauen Zickzack nicht gut, geht es bergauf, erholt es sich wieder.

»Das erinnert mich an das Tamagotchi, das ich mal hatte«, meint Christine, als könnte sie auf den Zustand dieser Linie wirklich Einfluss nehmen, wie damals beim Füttern des Tamagotchis. Aber egal, was wir versuchen, um Einfluss zu nehmen – es hilft wenig, denn die Schwellenländer lassen uns im Stich.

* * *

Nach einem halben Jahr – das obsessive Beobachten hat sich irgendwann gelegt – sitzen wir da und haben die wichtigsten Dokumente zum aktuellen Stand unseres Rentenfonds ausgedruckt und auf den Tisch gelegt. Vor allem die blaue Linie, die die Kursentwicklung anzeigt, ist ein einziges Desaster. Sie sieht aus wie das Panoramabild einer Gebirgskette, deren Gipfel von links nach rechts immer kleiner und kleiner werden. Wir starteten im Juli auf dem höchsten Berg, von dem aus alle anderen überblickt werden können, und ab da ging es eigentlich nur noch abwärts. Zwar mit mehreren kleinen Zwischenhochs, aber der Trend war eindeutig. Nach sechs Monaten sind 8,68 Prozent unseres Geldes verschwunden und aus 500 Euro damit 456,60 Euro geworden.

Wir ziehen daraus zwei Lehren: Zum einen sehen die Kursentwicklungen mit der blauen Zickzackkurve immer dramatischer aus als der Blick auf den Kontostand, und zum anderen sind die Schwellenländer Asiens und Mittel- und Südamerikas nicht gut ins neue Jahr gekommen, denn die

Zickzacklinie war im Januar fast im freien Fall, bevor sie sich auf einem neuen Tiefststand wiedergefunden hat. Zwar haben wir in harten Zahlen insgesamt »nur« 24 Euro und einen Cent verloren, aber da unsere ursprüngliche Idee war, nicht wenig Geld zu verlieren, sondern viel Geld zu gewinnen, darf Herrn Schneiders Beratung unter Flop abgelegt werden. Dabei hatte ihm Christine doch eindeutig gesagt, dass wir in erfolgreiche Aktien investieren wollten. Frau Ritter hätte diesen Kundenwunsch bestimmt umgesetzt, aber sie spielt ja leider in der 100 000-Euro-Liga.

Fazit: Rentenfonds sind die risikoscheuen Verwandten der abenteuerlustigen Aktien.

Kofferversteigerung

Nur wenige Schritte von der Bundesakademie für öffentliche Verwaltung entfernt, tief im Herzen des alten Westberlins zwischen Zoologischem Garten und Charlottenburg, gibt es ein Café mit Außenbedienung. Nichts Besonderes, mehrere Plastikstühle und ein Plastiktisch unter einem Sonnenschirm. Vier ältere Berliner sitzen an diesem Frühsommertag beim Bier zusammen und ärgern sich dabei über all die Menschen, die ihren Vormittag an der frischen Luft stören, weil sie in Scharen in das Gebäude hinter ihnen eilen. »Ein Getrampel«, schimpft einer und nimmt noch einen Schluck. Seine Freunde nicken zustimmend. Wieder laufen zwei Kerle an ihnen vorbei, und leider verrät die Adresse auf unserem Zettel, dass auch Christine und ich den Männern gleich auf die Nerven gehen werden.

Auf dem Klingelbrett stehen viele Namen, und schließlich finden wir auch den, den wir suchen: *Auktionshaus Spier.* Heute soll das Geld mithilfe einer Versteigerung in die Kasse kommen. Ich habe lange recherchiert, wo es in Berlin Flughafenauktionen gibt. An den Flughäfen (auch an den aktiven) selbst finden keine statt, aber easyJet lässt einmal im Quartal alles versteigern, was so zwischen Gepäckablage und Taxistand verloren ging und sechs Monate nicht abgeholt wurde. Der heutige Plan sieht so aus: einen Koffer ersteigern und hoffen, dass sein Inhalt mehr wert ist, als die Ersteigerung gekostet hat.

Ins Auktionshaus geht es über eine enge Treppe in den ersten Stock, wo es in einem großen Raum und einem Nebenzimmer so dicht gedrängt zugeht wie bei einer Primark-Eröffnung.

Es ist voll, und viele Hände betasten die Koffer, die auf Tischen an den Wänden aufgereiht sind. Zwei grauhaarige Frauen gehen von Objekt zu Objekt, reden leise miteinander und halten sich zusätzlich die Hand vor den Mund, als tauschten sie geheime Informationen aus. Die meisten anderen gehen mit weniger militärischer Strenge an den Tischen entlang. Überall werden kritische Blicke auf Koffer geworfen und diese sanft geschüttelt. Im Nebenraum gibt es noch mehr Artikel zu sehen. Notebooks, iPads, Handys, Batterien, eine Gitarre, Messer und vieles andere mehr, das in der Auktionsliste schlicht als »Diverses« auftaucht. Es sind fast nur Männer hier, die auf das Secondhand-Glück hoffen. Aus dem Pech eines Reisenden im Herbst soll für sie das Glück im darauffolgenden Sommer werden.

»Sie müssen das ausfüllen, und dann brauch ich den Ausweis!«, meint die Sekretärin im Büro, wo die Bieternummer (wir bekommen die 343) abgeholt wird und wo man außerdem das Einzige bekommt, dessen Preis hier feststeht: den Versteigerungskatalog – ein Euro. Mit allem ausgerüstet, was es für die Teilnahme an einer Auktion braucht, machen wir nun auch eine Runde an den Gegenständen vorbei. Koffer an Koffer. Die meisten sind schwarz, manche stechen von der Größe oder Form heraus. Es gibt auch wenige pinke und rote und einen blauen.

»Irgendeine Idee, welchen wir nehmen sollen?«, flüstere ich Christine zu. Eigentlich gibt es keinen Grund zum Flüstern, denn es ist kein Museum und auch sonst kein Ort, wo das erwartet wird. Im Gegenteil ist es hier sogar eher laut, weil sich die

Leute quer durchs Zimmer hindurch begrüßen und miteinander Small Talk halten. Aber auch nicht mehr als Small Talk, denn sobald es um die Auktion geht, behalten sie alle ihre Absichten für sich. Bluffen gehört hier offenbar zum Geschäft – und das, ohne überhaupt zu wissen, welche Karten man in der Hand hält. Kofferversteigerungen sind wie Pokern mit verbundenen Augen.

»Die 14 und die 23 könnten passen«, kommt es ebenfalls geflüstert zurück.

»Warum die?«

»Na, schau sie dir doch mal an.«

»Geht nicht, da stehen zu viele Leute davor.«

»Eben.«

Christine nickt geheimnisvoll, aber ich verstehe sie trotzdem nicht.

»Was meinst du damit?«

»Überleg doch mal«, erklärt sie, »hier gibt es so viele Koffer, und an den meisten gehen die Leute schnell vorbei, aber an der 14 und der 23 bilden sich Menschentrauben, die müssen also was wert sein!«

Tatsächlich. Nirgendwo haben sich so viele Auktionsbesucher versammelt wie vor diesen beiden Koffern.

»Das ist wie mit den Geiern«, schiebt Christine nach, »die wittern die Beute!«

Ich kreise die 14 und die 23 in unserem Versteigerungskatalog ein.

»Kannst du sonst noch was erkennen?«, frage ich Christine.

»Nein, das ist alles, was mir aufgefallen ist.«

»Streng dich an, vielleicht siehst du ja doch noch was!«, setze ich nach.

»Das ist keine magische Fähigkeit, die ich da habe«, dämpft sie meine Erwartungen, »mir sind nur die Leute aufgefallen, mehr nicht.«

Neben den Geierkoffern gibt es noch den einen blauen, der mir ins Auge sticht. Er sieht aus wie ein Koffer, den man auf Geschäftsreisen mitnimmt. Das ist wichtig! Meine Überlegung ist nämlich, dass Urlaubskoffer nur wertlose Handtücher, Sonnencremes und Badehosen enthalten, während Geschäftsreisende Hochwertigeres wie Geschenke oder teure Parfums mit sich führen. Keine Ahnung, ob etwas an meiner Theorie dran ist. Als ich sie Christine erkläre, wendet sie ein, dass die Geschäftsreise ja irgendwie schiefgegangen sein muss, wenn der Koffer vergessen und nicht wieder abgeholt wurde. Den Punkt darf man nicht ganz ignorieren, aber unterm Strich halte ich an meiner Überlegung fest.

Wir Kofferjäger gehören einer sehr multikulturellen Szene an; es sind viele Araber hier, außerdem Italiener, Türken und Polen. Auch einige Asiaten lassen die Blicke schweifen, während sich immer mehr Leute auf die Stühle setzen, die den Raum fast vollständig ausfüllen. Zwischen ihnen und den Tischen mit den Koffern bleiben nur schmale Gassen übrig. Weiterhin inspizieren die Anwesenden die Koffer von außen wie eifrige Polizisten, die es bedauern, keinen Durchsuchungsbefehl zu haben. Besonders fällt ein Mann auf, der vom Gesicht her an einen etwas korpulenten Computernerd erinnert und ein T-Shirt von Nike trägt, dessen Slogan auch das offizielle Motto aller Auktionshäuser der Welt sein könnte: »Just Do It!« Wir bekommen zwei der letzten Plätze, bevor es losgeht. Es ist so voll, dass die Leute hinten an der Wand und in der Tür stehen, als eine multitätowierte junge Frau sich vorne hinsetzt und wie eine Richterin aus leicht erhöhter Position das Geschehen beobachtet. Neben ihr nehmen noch zwei weitere Frauen Platz, die ebenfalls für die ordentliche Durchführung der Auktion verantwortlich sind.

»Ich begrüße Sie zur Versteigerung in Zusammenarbeit mit unserem Partner easyJet. Für die Qualität der technischen

Gegenstände übernehmen wir keine Haftung. Los geht es mit der Position 1.« Keine zehn Sekunden zwischen der Begrüßung und dem ersten Gebot, damit ist das Tempo dieser Auktion vorgegeben. Ein Koffer nach dem anderen erscheint kurz auf einem Bildschirm, und schon heißt es von der Auktionatorin: »Einstiegsgebot fünf Euro. Da sehe ich zehn Euro. Zwanzig Euro. Wir sind bei dreißig Euro zum Ersten, zum Zweiten. Vierzig Euro. Zum Ersten zum … Fünfzig Euro. Sechzig Euro zum Ersten, zum Zweiten und zum Dritten, versteigert an die Nummer 145. Weiter geht es mit Position zwei, einem Koffer in Rot. Wir starten mit fünf Euro. Da sehe ich zehn Euro. Zwanzig Euro zum Ersten. Dreißig Euro. Vierzig Euro zum Ersten, zum Zweiten und zum Dritten, versteigert an die Nummer 354.«

Zu Beginn überrumpelt uns die Geschwindigkeit noch, aber dann bekommen wir ein Gefühl für das Tempo und können den Auktionen folgen. Koffer 11 wird aufgerufen, und der Preis geht auf zehn Euro und zwanzig Euro, und bei dreißig Euro hebt Christine plötzlich unsere Karte in die Höhe. Sie macht uns damit für Sekundenbruchteile zu den Besitzern eines schwarzen Koffers, bevor schließlich jemand bereit ist, vierzig Euro dafür zu zahlen.

»Wir wollten doch für die 14 und die 23 bieten«, flüstere ich etwas irritiert.

»Das war nur zum Aufwärmen, ich habe noch nie an einer Auktion teilgenommen.«

»Das wäre fast schiefgegangen«, warne ich.

»Ja und?«

»Dann hätten wir nicht mehr auf die Geierkoffer setzen können!«

»Wir haben aber nicht gewonnen.«

»Man muss nur die Hand heben, warum musst du das üben? Du riskierst damit die Geierkoffer!«

Statt zu antworten, hebt Christine wieder die Karte in die Höhe.

»Was soll das?«, will ich wissen, aber sie ignoriert mich.

»Dreißig Euro zum Ersten ... zum Zweiten ... Vierzig Euro!«, ruft die Auktionatorin.

Christines Karte geht wieder in die Höhe.

»Fünfzig Euro zum Ersten ... Sechzig Euro!«, ruft die Leiterin wieder.

»Mist«, flüstert Christine.

»Wir wollten doch –«

»Ja, das war gerade der erste Geierkoffer!«

Erst als Artikel 15 aufgerufen wird, begreife auch ich es endlich.

»Das geht echt schnell bei dieser Auktion«, meine ich etwas verlegen.

»Keine Sorge, ich komme mit.«

Mit ihrem goldenen Hämmerchen gibt die Auktionatorin weiterhin den Takt vor, während man sich um uns herum in babylonischem Sprachengewirr über finanzielle Spielräume austauscht. So intensiv, dass die Frau an einer Stelle den Faden verliert und eine Auktion nochmals starten muss, verbunden mit der klassenlehrerhaften Ansage an die Bürger aller Kulturen, bitte etwas leiser zu sein. Wir nähern uns langsam dem zweiten Geierkoffer. Die 19 wird versteigert, die 20 und die 21. Als die 22 an der Reihe ist, spüre ich eine Nervosität wie vor einer wichtigen Prüfung. Vielleicht war es ja doch ganz gut, dass Christine ihren Arm aufgewärmt hat für diesen entscheidenden Moment. Es ist so weit, die 23 wird aufgerufen. Christine erwischt einen perfekten Start und bekommt das erste Gebot zugeschrieben. Zehn Euro! Sekunden später kontert jemand und bietet zwanzig Euro. Christine setzt sich mit dreißig Euro wieder an die Spitze. Schon sind es vierzig Euro. Entschlossen geht unsere Karte wieder in die Höhe: fünfzig Euro. Mehr können wir für den

Geierkoffer nicht bieten. Hoffentlich kommt kein höheres … Sechzig Euro. Wir sind raus. Wir hatten uns als Limit fünfzig Euro gesetzt. Ich lege meine Hand auf Christines, schließlich muss man auch in der Niederlage zueinanderstehen (na gut, eigentlich will ich nur auf Nummer sicher gehen, dass sie nicht aus Sturheit weiterbietet).

»Schade«, meint sie, während die Gebote schließlich bei neunzig Euro ihr Ende finden.

»Hier« – sie reicht mir die Karte – »biete du weiter.«

Kurz darauf ist schon Koffer 32 von 49 erreicht, und so langsam steigt Torschlusspanik in uns auf. Wir dürfen hier auf keinen Fall mit leeren Händen rausgehen. Koffer 32 geht für vierzig Euro an einen neuen Besitzer und die 33 ebenfalls. Als ich die 34 sehe, entscheide ich mich einzusteigen. Es ist der blaue Koffer. Ich mache mich nicht warm, ich gehe gleich aufs Ganze.

»Wir kommen zu Position 34, ein Hartschalenkoffer in Blau. Fünf Euro Mindestgebot. Ich sehe zehn Euro.« – Das sind meine zehn Euro, es geht los!

»Zwanzig Euro.« – Das war ich leider nicht.

»Dreißig Euro.« – Ich!

»Vierzig Euro.« – Ich nicht.

»Fünfzig Euro.« – Ich!!!

»Fünfzig Euro zum Ersten, zum Zweiten und zum Dritten. Verkauft an die 343.«

Gewonnen!

Glücksgefühle und Euphorie in einem Raum, der im Sekundentakt solche Gewinnergeschichten produziert und sie unter dem nächsten Gebot gleich wieder begräbt. Christine lächelt. Wir haben zwar keinen Geierkoffer, aber immerhin den, den ich vor der Auktion schon mal im Blick hatte. Wir schauen zu ihm hinüber. Er sticht durch seine Farbe heraus und liegt fast direkt vor dem Auktionspult. Ich musste unseren finanziellen Spielraum bis zum Maximum ausreizen, um ihn zu bekommen. Und jetzt trennen uns nur noch einhundertdreißig weitere Auktionsobjekte voneinander. Also warten wir geduldig ab, wie immer und immer wieder die Zahlen eins und zwei und drei in der Luft liegen und Koffer um Koffer einen neuen Besitzer findet. Als schließlich die lange Liste der Koffer ein Ende hat, geht es noch mit einzelnen Objekten wie Notebooks, Digitalkameras, E-Book-Readern, einer Honda-Batterie (mit fünfhundertzehn Euro der Tagessieger) und etwas schwer Definierbarem weiter, das die Auktionatorin ein wenig ratlos als »einen Pianoständer oder irgendwas in der Richtung« bewirbt. Als schließlich auch noch Position 164 (ein Stadtplan von Berlin) einen Käufer findet, ist die Auktion beendet.

Vor dem Büro bildet sich eine lange Schlange, weil alle Käufer dort bezahlen müssen. Während wir im Flur neben einem Atari-Spielautomaten stehen (den kann unmöglich jemand am Flughafen vergessen haben!), überschlage ich, wie viel Geld hier wohl heute ausgegeben wurde, und komme auf eine Summe zwischen 6 000 und 8 000 Euro. Deutlich weniger, als es sich anfühlt, wenn neunzig Minuten lang ununterbrochen Gebote gemacht und Zuschläge erteilt werden. Als wir schließlich die fünfzig Euro gegen eine Rechnung eintauschen, steht endlich nichts mehr zwischen dem Koffer und uns Neubesitzern. Ich greife ihn mir, und wir laufen das enge Treppenhaus hinunter. Vor dem Haus stehen andere Teilnehmer der Auktion. Alle mit Koffern. Wir sehen aus, als kehrten wir gerade von einer gemeinsamen Reise zurück, dabei sind wir nur die neuen Familien für die Waisenkinder der Globalisierung.

Die vier schimpfenden Männer sind übrigens nicht mehr da, ihre Plastikstühle stehen einsam am Tisch. Vermutlich wussten sie schon, was hier um kurz nach eins los sein würde, und ersparten sich das lieber. Aber da in Berlin nur wenige Schritte nötig sind, um in einer völlig anderen Welt zu sein, sitzen

Christine und ich drei Minuten später in der U-Bahn nach Hause, und schon erinnert nichts mehr an diese Wer-bietet-mehr-Sphäre, aus der wir gerade gekommen sind. Ich schaue mir unseren hartschaligen Freund an, wie er so neben uns steht. »Er ist kaputt«, meint Christine und zeigt auf einen Riss in der Außenhaut, der aussieht wie eine Narbe. »Außerdem kann er nicht laufen«, fügt sie hinzu und deutet auf eines der Rädchen, von dem nichts übrig ist außer einer rostigen Schraube. Unser Koffer geht auf drei Rädchen durchs Leben. Vermutlich haben wir ihn deswegen für fünfzig Euro bekommen, weil dieses Manko den Profis unter den Mitbietern natürlich aufgefallen ist.

Dreißig Minuten und einen Umstieg in die S-Bahn später sind wir zu Hause. Ich stelle den Koffer in die Mitte des Wohnzimmers, wo er wie der Fremdkörper aussieht, der er auch ist. Es fühlt sich nicht ganz richtig an, dass er hier steht. Wir sollten ihn gar nicht besitzen. Ich habe sogar einen gewissen Ekel ihm gegenüber und wasche mir immer sofort die Hände, wenn ich den gummiartigen Griff berühren musste.

»Ein bisschen wie Weihnachten«, meint Christine, als wir uns daranmachen, unsere Fünfzig-Euro-Überraschung zu öffnen.

»Mich erinnert es mehr an Gerichtsvollzieher, die anderen Leuten ihr Eigentum wegnehmen.«

»Es ist unser Eigentum«, meint Christine und verweist auf den Beleg, den wir erhalten haben.

»Vermutlich ist es eine philosophische Frage, wem der Kofferinhalt gehört.«

»Bevor wir weiter darüber diskutieren, sollten wir erst mal wissen, worüber wir reden. Lass uns den Koffer endlich öffnen.«

Nun stehen wir also da, über den Koffer gebeugt, und machen ihn auf.

Die Atmosphäre wirkt dabei ein wenig wie der Moment, bevor eine Jahrtausende alte ägyptische Grabkammer geöffnet wird, kombiniert mit der Erbärmlichkeit eines Diebstahls im Seniorenheim. Ich hebe den Deckel des Koffers an und sehe, was darin ist. Auf jeden Fall kein zweites Grab des Tutanchamun.

»Das ist keine fünfzig Euro wert«, meint Christine sofort.

»Und das ist nicht wie Weihnachten«, antworte ich.

»Und nach einer erfolgreichen Geschäftsreise sieht es auch nicht aus.«

Vor uns liegen Kleider und Decken, gebügelt und gewaschen zwar, aber dennoch nur Kleider und Decken. Es fühlt sich an wie eine Niete aus Hartplastik, die wir hier gezogen haben. Natürlich sind wir nicht unbedingt von Goldbarren ausgegangen, aber nur Leggings, Zahnpasta, drei graue Decken und mehrere Sweatshirts? Außerdem drei Handschuhe. Vielleicht kann ein begabter Thriller-Autor aus diesen drei Handschuhen noch einen spannenden Roman machen (»Der vierte Fäustling« von Ken Follett, 1208 Seiten), aber viel mehr ist bei dieser Ausbeute nicht drin. Es dürfte schwer werden, aus diesem Plunder noch fünfzig Euro rauszuschlagen. Eigentlich ja sogar fünfzig Euro und einen Cent, denn niemand wird reich, wenn er nur bei plus/minus null rauskommt. Wir erstellen ein Verzeichnis des Kofferinhalts und schieben den blauen Fremdling erst mal wieder in die Ecke. Wir haben ihn freigekauft, und er dankt es uns mit Leggings. Mit sieben Stück an der Zahl. Im Versuch, zumindest noch ein bisschen Geld einzunehmen, stellen wir Koffer und Inhalt auf eBay ein. Es gibt immer wieder Hypes um besonders originelle oder skurrile Präsentationen auf dieser Plattform, und deswegen versuche auch ich eine solche zu erstellen. »Ich wollte einen Koffer voller Gold ersteigern, am Ende bekam ich nur Leggings«, heißt unser Angebot. »Die Zahnbürsten sind bislang kaum im Einsatz und somit praktisch neu, die Hemden werden von den coolsten Motten-Designern bearbeitet.« Auch den Ken-Follett-Vierter-Fäustling-Witz mache ich noch einmal. Ein Angebot, das darum bettelt, viral zu gehen, und es wohl genau deswegen nicht tut. Das Ergebnis: kein einziges Gebot. In einem zweiten Versuch bleiben wir ganz bieder bei den Fakten und erstellen eine Liste der Hosen, Socken, Leggings, Hemden, Zahnbürsten und Handtücher, die man hier ersteigern kann. Das Ergebnis bleibt das gleiche.

Niemand will mit unserem blauen Koffer in Verbindung gebracht werden. Er steht weiterhin im Wohnzimmer wie eine zugelaufene Katze, die einem langsam lästig wird, Flöhe hat und nicht mehr gehen will. Ich frage mich, ob wir im Auktionshaus vielleicht mehr hätten drücken, schütteln und fühlen sollen, wie es die Profis gemacht haben. Aber vielleicht sind diese Selbstzweifel auch überflüssig, und wir sollten uns lieber über das Positive freuen, statt nur das Negative zu sehen. Schließlich hätte die Wäsche im Koffer ja auch gebraucht sein können. Das ist sie nicht, und das ist schön. Man wird bescheiden.

Fazit: Wer seinen Koffer am Flughafen vergisst, ist oft nur zu faul, den wertlosen Plunder richtig wegzuwerfen.

Geld im Internet verdienen

Die Idee hinter »mit Umfragen im Internet Geld verdienen« ähnelt dem Kommunismus: In der Theorie klingt es hervorragend, aber in der Praxis hapert und hakt es gewaltig. Es gibt unzählige Seiten, die damit werben, bequem etwas Geld dazuzuverdienen. In Erklärvideos sitzen gut aussehende junge Frauen in schönen Wohnungen und trinken Kaffee, während sie beiläufig und mit einem seligen Lächeln im Gesicht auf dem Smartphone eine Umfrage beantworten und versenden. Sofort danach macht es PLING, und dem Konto sind weitere fünf Euro gutgeschrieben. Erneut lächelnd nimmt die Frau das zur Kenntnis, bevor es zur nächsten Umfrage geht. All das wirkt so beruhigend, dass man sich fragt, warum Online-Umfragen-Ausfüllen nicht längst ein neuer Trend in der Wellnessindustrie ist. Am kantigen deutschen Wort »Umfrage« sollte es jedenfalls nicht scheitern, wofür hat Gott der PR-Branche schließlich die englische Sprache geschenkt? »Ich habe nachher noch fünfundvierzig Minuten Survey« klingt jedenfalls schon fast so wie »Ich gehe später noch zum Pilates«.

In der Realität stellen sich die Umfrageseiten aber als etwas heraus, das sich offenbar Franz Kafka ausgedacht hat, als er auch für seine Verhältnisse schlecht drauf war. Die makellosen Gesichter der Erklärvideofrauen wären jedenfalls längst von tiefen Falten durchzogen und ihre Augen rot unterlaufen vom zornig-hilflosen Starren auf das Smartphone, sollten sie sich tatsächlich auf diese Weise etwas dazuverdienen wollen. Christine hat sich auf verschiedenen Seiten angemeldet, die alle mit dem schnellen Nebenbeigeld werben. Sie zieht sich an ihren Computer zurück, und ich höre danach für sehr lange Zeit nicht viel mehr als das Klicken der Tastatur. Jedes Klicken bares Geld, freue ich mich. Christine hat sich in ihrem Zimmer offenbar in eine dieser Erklärvideofrauen verwandelt und liest jetzt nebenbei bestimmt eine Zeitschrift, stelle ich mir vor. Ich schaue ein Fußballspiel, während das Klicken nach einer Gelddruckmaschine klingt, die wir angeworfen haben. Christine kann sehr schnell tippen, und sie tippt jetzt schon sehr lange sehr schnell. In der Halbzeitpause gehe ich zu ihr rüber und mache mich auf eine Summe im dreistelligen Bereich gefasst.

»Und, wie viel haben wir schon?«, frage ich nach, während Christine immer noch tippt und sich schließlich zu mir umdreht.

»Na ja«, murmelt sie und klingt in etwa so euphorisch wie ein Fallschirmspringer, der dann doch lieber im Flugzeug sitzen bleibt, »nicht so viel.«

»Was heißt das?« Vielleicht also doch weniger als hundert Euro. Womöglich »nur« fünfzig?

»Schau halt selbst nach.«

Sie schiebt ihren Stuhl etwas zur Seite, damit ich den Kontostand sehen kann.

In einem rot markierten Quadrat steht die Summe: *1 Euro.*

»Ein Euro? Nur ein Euro? Aber du hast doch die ganze Zeit gearbeitet.«

»Ja, und fast die ganze Zeit ging dafür drauf, immer weitere Fragen zu mir selbst zu beantworten, bevor es richtig losging. Und die meisten Umfragen wirken dann von der Aufgabenstellung her so, als wären es Anweisungen von Erpressern.«

Tatsächlich lauten die Anweisungen gern folgendermaßen:

1. *Melden Sie sich auf der Seite des sozialen Netzwerkes Day247 an.*
2. *Testen Sie Day247 und beantworten Sie die Fragen hinsichtlich Optik, Aufbau und Verbesserungsmöglichkeiten.*
3. *Schreiben Sie einen Kommentar dazu, wie Ihnen Day247 gefällt.*
4. *Posten Sie diesen Kommentar auf Day247, damit er als Bewertung des sozialen Netzwerkes öffentlich einsehbar ist.*
5. *Erstellen Sie einen Screenshot Ihres Kommentars.*
6. *Schicken Sie uns diesen Screenshot. Erst danach können wir Ihnen Ihr Geld überweisen.*

Diese sechs Schritte muss gehen, wer schließlich einen Euro gutgeschrieben bekommen will. Da fast alle Umfragen in dieser Form beantwortet werden müssen, hätte ein regelmäßiger Teilnehmer sehr schnell Mitgliedschaften bei so ziemlich jedem sozialen Netzwerk und jeder Partnerbörse zwischen Sibirien und Feuerland. Vor allem aber macht es den Eindruck, als hätten die Anbieter der Umfragen an nichts mehr Interesse als an möglichst vielen Details über die Beantworter der Umfragen selbst. Als ich Christine bei ihrem deprimierenden Schürfen nach Nebenbeigeld unterbreche, soll sie gerade mitteilen, welche Sprachassistenten sie nutzt und was für ein Auto sie vorwiegend fährt. Davor sollte sie schon erläutern, ob sie das Sagen bei Haushaltseinkäufen hat (Ich will nicht wissen, was sie geantwortet hat. Stichwort: schlafende Hunde), welche chronischen Krankheiten sie belasten und wie hoch ihr Jahreseinkommen ist.

»Also macht uns das hier eher nicht reich?«

»Nur verrückt«, bestätigt Christine, die in den letzten fünfundvierzig Minuten im Internet mehr von sich preisgegeben hat, als man in der gleichen Zeit einem Psychologen von sich erzählen kann. Und das alles für einen Euro.

»Dann lass uns das Geld kassieren und fertig«, schlage ich vor.

»Okay.« Christine klickt auf *Auszahlung* und seufzt dann auf.

Auf dem Bildschirm erscheint der Hinweis: *Auszahlungen sind erst ab 30 Euro möglich!*

Wir denken an die entspannten Frauen aus den Videos, die nebenbei ihre Eurobeträge verdienen, welche sich wie von selbst zu ordentlichen Summen addieren. Mittlerweile ist uns klar, dass dreißig Euro praktisch unerreichbar weit weg sind. Wer es trotzdem schaffen sollte, sich bis zu dieser Summe durchzuschlagen, wird nicht nur Mitglied von einfach allem sein, was das Internet an Communities zu bieten hat, sondern auch übernächtigt, gereizt und auf eine sehr grundlegende Art unzufrieden. Außerdem würde sich wohl jeder Überwachungsstaat die Finger nach den zahllosen privaten bis intimen Daten lecken, die man auf dem Weg zu den dreißig Euro hinterlässt. Schon jetzt weiß Christines Umfrageinstitut vermutlich mehr über ihre Familie, ihre Interessen und ihre Gesundheit als ich, obwohl wir seit zehn Jahren zusammen sind.

»Geben wir das Geld verloren?«, frage ich.

Christine scheint einen Moment mit sich zu ringen wie ein guter Schwimmer, der sich ernsthaft zutraut, den Atlantik von New York bis London zu durchschwimmen, bevor er die Unmöglichkeit dieses Versuchs einsieht. Schließlich nickt sie, und wir schreiben das Geld ab.

Doch es gibt ja noch mehr Nebenbeijobs, die das Internet vorschlägt. »Usability-Tester« ist einer davon, und klingt schon wie etwas, das sich nur das Internet ausgedacht haben kann. Die Aufgabe besteht darin, sich Homepages anzuschauen, zu bewerten und dem Anbieter die eigenen Eindrücke mitzuteilen. Dafür gibt es Entlohnungen in Höhe von bis zu zehn Euro oder einen Gutschein. Das Ganze wird im Auftrag einer Agentur gemacht, die diese Eindrücke wiederum ihrem Kunden vorlegt, damit dieser entsprechende Änderungen an seiner Homepage vornehmen kann. So manches mittelständische Unternehmen wäre vermutlich geschockt zu erfahren, dass die professionelle Agentur, bei der es die Prüfung in Auftrag gibt, diese nicht von Profis im eigenen Büro durchführen lässt, sondern von irgendwelchen Hausfrauen, Rentnern und Studenten, die sich ein paar Euro dazuverdienen wollen.

Nun ja, Christine und ich können aber keinem Unternehmen bei der Verbesserung seiner Online-Auftritte helfen, weil die Agenturen alle entweder gerade keine Tester suchen oder einen durch Labyrinthe aus Fragen und noch mehr Fragen führen (es scheint tatsächlich so, dass Tester im Internet zu sein vor allem bedeutet, einen Seelenstriptease hinzulegen. Die Fülle an privaten Informationen, die abgefragt werden, ist schier grenzenlos), bevor schließlich als Belohnung für all die Mühe der Hinweis erscheint, dass der erste Usability-Test bitteschön kostenlos abzuliefern sei, damit die Agentur die Qualität beurteilen kann, bevor sie einen womöglich für sehr wenig Geld für sich arbeiten lässt. Vielleicht hätten wir uns diese Mühe sogar gemacht, wenn uns die Umfrageinstitute nicht schon so erschöpft hätten. Also werden wir auch nicht als Usability-Tester reich werden.

Was hat das Netz noch zu bieten? Eine ganze Reihe mehr oder weniger exotischer Berufe wie Online-Assistent (da ist man Sekretärin ohne Büro und Gesicht, weil alles via E-Mail läuft),

Business-Coach (Voraussetzung: »Ihr müsst euch in einer Sache besonders gut auskennen!«), freiberuflicher Texter (bin ich ja im Grunde – und was hat es mir gebracht?), eBay-Verkäufer (da fällt mir ein, dass wir den blauen Koffer noch entsorgen müssen, weil ihn niemand ersteigern wollte), Online-Händler für T-Shirts (»Über Nacht reich werden mit T-Shirts« – steht da tatsächlich), Berater (»Ihr müsst wissen, wovon ihr sprecht« – klingt sehr nach der Jobbeschreibung eines Business-Coaches, wobei ein Berater angeblich 5 700 Euro im Monat verdienen kann, eine Zahl, die nur für Nichtberater ziemlich willkürlich klingt), Affiliate Marketer (du bekommst Geld dafür, wenn jemand über einen von dir geteilten Link zu einem Produkt gelangt und dieses kauft, und das Internet sagt, dass man dabei im Durchschnitt 3 000 Euro im Monat verdient – was vermutlich so oft geschieht wie die Sichtung eines schwarzen Schimmels), Social-Media-Influencer (hauptberuflich Vorbild – also das, was Eltern für ihre Kinder sind, obwohl das Kindergeld bei weit weniger als »um die 3000 Euro« liegt), Vlogger (man teilt Videos aus seinem Alltag im Internet und wird damit eine Mischung aus Social-Media-Influencer, Affiliate Marketer und Online-T-Shirt-Händler) oder Grafikdesigner, was sich zwischen all den Berufsnamen, die nach dem Branchenverzeichnis entfernter Star-Wars-Galaxien klingen, beinahe bieder anhört.

Außerdem stoßen wir immer wieder auf Produkttester! Das ist eine der Tätigkeiten, die es schon vor dem Internetzeitalter gab. Ich erinnere mich dabei an einen Kindheitssommer voller Milchschnitten, weil meine Eltern sich entschlossen, diese zu testen. Das erstaunt mich bis heute, denn sie sammelten nie Punkte beim Einkaufen und hatten weder Prepaid-Karten noch die IKEA-FAMILY-Card. Trotzdem stellten sie sich damals als Testesser zur Verfügung, und so standen die Kisten stapelweise bei uns im Keller. Nun ist es an mir, diese Tradition fortzuführen.

Ich trage mich auf der Homepage eines Unternehmens als Tester ein und beantworte wieder die obligatorischen massenhaften Fragen. Für zwei Wochen soll ich bei jedem Einkauf mithilfe einer App den Barcode meiner Waren auf dem Smartphone einscannen, damit Rückschlüsse darauf gezogen werden können, wie die Deutschen einkaufen. Ich denke nicht, dass ich das Essverhalten der Deutschen besonders gut repräsentiere, und noch weniger denke ich, dass ich es zum Positiven beeinflussen kann. Mir schmeckt erst einmal alles, was bunt aussieht und mit Sicherheit nicht unter Gottes Sonne gewachsen ist, sondern eher aus den Petrischalen und Laboren der Lebensmittelindustrie stammt. Vor allem die Süßigkeiten dürfen gern so farbenfroh sein wie die Lichter einer Kirmes bei Nacht, und wenn es um Essen geht, das mittagstischwürdig ist, sind das Pizza, Spaghetti, Maultaschen und das Menü M3 beim Vietnamesen.

Birnen, Äpfel und Karotten kaufe ich zwar auch manchmal, aber eigentlich nur, um mein Gewissen zu beruhigen. Es fühlt sich gut an, das gesunde Zeug auf dem Laufband an der Kasse zu sehen. Vermutlich ist es ein ganz ähnlicher Impuls wie derjenige, der Menschen zur Beichte treibt. Sie fühlen sich danach erleichtert und besser – und ändern sich trotzdem nicht. Ihre Beichte bleibt folgenlos, und meine gesunden Einkäufe landen meistens nach einigen Tagen im Biomüll, wenn sie nicht von Besuchern oder Christine gegessen werden. Auch den Test mit dem Einscannen mache ich nur zwei Tage lang. Am zweiten und letzten kommt ein misstrauischer Mitarbeiter zu mir an die Regalreihe, wo ich gerade eine Dose Ravioli einscanne, und will wissen, was ich da eigentlich mache. Ich komme mir ertappt vor, obwohl ich nichts Illegales getan habe, und nehme das zum Anlass, meine Laufbahn als Produkttester zu beenden. Zumal der Verdienst auch hier in der Realität auf wenige Euros und Einkaufsgutscheine zusammenschmilzt. Offenbar war

Produkttester vor dem Internet ein angenehmerer Job. Da kam ein Paket und in diesem Paket lag das Produkt. Im Fall meiner Eltern also Milchschnitten. Man hätte dieses perfekt-primitive Konzept nie ändern dürfen!

* * *

Nach etwa vier Wochen, in denen Christine und ich uns auf Dutzenden Plattformen angemeldet und großzügig unsere Handynummern und E-Mail-Adressen hinterlegt haben, haben wir jedenfalls keinen Euro mehr auf dem Konto. Dafür aber regelmäßig anonyme Anrufe, weil das mit der Datensicherheit offenbar nicht ganz so ernst genommen wird, wie es alle zugesichert haben.

Unterm Strich scheint die Verheißung, im Internet nebenbei Geld verdienen zu können, mehr Utopie als Realität zu sein. Irgendwo in den Weiten des World Wide Web hat Christine jedenfalls noch ein Umfrage-Konto mit einem Notgroschen von einem Euro – ich habe zwar keinen, dafür aber so oft meinen Geburtstag, meinen Geburtsort, meine Nationalität, meine Telefonnummer, meine Anschrift, meine Trink- und Essgewohnheiten, meinen Hausarzt, meine Krankenakte und meine Hobbys preisgegeben, dass es sich anfühlt, als wäre ich im Zentrum eines Dauerverhörs, bei dem meine Aussagen auf Widersprüche abgeklopft werden.

Zu versuchen, im Internet nebenbei Geld zu verdienen, lohnt sich für alle, die sich ihre Telefonnummer nicht merken können. Wenige Tage auf Umfrage- und Produkttestseiten reichen aus, damit man sie so oft geschrieben hat, dass man sie definitiv nicht mehr vergisst. Wer dieses Problem nicht hat, kann sich womöglich auch weniger nervtötende Hobbys zulegen, als im Internet nebenbei Geld zu verdienen. Wie wäre es zum Beispiel damit, eine Packung Konfetti zu kaufen, jeden Papierschnipsel mit einer Zahl zu versehen und im Garten in die Luft zu werfen, nur um danach alles wieder einzusammeln und in der korrekten Zahlenfolge hintereinander anzuordnen? Das Spiel kann beliebig oft wiederholt werden und macht bedeutend mehr Spaß als das, was wir in den letzten Wochen ausprobiert haben. Viel Erfolg damit!

Fazit: Das Internet ist wie ein schwarzes Loch, das nur alles anzieht, aber nichts abgibt – nicht mal den einen Euro, der Christine zusteht.

Sparen

Geld verdienen ist die eine Sache, die es braucht, um reich zu werden. Aber sie allein reicht nicht. Wenn ich eine Million einnehme, bringt mir das nichts, wenn ich im gleichen Zeitraum eine Million und einen Cent ausgebe. Ausgaben haben ein erstaunliches Talent darin, den Spielverderber zu geben. Auch weil sie oft im Halbdunkeln existieren, wo niemand so genau hinschaut. Etwa in den Handy- oder Stromverträgen, die unterschrieben und danach einfach sich selbst überlassen werden. Generell kann jedoch gesagt werden, dass Ausgaben, die man sich selbst überlässt, einen nie positiv überraschen. Da ähneln sie einem Feuer im Wohnzimmer, bei dem es auch nur selten eine gute Idee ist, die Flammen einfach mal machen zu lassen.

Darum haben Christine und ich vor, in unseren Haushaltskassen nach versteckten Kosten zu suchen. Um uns auf diese Mission einzustimmen, besuchen wir davor noch eine Ausstellung im Deutschen Historischen Museum mit dem passenden Namen »Sparen – Geschichte einer deutschen Tugend«. Dabei stellt sich heraus, was ohnehin offensichtlich ist: Wir Deutschen sind zwar temporär auch mal Papst, aber immer Sparweltmeister. Da können Monarchien und Staaten untergehen oder Inflationen alle Ersparnisse auflösen, die deutsche Reaktion ist stets die gleiche: mit dem Sparen von vorn anfangen. So wie ein Biber nach jeder Unterspülung stoisch versucht, seinen Damm zu erneuern, trägt der Deutsche nach jedem Staatsbankrott sein Geld zurück auf die Bank.

»Ich würde direkt nach dem Besuch dieser Ausstellung mein Geld von der Bank holen, um es in Sicherheit zu bringen«, meint Christine danach (und lässt ihren Worten nur deswegen keine Taten folgen, weil es sich in unserem Fall ja um theoretisches Geld auf einer praktischen Bank handelt). Aber sie hat recht, die Geschichte des deutschen Sparens ist nicht gerade die beste Werbung für das Sparen. Wenn es nicht gerade darum ging, Kriegsanleihen zu kaufen, was speziell aus deutscher Sicht, speziell im zwanzigsten Jahrhundert und da speziell in zwei Fällen eine sehr schlechte Idee war, verlor man das Ersparte eben durch Inflationen oder Währungsreformen. Aber nichts davon hielt die Menschen zwischen Nordsee und Zugspitze davon ab, sich nach dem Unglück kurz zu schütteln, wieder Geld zu verdienen und erneut zu sparen. Sogar jetzt, nach so vielen Nullzinsjahren der Europäischen Zentralbank, bleiben die Deutschen stur bei ihrer alten Strategie, die so oft im finanziellen Totalverlust endete, dass diese Treue schon sehr erstaunt. Das Sparen und die Deutschen sind wie ein altes Ehepaar, das sich so sehr aneinander gewöhnt hat, dass es sich schon längst nicht mehr die Frage stellt, ob es glücklich ist beziehungsweise ob Alternativen zu dieser Zweisamkeit existieren. Mag es auch Streit, Tränen und Enttäuschungen geben, die Ehe bleibt bestehen, bis dass der Tod uns scheidet – und der andere allein weiterspart.

Spannend ist die Auswahl der Werbematerialien in der Ausstellung, mit denen im Verlauf der Jahrzehnte die Sparbegeisterung geweckt werden sollte. Diese entwickelten sich vom Appell an die Verantwortung für die Allgemeinheit zu Beginn des zwanzigsten Jahrhunderts hin zur reinen Ego-Show an dessen Ende, bei der sich in einem Fernsehspot zwei Männer gegenübersitzen und gegenseitig darin überbieten, wer es weiter gebracht hat im Leben: mein Haus, mein Auto, mein Boot!

»Im Grunde haben wir den Sozialstaat ja Karl Marx zu verdanken«, meine ich, als wir uns durch das neunzehnte Jahrhundert der Ausstellung bewegen. Die Texttafeln neben den Gemälden von Arbeitern mit gereckten Fäusten (vermutlich gibt es keine Berufsgruppe, die auf Gemälden so oft so wütend ist) erklären jedenfalls, dass der Staat mit der Einführung von Sozial- und Rentenversicherung den Sozialisten das Wasser abgraben wollte. Auch Fabrikanten begriffen nach dem Erscheinen von »Das Kapital«, dass zufriedene Arbeiter die beste Versicherung gegen unzufriedene Arbeiter sind, die in ihrer Wut die Fabrik abfackeln. Also erhöhten sie die Zahlungen und reduzierten die Wochenstunden. Danach waren es zwar immer noch üble Arbeitsbedingungen, aber immerhin üble Arbeitsbedingungen, die den Proletariern ein bisschen Lohn ließen, um etwas davon zur Seite zu legen. Und wer etwas zur Seite legt, kann auch etwas verlieren, was die Bereitschaft zur Revolution deutlich reduziert.

Die Proletarier aller Länder vereinigten sich in dem Maße schlechter, in dem sie selbst etwas mehr als gar nichts zu verlieren hatten.

Und was war nun der große Unterschied zwischen der DDR und der BRD? In Sachen Sparen kann man es auf zwei Slogans runterbrechen: »Sparen hilft aufbauen« (DDR) und »Sparen schafft Wohlstand« (BRD). Die Geschichte des Sparens ist auch eine Geschichte des Deutschlands des zwanzigsten Jahrhunderts. Deutsche warfen ihren Spargroschen in eine Büchse mit Kaiserporträt, eine Büchse mit dem Aussehen einer Fliegerbombe, eine zerbeulte Büchse mit Großstadtmotiv, eine Büchse mit Hakenkreuz, eine mit sozialistisch-landwirtschaftlichen Fahrzeugen und in eine mit Adriaküste.

Aber genug von der Ausstellung! Sie hat unsere Sinne dafür geschärft, wie, wo und was gespart werden kann, und so laufen wir nach Hause, während in unseren Köpfen noch die Slogans von Banken und Staaten dröhnen:

Du willst ein Haus? Spare!

Deutsche Art bewahrt, wer arbeitet und spart.

Sparen ist das Gegenteil von Geiz. (Anmerkung für die Jüngeren: Es gab mal eine Zeit, als Geiz noch nicht geil war.)

Spare in der Zeit, so hast du in der Not.

Mindestens der letzte Slogan kommt für uns eindeutig zu spät, und weil er leider auch keinen Ratschlag parathält, was man in der Not tun soll, wenn man nicht *in der Zeit* gespart hat, ist er für uns wenig hilfreich.

* * *

Zu Hause angekommen, stehen wir vor einer ersten Hürde: Wie verschaffen wir uns einen Überblick? In der Hoffnung auf ein »Ja«, das vieles erleichtern würde, frage ich Christine: »Hast du unsere Verträge irgendwo gesammelt?«

»Nein.«

Es dauert also einen Tag, bis wir in Schubladen, Ordnern und alten Kisten die wichtigsten Unterlagen entdeckt haben, die unsere regelmäßigen Ausgaben dokumentieren.

»Da kommt man sich vor wie ein FBI-Agent, der eine Wohnung durchsucht«, meine ich, aber Christine gibt zu bedenken: »Andere Leute nennen das, glaube ich, einfach nur Ordnung halten.« Und hat damit vermutlich auch recht.

Sei es, wie es ist, der heutige Tag ist kein guter Tag für die versteckten Kosten in unserem Leben. Sehr lange ließen wir sie in Frieden und zerren sie jetzt endlich ans Tageslicht beziehungsweise auf den Küchentisch. Dort liegen nun nebeneinander die Monatsabrechnungen für unsere Smartphones, das Internet, das Festnetz, den Strom und allerlei weitere Ausgaben, die sich tatsächlich übers Jahr schnell von unscheinbaren Eurobeträgen zu beträchtlichen Eurosummen entwickeln, wenn sie sich zusammentun.

Wir müssen also kleine Fische loswerden und die großen Haie auf Diät setzen. Unsere Ausgabenliste umfasst:

- Online-Zeitungsabo: 4,49 Euro/Monat – 53,88 Euro
- Online-Zeitungsabo: 6,99 Euro/Monat – 83,88 Euro
- Online-Zeitungsabo: 4,99 Euro/Monat – 59,88 Euro
- Patenschaft: 6 Euro/Monat – 72 Euro
- DAZN: 9,99 Euro/Monat – 119,88 Euro
- Netflix: 10,99 Euro/Monat – 131,88 Euro
- Amazon Prime: 7,99 Euro/Monat – 95,88 Euro
- Fitnessstudio: 44,99 Euro/Monat – 539,88 Euro
- Fitnessstudio: 44,99 Euro/Monat – 539,88 Euro
- VBB-Monatskarte: 63,42 Euro/Monat – 761,04 Euro
- VBB-Monatskarte: 63,42 Euro/Monat – 761,04 Euro
- Festnetz/Internet: 39,95 Euro/Monat – 479,40 Euro
- Handy-Vertrag: 35 Euro/Monat – 420 Euro
- Handy-Vertrag: 49,99 Euro/Monat – 599,88 Euro
- Strom: 79 Euro/Monat – 948 Euro
- Hula-Hoop: 50 Euro/Monat – 600 Euro
- Sky: 71,99 Euro/Monat – 863,88 Euro

Im Jahr sind das 7130,28 Euro an Kosten aus laufenden Verträgen. Einsparpotenzial soll es vor allem beim Stromanbieter geben, lesen wir bei den Experten für … nun ja … Einspartipps. Also schauen wir nach, wie hoch unser Stromverbrauch war und was wir dafür gezahlt haben. Es waren 2 665 kWh und 948 Euro. Das ist ziemlich viel. Auf den Vergleichsplattformen im Internet bekommen wir Angebote, die bis zu 400 Euro günstiger sind. Aber selbst wenn man den Angeboten nicht trauen will, die mit Bonus- und Sonderpreisen sowie Wechselprämien und Rabattaktionen *nur noch bis heute Abend* werben, sind auch die weniger schrillen Angebote deutlich günstiger als unser Tarif. Der Trend ist klar. Wir zahlen zu viel, und bald wird auch deutlich, warum. Es gibt auf den Vergleichsseiten immer einen Jahrestarif, der als Vergleichswert herangezogen wird. Dabei wird ein besonders schlechter gewählt, damit im Kontrast die Einsparungen umso höher ausfallen. Die Vergleichsseiten nutzen somit den gleichen Trick wie die Jahrgangsschönste, die sich das Mädchen mit den Zusatzpfunden zur besten Freundin macht, um neben ihr noch mehr zu strahlen. Na ja, und was ist der Abschrecktarif? Unserer! Wir haben einen Basic-Tarif, der teurer ist als alle anderen.

»Warum sind wir eigentlich in diesem Basic-Tarif?«, wundere ich mich.

»Weiß ich auch nicht«, meint Christine ebenfalls ratlos, bevor ihr etwas einfällt. »Ach so, der vorherige Anbieter hatte uns gekündigt, weil wir zu spät bezahlt hatten.«

»Und dann sind wir bei denen hier gelandet?«

»Ja.«

»Bei den teuersten.«

»Ja, Basistarif.«

»Basistarif.«

Wir kündigen also und dürften damit schon das wichtigste Nest der versteckten Kosten ausgehoben haben.

Mein Konto hat aber noch an einer anderen Stelle ein Leck, nämlich beim Handyvertrag. Monatlich kostet uns der etwa fünfzig Euro, obwohl ich einen Großteil der Wunderdinge, die mein iPhone sicherlich kann, gar nicht nutze. Eigentlich schaue ich nur nach E-Mails, höre Musik und Hörbücher und ärgere mich, wie schnell der Akkustand sich der Null nähert. Ach so, manchmal telefoniere ich auch damit. Aber wirklich sehr selten. Als ich im o2-Shop deswegen nachfrage, bekomme ich viel Verständnis und das Angebot für einen Tarifwechsel, der am Ende des Monats praktisch auf die gleiche Summe hinauslaufen würde. Also gehe ich noch mal mit Christine hin und unterschreibe danach einen neuen Vertrag, der fünfzehn Euro günstiger ausfällt.

Christine selbst minimiert ihre Ausgaben auch noch hier und da, aber wirklich viel Spielraum gibt es nicht mehr. Der einzige bedeutsame Brocken besteht darin, das Sky-Abo zu kündigen. 71,99 Euro dafür, dass wir mittlerweile die Fußballspiele nicht mal mehr exklusiv schauen können, die wir schon nicht geschaut haben, als sie exklusiv waren, ist einfach zu teuer. Unsere Überprüfung der Ausgaben führt allein durch die Änderung meines Handyvertrags, den Stromanbieterwechsel und – der Hauptfaktor – die Kündigung von Sky zu Einsparungen von knapp 1 300 Euro pro Jahr.

Doch es gibt noch einen letzten versteckten Kostenverursacher. Dabei handelt es sich um den raffiniertesten, weil er sich nicht hinter einer einzigen Handlung verbirgt und auch nicht in einem Vertrag festgehalten ist. Er hinterlässt kaum Spuren, und wenn doch, ist es schon längst zu spät: die Einkäufe! Die Kostenfalle mit der Guerillataktik: schnell zuschlagen und sich dann wieder zurückziehen. Wie oft geht man in den Supermarkt und verlässt ihn mit viel mehr, als beabsichtigt war? Anders gefragt: Kommt es überhaupt vor, dass er mit exakt dem verlassen wird, was gekauft werden sollte, und mit sonst nichts? Sicherlich, aber es kommen ja auch Schaltjahre vor und Vorbeiflüge des Halleyschen Kometen. Das sind seltene Ereignisse, sehr seltene Ereignisse. Wie also umgehen mit der Kostenfalle AldiPennyLidlRewe?

»Tina und Michael haben einen Einkaufszettel«, bringt Christine einen Vorschlag.

»Damit wirken wir sofort wie Rentner!«, ist mein Einwand.

»Aber wie Rentner, die Geld sparen.«

»Trotzdem wie Rentner.«

An der Stelle kommen wir also nicht weiter.

»Und wenn wir eine App benutzen?«, fühlt Christine vor.

»Eine Einkaufs-App?«

»Ja.«

»Dann sind wir Rentner, die sich dem Fortschritt nicht verschließen, aber trotzdem Rentner.«

»Einkaufslisten kommen für dich also nicht infrage.«

»Nein, freie Menschen gehen nicht mit einer Verbotsliste einkaufen.«

»Das ist doch keine Verbotsliste.«

»Doch, alles, was da nicht draufsteht, ist verboten.«

»Hast du dann vielleicht eigene Ideen?«

»Max und Kerstin haben ein Konto für die Einkäufe.«

»Und da zahlen sie monatlich ein?«

»Ja, und mehr als das, was da drauf ist, wollen sie nicht ausgeben.«

»Das klingt gut.«

»Wir müssten also nur herausfinden, wie viel wir im Monat ausgeben, und dann beschränken wir es auch auf so ein Konto.«

»So machen wir es.«

Im Hinblick auf die Supermarktausgaben herrscht tatsächlich noch totale Intransparenz. Also entschließen wir uns, künftig bewusst einzukaufen und an der Kasse »Ja« zu sagen, wenn die Frage kommt: »Brauchen Sie den Zettel?« Wir machen uns also erstmals Gedanken darüber, was wir einkaufen und warum. Der große Albtraum der Werbeindustrie ist wahr geworden, der Kunde ist erwacht und fragt sich nun mit Sparerinstinkt bei jedem Produkt, ob er es wirklich braucht!

* * *

Eine Woche lang überprüfen wir also genau, was wir kaufen, um am Ende unsere Gewohnheiten auf mögliche Verbesserungen hin zu überprüfen. Nach sieben Tagen legen wir die gesammelten Einkaufszettel auf den Küchentisch.

»Okay, mir fällt direkt etwas auf«, meine ich.

»Was?«

»Es sind zwölf Zettel.«

»Ja und?«

»Es waren sieben Tage, eigentlich nur sechs, weil der Sonntag nicht zählt.«

Christine betrachtet die Zettel lange, als würde sie darauf warten, dass diese sich für irgendetwas entschuldigen.

»Womöglich kaufen wir zu oft ein«, folgere ich aus den zwölf Zetteln von sechs Tagen.

»Vielleicht.«

Als wir die Einkäufe auswerten, kommen wir auf durchschnittliche Ausgaben von acht Euro pro Einkauf, was 96 Euro in der Woche und 384 Euro im Monat sind.

»Wow«, meint Christine mit Blick auf diese Zahl, »wir sind die absoluten Max Mustermanns, was das Einkaufen angeht! Denn der durchschnittliche Zweipersonenhaushalt kommt auf 388 Euro im Monat.«

Dabei zeigt sie mir eine Statistik, die das Konsumverhalten der Deutschen auflistet.

»Wir kaufen also oft ein, aber in kleinen Mengen, und kommen damit auf die gleiche Summe wie andere, die ihren Einkaufswagen einmal in der Woche richtig voll machen«, fasse ich zusammen.

»Und wir sparen dabei noch vier Euro im Vergleich zum Durchschnitt«, betont Christine, »das macht 48 Euro im Jahr.«

»Oder 48 000 Euro in tausend Jahren. Ich würde immer größere Zeitspannen nennen, dann klingt es imposanter«, schlage ich vor, ohne dafür Unterstützung zu bekommen.

In Sachen Supermarktkultur haben wir zwar eher die Einkaufsmentalität von Hand-in-den-Mund-Studenten, die immer dann einkaufen, wenn sie gerade etwas brauchen, statt sich Reserven anzulegen, aber für den Geldbeutel spielt das keine Rolle; er wird durch die vielen Kurzbesuche zwischen den Regalreihen nicht übermäßig belastet. Im Gegenteil. Unsere Einsparmöglichkeiten liegen demnach eindeutig in anderen Bereichen, in denen wir ja schon aktiv geworden sind. In der Disziplin Sparsamkeit müssen wir uns also nicht so viel vorwerfen – wobei es von Vorteil ist, ohnehin nie genug Geld zu haben, um sich in teure Hobbys und Ausgaben zu stürzen. So wie es für den Verzicht auf Alkohol auch von Vorteil ist, wenn es weit und breit keinen gibt.

Nachdem nun geklärt ist, dass wir auf der Ausgabenseite relativ gut dastehen, kann die gesamte Aufmerksamkeit also wieder den Versuchen gewidmet werden, die Einnahmenseite zu verbessern.

Fazit: Die Albträume von Sparstrümpfen drehen sich immer um Stromanbieter oder Handyverträge.

Börsenbesuch

Eigentlich wollte ich mit Christine zusammen der Berliner Börse einen Besuch abstatten, was aber durch berechtigte Einwände der Pressestelle verhindert wurde.

»Sie können uns gern besuchen«, meinte die freundliche Frau am Telefon, »nur sieht es bei uns nicht anders aus als in jedem anderen Bürokomplex. Eine physische Börse gibt es in Berlin gar nicht mehr.«

»Seit wann?«

»Sie sind mehr als zehn Jahre zu spät, sie wurde 2006 geschlossen. Jetzt läuft alles über Computer.«

»Und die korpulenten Leute mit den roten Köpfen und den Anzügen, die früher auf dem Börsenparkett standen und schrien, was machen die heute?«

»Die sitzen vor den Computern und handeln weiter, sie müssen aber nicht mehr an einem Ort zusammenkommen.«

»Also ist der Beruf des Börsenmaklers heute für introvertierte Menschen plötzlich viel attraktiver?«

»Ich denke, der Typus hat sich nicht sonderlich verändert.«

Wir erfahren während des Gesprächs, dass Berlins Börse ohnehin ein Schattendasein fristet (ebenso wie alle anderen Börsen, die nicht die Frankfurter Börse sind) und nur für knapp ein Prozent des Handels in Deutschland verantwortlich ist. Als ich frage, ob es denn für Berlin ein großer Schaden wäre, wenn die Börse schließen würde, kommt die deprimierende Antwort: »Das würde mich wundern.« Wobei die Börse tatsächlich nur noch eine bessere Briefkastenfirma ist, denn es gibt nicht nur kein Börsenparkett mehr, nein, auch die digitale Berliner Börse befindet sich nicht in Berlin. Stattdessen ist sie tief in den Katakomben der Frankfurter Börse eingegraben, wo in einem Rechenzentrum auch alle Hauptstadt-Transaktionen abgewickelt werden. Wer wissen will, wie die Berliner Börse aussieht, muss also nur einen handelsüblichen PC anschauen und hat dann schon eine ziemlich genaue Vorstellung davon.

Trotzdem geben Christine und ich nicht auf. Wir wollen die Leute mit den roten Köpfen und schwitzenden Glatzen sehen. Also geht es nach Frankfurt, wo man es uns ebenfalls nicht leicht macht. Wegen Umbaumaßnahmen sind eigentlich keine Gäste willkommen, und Führungen gibt es deswegen im Moment auch keine. Wir haben aber genug Biografien von erfolgreichen Leuten gelesen, um zu wissen, dass auch eine gewisse Hartnäckigkeit dazugehört, um seine Ziele zu erreichen. Deswegen lassen wir uns nicht abwimmeln und schicken weitere Anfragen und weitere Anfragen, bis wir tatsächlich einen Termin bekommen – auf dem Parkett, um neun Uhr morgens. Wir haben es also geschafft, doch der Preis ist hoch: Christine kann an diesem Tag nämlich unmöglich mit in die Bankenstadt kommen, weswegen wir überlegen, den Termin abzusagen, bevor sich schließlich doch die Erkenntnis durchsetzt, dass ein unvollständiges Team immer noch besser ist als gar kein Team. Ich fahre also allein von Berlin nach Frankfurt und erreiche die Börse um Viertel vor neun. Vor dem Eingang stehen mehrere Steinstatuen, die die verschiedenen Kontinente repräsentieren sowie den Landhandel, dessen Finger jedoch weggebröckelt sind, was seinen Stellenwert für den Welthandel vermutlich dramatisch auf den Punkt bringt. Die Börse selbst macht den

Eindruck einer schlecht besuchten Universitätsbibliothek, die nur von Langzeitstudenten frequentiert wird.

Nach dem Gang durch die Sicherheitsschleuse werde ich schließlich auf der anderen Seite des Drehkreuzes von einer Security-Frau abgeholt, die nicht nur jung ist, sondern auch sehr unterkühlt. Schweigend führt sie mich durch einen Flur, bevor sich nach einer Kurve der TV-bekannte braungoldene Holzboden der Börse zeigt. Noch drei Schritte, noch zwei, noch einer und es ist so weit: Ich stehe auf dem Parkett! Im Zentrum eines der größten Finanzzentren der Welt. Wenn Geldströme am Himmel sichtbar wären, würden sie sich um Frankfurt herum immer mehr verdichten und über der Börse die Sonne verdunkeln.

»Und nun?«, möchte die Frau an meiner Seite wissen, nachdem ich eine Minute lang einfach so dastehe und mich umschaue wie ein Tourist vor dem Schiefen Turm von Pisa.

Tatsächlich ist diese Frage nicht unberechtigt. Wie lange kann man auf so einem Parkett stehen und sich umschauen, bevor es keinen Grund mehr dafür gibt?

»Ich will mir das alles einfach mal ansehen und die Atmosphäre mitbekommen«, weihe ich die schweigsame Begleiterin in meine Pläne ein. Sie nickt nur und beobachtet mich, wie ich mich umsehe. Was ich mache, ohne mich dabei von der Stelle zu bewegen, was vermutlich noch mehr irritiert. So stehen wir da, und aus einem Teufelskreis sozialer Interaktion heraus frage ich sie schließlich etwas, damit unsere Zweisamkeit etwas weniger merkwürdig wird.

»Ist es hier an der Börse immer so still?«

Sie weiß es nicht.

Ich nicke. Und frage wieder etwas.

»Die Männer, die schwitzen und mit rotem Kopf Aktien kaufen und verkaufen, gibt es die nicht mehr?« Tatsächlich ist es hier so ruhig wie in einem Versicherungsbüro. An mehreren

Tischreihen, die zu einer geometrischen Form angeordnet sind, welche an ein Labyrinth für Einsteiger erinnert, sitzen Börsianer und schauen mit einer Entspanntheit auf ihre Monitore, als würden sie am Fernkurs »Yoga für Fortgeschrittene« teilnehmen.

»Ich kann Ihnen das alles nicht beantworten, ich bin selbst erst seit drei Monaten hier.«

»Und in der Zeit gab es keine Männer mit roten Köpfen, die hier rumschrien?«

»Ich weiß es nicht.«

Ich weiß es nicht bedeutet für ein Gespräch das, was eine Sackgasse für den Autoverkehr ist: das Ende. Es geht einfach nicht weiter.

Ich schaue mir immer noch das Parkett an, das von einer Empore eingerahmt wird, auf der verschiedene Fernsehsender ihre Kameraausrüstung stehen haben. Pro7, CNN, Welt und andere. Die ARD hat sogar einen eigenen kleinen Trakt angemietet, weil sie hier eine Dauerpräsenz unterhält. Auf dem Parkett selbst ist niemand. Niemand außer mir und meiner Begleiterin.

»Ja, mehr gibt es hier eigentlich nicht zu sehen«, versucht die Security-Frau, meine Erwartungen einzufangen, wobei ihr weiterhin anzumerken ist, dass ihr mein ganzer Auftritt hier ein Rätsel bleibt. Warum steht dieser Mann immer noch auf dem Parkett? Was ist hier los? Ich ignoriere ihren wenig subtilen Hinweis, der mich eigentlich dazu bewegen soll, wieder zu gehen, und bleibe. Eher aus Prinzip als aus anderen Gründen, denn ich habe mir diesen Besuch nicht so mühsam erkämpft, um nach fünf Minuten schon wieder zu gehen. Ich stehe hier ja auch nicht nur für mich, ich stehe hier auch für Christine. Also bleibe ich und starre weiter in den Raum hinein.

»Das war bestimmt teuer«, meint meine Begleiterin plötzlich.

»Was?«

»Hier sein zu dürfen.« Sie deutet auf das Parkett wie auf ein Königreich.

»Dass ich hier bin?«

»Ja, alle anderen Besucher sind nur oben auf der Empore, die kommen hier nicht runter, dürfen sie gar nicht.«

»Ach, okay«, meine ich nur und beantworte ihre Frage nicht. Soll sie doch ruhig glauben, dass sie es hier mit einem wunderlich-exzentrischen Millionär zu tun hat. Es ist wirklich sehr still hier. Und sehr männlich. In den Waben, in denen die Börsianer sitzen, gibt es fast keine Frau.

»Sieht es mittlerweile an allen Börsen so aus wie hier?«, erkundige ich mich, weil ich einen Moment lang vergessen habe, wer da neben mir steht. Sofort zieht sie theatralisch die Schultern hoch und erklärt: »Ich kann da wirklich nicht viel sagen!« Und nach einem kurzen Moment: »Das ist ja nun schade für Sie, dass Sie hier sind und so wenig erfahren.«

»Keine Sorge, ich hatte eigentlich kein richtiges Ziel, ich wollte einfach nur mal hier gewesen sein.«

Wieder so ein Satz, der für Dritte sehr merkwürdig klingen muss, wenn er ausgesprochen wird. Jetzt hält es die Security-Frau nicht mehr aus und fragt: »Warum sind Sie überhaupt hier?«

»Ich schreib ein Buch über verschiedene Arten, Geld zu verdienen. Deswegen bin ich aus Berlin angereist.«

»So was kann bestimmt funktionieren, wenn es jemand schreibt, der das kann«, murmelt sie.

Ist das etwa eine subtil-vernichtende Kritik an mir? Glaubt sie nicht an mich?

Nachdem ich das Buchgeheimnis gelüftet habe, verspürt die Security-Frau plötzlich den Wunsch, mir zu helfen. Wir laufen über das Parkett und an den Inseln vorbei, in denen die Börsianer ihren Geschäften nachgehen. Wir laufen umher und es fühlt sich an wie das missglückteste Date der Welt, weswegen es von Satz zu Satz immer schlimmer wird.

»Haben Sie denn Aktien?«, frage ich.

»Würde ich dann diesen Job hier machen?«

»Vermutlich nicht«, rate ich.

»Ich würde nicht extra aus Berlin anreisen«, verrät sie.

»Ich schon«, entgegne ich.

Verlegene Stille.

»Wie gesagt, ich kann Ihnen nicht viel sagen«, erinnert sie mich noch einmal, während wir an zwei Kameramännern der ARD vorbeikommen, die einen Interviewtermin vorbereiten.

»Das macht nichts.«

»Aber mein Kollege hat Ahnung, der macht hier auch Führungen«, kommt ihr eine Idee, und plötzlich verändert sich ihre Haltung mir gegenüber. Schon verlassen wir das Parkett und laufen zurück in den Wartebereich. Als ich noch überlege, ob sie mich nun auf diese Weise loswerden will, stehen wir vor einer Tür. Sie klopft an, verschwindet dahinter und lässt mich warten. Als sie zurückkommt, bringt sie einen blassen jungen Mann mit, der mich misstrauisch betrachtet. Ganz anders als die Security-Frau, die zufrieden neben ihm steht.

»Sie haben Fragen?«, will er wissen.

»Ja, also zuerst mal …«, beginne ich und denke nach, was ich fragen könnte, denn eigentlich brennt mir da nichts auf den Nägeln. Der Experte unterbricht mich.

»Stellen Sie bitte jetzt alle Fragen hintereinander, damit ich sie dementsprechend in einem Rutsch beantworten kann.«

Was er schließlich auch macht, nachdem ich mir mehrere Anstandsfragen überlegt habe. So erfahre ich, dass die Parkettbörse im Grunde nur noch Fassade ist wie die Kulissen eines Hollywoodfilms. Es gibt keine Börsenmakler mehr auf dem Parkett; wer da jetzt noch vor seinem PC sitzt, nimmt am elektronischen Handel Xetra teil. Allerdings wäre das auch von jedem anderen Ort aus möglich, weswegen die Börse in dieser Form auch komplett schließen könnte, ohne dass es ein Problem für den Aktienhandel wäre. Sie wird aber nicht geschlossen, damit es weiterhin was zu sehen gibt. Die Medien wollen einen Ort haben, von dem sie berichten, und die Menschen ein Gebäude, das sie als Börse zuordnen können. Folklore, Sentimentalität und der Unterhaltungswert sind die Gründe, weswegen es hier weitergeht, womit die Existenzberechtigung der Börse exakt der des britischen Königshauses entspricht. Im Grunde aber hat die Digitalisierung die klassischen Börsen vollkommen überflüssig gemacht.

»In Paris und London gibt es deswegen kein Parkett mehr«, erklärt der Alle-Fragen-Mann.

»Und in New York?«, fängt nun meine Security-Frau plötzlich an, Fragen zu stellen. Womöglich, weil sie auf einmal die Idee hat, ein Buch über verschiedene Versuche zu schreiben, an Geld zu kommen.

»Die halten aus den gleichen Gründen wie wir am Parkett fest.«

Danach tritt der Mann wieder ab, und meine Begleiterin bedankt sich bei ihm so überschwänglich, als hätte sie ihn aus dem Kreißsaal gelockt, wo gerade sein erstes Kind zur Welt gekommen wäre.

»Das ist nicht selbstverständlich, dass er das gemacht hat«, erklärt sie auch mir noch mal, als er längst wieder hinter der Tür verschwunden ist, die entweder einen Kreißsaal verbirgt oder einen gewöhnlichen Mitarbeiterraum.

Wir kehren ein letztes Mal aufs Parkett zurück. Frau Security wirkt zufrieden mit sich. Für einen Moment betrachtet auch sie nun alles mit anderen Augen, dann bitte ich sie, mich vor der großen Aktienanzeigetafel zu fotografieren. Danach bin ich bereit zu gehen. Als sie mich zum Ausgang bringt, kommt ihr noch im Innenbereich ein Kollege entgegen, der sie zum

Kaffee einlädt. Sie sagt zu und gibt mir die Hand, um sich zu verabschieden. Die letzten Meter allein bis zum Drehkreuz sind also ein Vertrauensvorschuss von ihr an mich. Was für ein Happy End. Von einer eisigen Begrüßung über eine wortkarge Zwischenphase bis hin zu dieser Geste hat sich unser Verhältnis durchgehend verbessert, wie ich nun merke. Die Börse Frankfurt zeigt mir – in Gestalt der Security-Frau –, dass sie mir vertraut. Das freut mich, auch wenn sie längst nur noch eine Fassade für die Fernsehkameras ist.

Fazit: Eigentlich könnte die Frankfurter Börse längst auf die Größe eines Mikrochips geschrumpft werden, aber aus PR-Gründen bleibt das Gebäude erhalten.

Aktien

Es wird Zeit für die ganz große Börsenbühne. Würden alle Investmentmöglichkeiten in einer gemeinsamen Band spielen, wäre die klassische Aktie natürlich die Sängerin. Niemand polarisiert so sehr wie sie und wird gleichermaßen gefeiert und verachtet. Vor allem aber wird nichts so sehr mit der Börse verbunden wie die Aktie. Da können Rentenfonds (Schlagzeuger der Band), Öl (Gitarrist), ETFs (Bassist) oder Staatsanleihen (Triangel) immer beliebter werden, die Aktie ist und bleibt das Maß aller Dinge. Deswegen ist es auch für uns höchste Zeit, welche zu erwerben.

Es gibt Großinvestoren wie Warren Buffett, die an der Börse auch mal mehrere Milliarden auf einen Schlag investieren. Wir wollen es auch so machen wie er. Nur dass wir im Moment keine Milliarden zur Hand haben, sondern nur sechshundert Euro. Aber auch die können zum Fundament unseres Börsenerfolgs werden. Das wäre schon deswegen hilfreich, weil sie eigentlich unsere Rücklage für eine neue Waschmaschine sind, da unsere bisherige klare Zeichen von sich gibt, dass sie bald ihr letztes Schleuderprogramm schleudern wird. Aber die Geschichte des Aktienhandels ist ja eine Geschichte von Risiken, die eingegangen und belohnt wurden. Also treten wir hiermit in Vorleistung und riskieren, demnächst unsere Wäsche in den Waschsalon schleppen zu müssen, wenn es schlecht läuft.

Mit dem Schritt zum Aktionär gehören wir zu einer Minderheit in diesem Land. Traditionell sind die Deutschen nämlich Aktienmuffel, woran Manfred Krug nicht unschuldig ist. Als die Telekom 1996 an die Börse ging, warb er als Werbefigur für den Kauf dieser Aktien, woraufhin die Deutschen seinem Ratschlag in Scharen folgten. Doch die Aktie sackte von 103,50 Euro auf 7,69 Euro ab, und Krug entschuldigte sich später öffentlich und versicherte, dass er seine eigenen T-Aktien weiter behalten werde, was er als »eine Art Selbstbestrafung« betrachte. Das Gegenteil der Deutschen sind in dieser Hinsicht die Niederländer. Sie eröffneten 1409 die erste Börse der Welt (Deutschland zog erst 1540 nach), die sich schon bald als wahrer Glücksfall für das kleine und besetzte Land erwies. Der Börsenhandel sorgte für einen ungeahnten Wirtschaftsboom, der unter anderem die Vertreibung der Spanier möglich machte, indem mit dem neuen Reichtum eine Söldnerarmee bezahlt wurde.

Ach so, und der Börsenboom hatte noch eine weitere erstaunliche Entwicklung zur Folge: Die Niederlande wurden zur Weltmacht. Wobei damals Aktienunternehmen noch etwas robuster auftraten als heute. So verfügte die Niederländische Ostindien-Kompanie über eine eigene Armee und eroberte mit ihr Indonesien, das sie danach zwei Jahrhunderte lang beherrschte. (Übertroffen wurde sie nur noch von der Britischen Ostindien-Kompanie, die Indien unterwarf und über mehr Soldaten verfügte als das britische Mutterland selbst.) Würden Aktiengesellschaften heute noch einen bewaffneten Arm unterhalten, würde vermutlich die iArmy von Apple Teile Chinas besetzt halten, um die Fertigung des iPhones sicherzustellen.

Aber zurück in die Gegenwart, in der Aktiengesellschaften neue Absatzmärkte nicht mehr wortwörtlich erobern. Jetzt steht nämlich die entscheidende Frage an: Welche Aktien wollen wir überhaupt kaufen? Eine erste Herausforderung ist dabei die enorme Zahl an Aktien. Es ist unmöglich, sich einen Überblick über alle Unternehmen zu verschaffen, die es an der Börse gibt. Ebenso gut könnte man versuchen, sich alle Telefonnummern in den Gelben Seiten zu merken. Also denken Christine und ich darüber nach, in welche AGs wir investieren beziehungsweise wem wir unser Waschmaschinengeld anvertrauen wollen.

»Ich überlege, in Adidas zu investieren«, verrate ich Christine, die in der Küche steht und Tomaten schneidet, »denn es ist Sommer, da laufen die Leute in Sportschuhen rum.«

»Warum nicht?«, meint sie eher abwesend.

»Andererseits sticht mir der Adidas-Schuh seit Tagen die Ferse auf, weil sich das Plastik gelöst hat«, wende ich gegen meinen eigenen Plan ein. Was mich an den Ratschlag des Hardcore-Twitterers Donald Trump erinnert: »Investieren Sie nur in Produkte, die Sie verstehen[,] und mit Leuten, denen Sie vertrauen können. Manchmal sind die besten Investments diejenigen, die man unterlässt.«[1] Und ich vertraue keinen Schuhen, die mir blutige Wunden zufügen.

»Ich kann mir vorstellen, dass es mit Volkswagen wieder bergauf geht«, schlage ich stattdessen vor.

»Vielleicht.« Immer mehr geviertelte Tomatenkörper liegen auf dem Teller.

»Andererseits werden einige Vorstandschefs von den USA mit Haftbefehl gesucht.«

»Stimmt.« Wieder durchtrennt das Messer eine rote Frucht.

»Vermutlich ist es nicht unbedingt gut, wenn die Chefs von den USA gejagt werden. Hätte man in Al-Kaida-Aktien investiert, wäre man jetzt auch pleite.«

Christine bewegt ihren Kopf, aber ich weiß nicht, ob es ein Nicken ist oder nicht.

Kurzum, ich kaufe auch keine Aktien aus Wolfsburg.

Als Nächstes lese ich mir auf der Suche nach einer Kaufinspiration die Liste der DAX-Unternehmen durch. Doch kein Name überzeugt mich wirklich. Dafür fällt mir etwas ganz anderes auf: schneeweißes Haar. Von den dreißig im DAX vertretenen Unternehmen ist die Hälfte im neunzehnten Jahrhundert gegründet worden. Siemens gab es schon, als 1848 erstmals die schwarz-rot-goldene Fahne über dem Hambacher Schloss wehte. Bayer und die BASF sind älter als das Deutsche Kaiserreich von 1871, und als RWE 1898 an den Start ging, wurde noch über die absurde Vorstellung gelacht, dass Frauen das Wahlrecht bekommen könnten. Doch der absolute Methusalem ist zweifellos die Firma Merck. Als sie 1668 gegründet wurde, waren die Schrecken des Dreißigjährigen Krieges erst zwanzig Jahre her und die Unabhängigkeit der USA sowie die Französische Revolution noch Ereignisse einer weit entfernten Zukunft. Ebenso elektrisches Licht, Charles Darwin und die Blue Jeans.

Aus Neugierde habe ich das Alter der deutschen Firmen mit dem der erfolgreichsten US-Aktienunternehmen verglichen und stelle fest: Letztere sind ja noch richtige Teenager mit Akne im Gesicht. Die wertvollste Firma der Welt, Apple, ist Jahrgang 1976, während Amazon 1994 loslegte. Google stieß 1998 hinzu und Facebook im Jahr 2004. Das könnten die Ururenkel der deutschen DAX-Unternehmen sein. In einer Welt, in der es heißt, dass Innovationskraft und neues Denken wichtig sind, kann ich diese DAX-Senioren nicht in die engere Auswahl aufnehmen. Ich weiß, dass das Altersdiskriminierung ist, aber trotzdem. Es ist unser Geld, und das geben wir niemandem, der schon alt war, als Otto von Bismarck noch jung war.

Auf meiner Suche nach einer passenden AG bringe ich später noch Facebook ins Spiel, aber dann erinnere ich mich an den andauernden Streit von Mark Zuckerberg mit der EU und der deutschen Regierung wegen Hasspostings und Fake News und entscheide, dass dieses Investment aktuell zu unsicher ist. Christine stimmt mir ungerührt zu.

»Machst du dir eigentlich auch irgendwelche Gedanken?«, will ich schließlich wissen.

»Über Aktien?«

»Ja.«

»Barnes & Noble.«

»Was ist das?«

Christine legt das Messer zur Seite und blickt auf einen Hügel aus Tomatenvierteln.

»Das ist eine Buchhandelskette aus den USA.«

»Du willst in eine Buchhandlung investieren?«

»Buchhandelskette.«

»Also das ist ganz bestimmt nicht das neue Apple, von dem du beim Bankberater gesprochen hast, und das wird auch kein nächster Börsenliebling werden. Das ist, als hättest du in den 1950er-Jahren alles Geld in den Stummfilm gesteckt, als es längst den Tonfilm gab.«

»Es fühlt sich richtig an, wie bei Killerbiene!«

»Wer ist Killerbiene?«

»Das Pferd, mit dem ich beim Pferdewetten gewonnen habe«, kommt es empört zurück. »Und außerdem, wenn morgen ein neuer Hype wie um Harry Potter entsteht, geht die Aktie durch die Decke.«

»Buchhandlungen sind doch absolut berechenbar, sie verkaufen mal ein bisschen mehr und mal ein bisschen weniger und fertig.«

»Ich glaub an den Buchhandel. Aber genug von mir, du bist ja hier der Problemaktionär. Was holst du?«

»Ich weiß es noch nicht. Ich will nicht in das investieren, was mich persönlich interessiert, sonst wären es vielleicht Aktien des BVB.«

»Du musst halt vor allem in *irgendetwas* investieren, das ist das Wichtigste an der Börse. Irgendetwas ist immer noch besser als nichts.«

Und so steht sie da, mit einem durch nichts gerechtfertigten Ratschlag auf den Lippen, und geht wieder gegen die Tomaten vor. Die Frau, die mit einer Buchhandelskette so ziemlich das Biederste rausgesucht hat, was möglich war.

Ich setze mich vor den Fernseher und schalte durch die Programme. Ich will mich ablenken. Auf n-tv läuft eine Dokumentation über Flugzeuge. Eine Passagiermaschine startet gerade in New York und erhebt sich tonnenschwer und doch majestätisch in die Lüfte.

»Boeing!«, rufe ich, »ich kaufe Boeing-Aktien!«

»Ach ja, das ist natürlich eine viel rationalere Kaufentscheidung, wenn man zufällig ein Flugzeug im Fernsehen sieht«, meint Christine, die jetzt in der Wohnzimmertür steht.

»Ich wusste die ganze Zeit, dass da was ist, wo ich gerade nicht draufkomme, und das Flugzeug hat mir auf die Sprünge geholfen.«

»Glaub ich nicht. Wenn da eine Doku über Kinderarbeit gelaufen wäre, hättest du –«

»Ich hab doch schon gesagt, dass ich keine Adidas-Aktien kaufe.«

Am Ende aller Diskussionen bleibt es, wie es ist: Wir steigen mit Aktien einer Buchhandelskette und eines Flugzeugherstellers in die Manege.

Dabei kostet eine Aktie von Barnes & Noble 6,40 Euro und eine von Boeing 181 Euro. Psychologisch hat das zur Folge, dass Christine in einem Meer aus neununddreißig Aktien baden kann und ich nur einen Fingerhut voll habe und mit zwei Aktien zufrieden sein muss – ja, zugegeben, wir haben bei mir aus 300 Euro 362 Euro gemacht, damit es überhaupt für mehr als eine reichte. Damit sind unsere etwas mehr als 600 Euro verplant. In Bücher und Flugzeuge. Und damit betreten wir endgültig die große Börsenbühne! Ohne Netz und doppelten Boden. Nur wir und unsere Intuition!

Als Aktionär ist es möglich, sich sehr pathologisch auf sein Unternehmen zu fixieren. Zwar geht auch bei Rentenfonds der Blick regelmäßig auf den aktuellen Wert, aber das ist unpersönlicher, weil im Fonds verschiedenste Investments stecken. In meiner Boeing-Aktie steckt hingegen nur Boeing. Also verwandle ich mich in eine Mischung aus Stalker und Groupie und nehme es persönlich, wenn ich lesen muss, dass ein Megaauftrag an Airbus gegangen ist. Das bedeutet nämlich vor allem, dass er nicht an Boeing gegangen ist. Als Aktionär zerfällt die Welt für mich in Gut und Böse, in Schwarz und Weiß, in Boeing und Nicht-Boeing. Vermutlich haben nur religiöse Fundamentalisten ein ähnlich einfaches Weltbild. Wobei der Aktienbesitz einen aber nicht so verändern muss. Christine etwa begleitet die Kursentwicklung ihrer Buchhandelskette eher mit dem wohlwollenden Abstand einer Mutter, die ihrem Teenager-Sohn den Freiraum lassen will, den er braucht.

Auf lange Sicht ist das vermutlich die bessere Strategie, zumal meine schon aus konditionellen Gründen nicht ewig durchzuhalten ist, aber aktuell kann ich mich nicht beschweren. Meine Aktien stellen sich als Glückstreffer heraus. Nach einem halben Jahr haben sie 41,1 Prozent an Wert gewonnen, was aus 362 Euro immerhin 510,80 Euro gemacht hat, also ein Plus von 148,80 Euro. Hätte jemand die immer noch mittelstandsmögliche Summe von 10 000 Euro investiert, hätte er sechs Monate später 4 000 Euro mehr zur Verfügung, die er in Urlaub, Renovierungen oder Unterhaltszahlungen investieren könnte (oder in weitere Aktien).

Christine hat mit ihrer Buchhandelskette leider weniger Glück, denn Barnes & Noble fällt um 26,9 Prozent, weswegen von ihren 249,60 Euro noch 182,46 Euro übrig sind. Als wir uns die Entwicklung unserer Kurse ansehen, scheint sie trotzdem wenig beeindruckt. »Es geht an der Börse immer hoch und runter, das sind Zyklen«, meint sie überraschend optimistisch, und es würde die Chefetage von Barnes & Noble sicher freuen (und wundern), zu wissen, dass im fernen Berlin eine Aktionärin noch nicht den Mut verloren hat.

»Wollen wir deine Aktien verkaufen und lieber noch eine weitere von Boeing dazuholen?«, will ich wissen.

»Ich würde eher überlegen, ob wir Boeing verkaufen, bevor es wieder abwärtsgeht und der Zyklus endet«, kommt es mit einem Unterton zurück, den Löwenmütter in Disneyfilmen an den Tag legen, wenn man ihren Nachwuchs bedroht.

Am Ende einigen wir uns auf den Kompromiss, dass einfach alles so bleibt, wie es ist. Christine hofft weiter auf das Comeback des stationären Buchhandels und ich auf weitere Großaufträge für meine Flugzeugbauer aus Chicago.

Unterm Strich verläuft unser eigenes Börsenabenteuer damit deutlich erfolgreicher als der betreute Börsengang mit Herrn Schneider und seinem Rentenfonds, der uns finanzielle Verluste gebracht hat. Unsere Aktien hingegen haben einen Gewinn von fast 25 Prozent gemacht – und hätten wir nur auf Boeing gesetzt, sogar 41 Prozent. Das alles hat übrigens nicht verhindert, dass wir schließlich doch im Waschsalon endeten. Wie lange angekündigt, trat unsere altersschwache Maschine schließlich ihren letzten Schleudergang an und ist nun hoffentlich an einem besseren Ort. Da wir aber unser Geld nicht schon wieder aus den Aktien zurückholen wollten, sitzen wir im Moment oft in einem schwülen Raum mit sechzehn schnaufenden Waschmaschinen und sechs dröhnenden Trocknern. Manchmal sehe ich durch die beschlagenen Fensterscheiben ein

Flugzeug am Himmel und hoffe, dass es eine Boeing ist. Und vielleicht liest ja einer der Passagiere gerade ein Buch aus einer »Barnes & Noble«-Buchhandlung, dann wäre das eine fliegende Win-win-Situation für uns Waschsalonaktionäre.

Fazit: Menschen können eine emotionale Verbindung zu ihren Aktien aufbauen, die irgendwo zwischen der zum Haustier und der zum Auto liegt.

Power-Days

»Bist du von dir begeistert?«, schreit mich eine Frau an und reißt die Hand hoch, um mir High five zu geben. Um mich herum wird überall diese Frage wiederholt, wildfremde Menschen stellen sie sich gegenseitig und brüllen: »Ja, ich bin von mir begeistert!« Handflächen schlagen danach aufeinander, als würden sie einen Schwur besiegeln. Auch von Christine will jemand wissen, wie sie es mit der Selbstbegeisterung hält. Ja, sie ist begeistert. Und schon gehen die Hände hoch. High five. Alle sind von sich begeistert.

Wir befinden uns in einer Mehrzweckhalle in Düsseldorf. Es sind über zweitausend Menschen hier, was eintausend High-five-Paare macht. Der Zuschauerraum liegt im Halbdunkel, alle Scheinwerfer sind auf die Bühne gerichtet, wo der Motivationscoach Jürgen Höller wie ein Prophet steht, der seine Glaubenssätze unters Volk bringt. Er erzählt sogar Gleichnisse wie das vom Adler, der unter Hühnern lebte und darum immer dachte, er sei ein Huhn. Es ist eine Stimmung irgendwo zwischen Butterfahrt und Bergpredigt, nur dass Jesus keinen Eintritt dafür verlangt hat, dass man ihm zuhören durfte.

Die meisten der Leute um uns herum sind zwischen Mitte zwanzig und Anfang fünfzig, arbeiten mehrheitlich im Verkauf und finden, dass ihre Laufbahn noch ausbaufähig ist. Deswegen sind sie hier, bei den Power-Days, einem zweitägigen Seminar, das zu mehr Selbstbewusstsein, beruflichem Erfolg und Reichtum verhelfen soll. Höller drückt es in der für dieses Wochenende charakteristischen Bescheidenheit so aus: »In Wahrheit könnte es für dich so sein, wie sechs Richtige im Lotto zu haben. In diesen zwei Tagen gehst du endlich an die Ursache heran, was Erfolg oder Misserfolg, Scheitern oder Durchhalten, Glück oder Unglück ausmacht«. Ein Wochenende wie ein Jackpot! Das hört sich erst mal so protzig an wie die Ratgeberbücher aussehen, die wir gelesen haben. Aber vielleicht standen wir uns bislang wirklich selbst im Weg, was Reichtum und Erfolg angeht. Um das auszuschließen, sind wir hier.

Es ist eine aufgekratzte Atmosphäre, die Leute haben große Hoffnungen, immerhin geht es um ihr Geld und ihre Karriere. Die Veranstalter lassen in der Bewerbung dieses Seminars auch keine Gelegenheit aus, das zu betonen. Wer nicht hier ist, ist selbst schuld und bleibt für immer ein Huhn. Nur wir hier haben die Chance, unsere wahre Adlernatur zu entdecken und freier und souveräner zu werden, als es einem Huhn je möglich ist. »Das soll jetzt nicht despektierlich klingen«, meint Höller, »aber die meisten Menschen sind Hühner, also auch Eltern und Geschwister, und nur wenige Adler. Hühner sind fleißig und meinen es gut mit jedem, aber sie haben nur den Hühnerhorizont.« Neben mir nickt eine Frau, die als Sekretärin in einem mittelständischen Betrieb arbeitet, zustimmend. Sie kennt das offenbar aus ihrer Familie. All die Menschen, die einen am Boden halten wollen.

»US-Kinder hören bis zu ihrem 18. Lebensjahr 150 000 negative Assoziationen, und dabei sind die Amerikaner viel positiver als wir. Wie viele wird wohl ein Deutscher in dieser Zeit hören?«, beklagt Höller unsere Neinsagerkultur und erhält dafür zweitausendfachen Applaus. Hier ist niemand Neinsager, hier gibt es nur Jasager. Höller hat eine gut eingeübte

Trommelfeuer-Rhetorik, mit der er durchs Programm führt und dabei oft viele Sätze lang mit immer neuen Worten das immer Gleiche sagt. Schön ist auch das Versprechen: »Dieses Wochenende ist dein Wochenende. Es geht ausschließlich um dich, und zwar nur um dich! Du stehst zu hundert Prozent im Mittelpunkt all unserer Bemühungen!« Was nirgendwo so glaubhaft wirkt wie auf einer Massenveranstaltung, bei der unsere Teilnahmetickets nicht mal personalisiert sind. Jeder von uns trägt die gleiche Karte am gelben Band um den Hals. Man sieht nur wenige Ausnahmen, bei denen das Band rot ist, und bei noch weniger Teilnehmern gibt es statt der Karte sogar einen Adler als Symbol – wegen der Hühner-und-Adler-Geschichte.

Es bleibt aber ohnehin kaum Zeit, um über die Worte nachzudenken, die Höller sagt, denn das Programm ist atemlos durchgetaktet. Kaum schweigt Höller, erscheinen seine Frau oder sein Onkel auf der Bühne und singen und animieren das Publikum, aufzustehen und mitzumachen. Die Power-Days könnten auch auf dem Ballermann stattfinden. Das Publikum geht bei allem mit und hört gebannt zu, als Höller feststellt, dass alles einmalig ist auf der Welt. Fingerabdruck, Stimme, Eichenblätter, Farben. Alles einmalig. Auch Höller ist einmalig, wie er betont, und wunderbar und großartig und vorbestraft. Auf den letzten Punkt kommt er im weiteren Verlauf der Power-Days noch zurück.

»Und wisst ihr was?«, schreit er seinen Zuhörern entgegen, »auch ihr seid alle einmalig, wunderbar und großartig! Wer nicht auf Knopfdruck begeistert sein kann, lässt die besten Chancen liegen, es gibt oft keine zweite Chance. Wenn du jemanden kennenlernst, kannst du nicht sagen, och, ich fühle mich heute schlecht, aber lass uns morgen noch mal treffen, da bin ich besser drauf!« Auf Knopfdruck muss das gehen. Deswegen auch die Frage der Sitznachbarn, ob man von sich begeistert ist!

Im Vergleich zu dem, was jetzt folgt, sind die High fives noch eine geradezu introvertierte Geste. Höller stellt nun den Ruf »Chi-Ka« vor, den angeblich die Samurai ausstießen, als sie ihre Waffen in die Körper ihrer Feinde stießen. Warum dieser Schrei für friedliche Mittelständler passen sollte, ist nicht ganz klar. »Immer wenn ich bis drei zähle, will ich Chi-Ka hören!«, fordert er. »Eins, zwei, drei!« Die Halle antwortet verhalten. Noch sitzt der Samurai-Ruf nicht. Aber das ändert sich, und kurz darauf klingt es angemessen bedrohlich, wenn Tausende einen Schlachtruf brüllen und sich dazu mit den Händen gegen die Brust klopfen.

Und dann lässt er die Adler auf die Hühner los! Er gibt die Anweisung ans Publikum: »Ab jetzt seid ihr verantwortlich für die Stimmung im Saal!« Wer nicht richtig mitmacht, soll animiert werden. Die Dynamik sozialer Ausgrenzung entfaltet sogleich ihre Macht, als ein korpulenter Kerl zwei Reihen vor uns ein älteres Ehepaar mit rustikaler Wortwahl veranlasst, doch endlich aufzustehen und zu klatschen, statt nur zu sitzen und zuzuhören.

Höller warnt vor »Bewertern«, die immer nur alles so machen wollen, wie sie es schon immer getan haben. Wichtig sei es, »Verwerter« zu sein, also jemand, der prüft und dann entscheidet. Wichtig ist außerdem, »out of the box« zu denken, was uns möglich sein sollte, denn »You got the power!« Die Sekretärin neben mir hängt derweil schon müde in ihrem Stuhl. Ob ihre Kraft für die volle Dosis Power-Days reichen wird, ist unsicher. Höller macht deutlich, dass die Konzentration auf ein Ziel wichtig ist und dass das Einkommen stimmen muss.

»Was ist das Wichtigste?«, schreit er in die Menge.

»Ziel!«, kommt es gebrüllt zurück.

»Und danach?«

»Einkommen!«

Ein-kom-men sind drei Silben, und den Bruch hört man auch. »Ziel« lässt sich hervorragend brüllen, fast wie »Chi-Ka«, aber »Einkommen« nicht. Trotzdem machen alle mit. *Out of the box* und wie ein Adler eben.

Unterbrochen werden die Monologe und Gesangseinlagen sporadisch dadurch, dass Höller eine Seitenzahl ruft, woraufhin die Besucher das Begleitheft aufschlagen. Es besteht aus vielen Lückentexten und noch mehr Zitaten. Einige sind von berühmten Philosophen oder erfolgreichen Geschäftsleuten, aber auch Höller selbst ist großzügig vertreten: »Der einzige Mut, den du benötigst, um erfolgreich zu sein, ist der Glaube: an Gott und dich selbst! Jürgen Höller.« Wobei einige dieser Nachdenksätze seltsam irritierend wirken. Oliver Cromwell etwa, der als britischer Politiker und Feldherr berühmt-berüchtigt war, soll gesagt haben: »Wer aufhört, besser zu werden, hat aufgehört, gut zu sein.« Eher bizarr klingt auch Henry Fords Ausspruch: »Begeisterung ist die Hefe, die deine Hoffnungen himmelwärts treibt.« Und der römische Kaiser Marc Aurel hat wohl gerade auf seine Rolex geschaut, als er sagte: »Wer mit der Weiterbildung aufhört, um Geld zu sparen, könnte genauso gut seine Uhr anhalten, um Zeit zu sparen.«

Danach folgt Höllers Lebensbeichte, die über weite Strecken darin besteht, dass er seine Erfolge aufzählt. Als er dann von seiner Zeit im Gefängnis berichtet, wo ihn unter anderem eine Insolvenzverschleppung hingebracht hat, meint er zum Abschluss: »Ich werde das mein Leben lang bereuen. Eins, zwei, drei!«

»Chi-Ka!«

Allerdings hat ihn die Zeit im Gefängnis wohl auch zu einem Sprachkünstler gemacht, denn er erklärt seinem Publikum, dass die Wörter »Fehler« und »Helfer« aus den gleichen Buchstaben bestehen.

Höller ist nicht der einzige Redner; nach einer Pause erscheint Mike Dierssen, der sich damit vorstellt, 10 000 Geschäftsabschlüsse erreicht zu haben. Er hat ein Haifischgrinsen und ein Charisma, das sich aus Lautstärke und einer raumgreifenden Präsenz zusammensetzt, für die er drahtig umhertigert. Stolz berichtet er davon, dass er als Teenager seine Oma in nur zwei Stunden dazu überredet hat, ihm die Mitgliedschaft im Fitnessstudio zu bezahlen.

»Welche Oma lässt sich denn da zwei Stunden bitten, da freut man sich doch, wenn der Enkel Sport machen will«, wundert sich Christine. »Meine hätte in zwei Minuten zugestimmt.«

Offenbar hat das Verkaufsgenie hier seine Meisterin gefunden!

»Wer hier ist Verkäufer?«, will er von den Besuchern wissen. Etwa die Hälfte der Hände gehen hoch.

»Wer hier ist kein Verkäufer?«

Er nähert sich einer Frau, die ihre Hand hebt.

»Hast du Kinder?«

Sie nickt.

»Dann bist du ein Verkäufer!«, schreit er sie an, »du musst mit deinem Kind verhandeln, du musst es motivieren, seine Hausaufgaben zu machen, ins Bett zu gehen, zur Schule zu gehen.«

Alle sind Verkäufer, stellt er klar.

Und: »Erfolg ist kein Sprint, Erfolg ist ein Marathonlauf!«

Und: »Du musst nicht der Beste sein, aber der Erste!«

Und: »Das, was du in deinen Job hineingibst, bekommst du zurück!«

Er verwandelt die Mehrzweckhalle in einen Kasernenhof, und seine Ratschläge klingen wie gebrüllte Befehle. Er schimpft auf »Opferverkäufer«, die sich von den Kunden abwimmeln lassen, was den »Profiverkäufern« nicht passiert. Überhaupt bringt er eine Schärfe rein, gegen die Höller mit seinen Hühner-und-Adler-Gleichnissen beinahe zahnlos wirkt.

»Willst du zu den Lebenden gehören oder zu den Toten?«, will er wissen, und für einen Moment frage ich mich, ob er die Veranstaltung gerade in eine Geiselnahme verwandelt hat.

Der Grund ist jedoch ein anderer: »Viele Menschen sterben mit vierzig und warten danach noch dreißig Jahre mit ihrer Beerdigung«, schimpft er. Ich schaue mich um und habe den Eindruck, dass der eine oder andere dieser Verstorbenen seine dreißig scheintoten Jahre auch mit dem Besuch solcher Seminare hinter sich bringt.

»Du musst immer hundert Prozent geben! Zack, bumm, knick, knack, Ende, aus!«

Und wie soll unser Erfolg gesichert werden? Ganz einfach mit den »sechs Schritten zum absoluten Spitzenerfolg«, die in unserem Arbeitsbuch enthalten sind. Empfohlen wird das Schauen von Lernvideos und das Investieren von bis zu zehn Prozent des Einkommens in persönliche Weiterbildungen, doch der entscheidende Punkt ist: »Besuche jährlich vier bis sechs Seminare.« Da trifft es sich gut, dass Höller genau die Seminare anbietet, die in den sechs Schritten empfohlen werden, ebenso die Ratgeberbücher und Lernvideos. Zum Glück schlägt er auch direkt die Verwendung von bis zu zehn Prozent des Einkommens vor, denn Höller gibt es nie mehr so billig wie auf den Power-Days. Manche Seminare kosten knapp 10 000 Euro. Aber nur den Kunden zuliebe ist der Preis »bewusst so hoch gehalten«, da er eine »Einstiegsbarriere« darstellen soll. Wer aber trotzdem noch zweifelt, dem sei (von den Höller-Werbematerialien) gesagt: »Wenn Jürgen Höller einen solchen Preis festlegt, kannst du dir sicher sein, dass du ein Vielfaches an Nutzen dafür bekommst. Rein aus Imagegründen könnten wir es uns gar nicht leisten, einen solchen Preis zu verlangen, wenn die Teilnehmer anschließend enttäuscht wären. Vertraue einfach auf Jürgen Höller.« Sei kein Huhn!

Dierssen steht auf der Bühne und setzt seine Arme mit der Sanftheit ein, mit der in »Game of Thrones« der Henker arbeitet. »Wenn du den Erfolg anziehen willst, musst du zu einer anziehenden Persönlichkeit werden, hat mein Mentor immer gesagt«, schreit er das Publikum an, »und ich habe diesen Spruch noch etwas erweitert, nämlich so: Und wenn die Menschen dann erscheinen, schreib ihnen eine Rechnung.«

Die zweitausend Leute lachen, applaudieren begeistert und glauben, der tolle Mike Dierssen und sie seien eine eingeschworene Gemeinschaft. Dabei sind wir hier auf den Besucherplätzen nur der Beweis dafür, dass er die Wahrheit gesagt hat. Wir sind in diese Mehrzweckhalle gekommen, und er hat uns dafür eine Rechnung in Form des Eintrittstickets geschrieben. Manche Wahrheiten gehen im lauten Chi-Ka-Jubel einfach unter.

»Ich war mal in einer Gruppe, die hieß ›Die Wandervögel‹«, legt er nun nach, »das heißt, die anderen sind gewandert, und ich habe das andere gemacht!« Wieder schwappt das Lachen wie eine La-Ola-Welle durch die Reihen. Schön zu sehen, dass die Doppelbedeutung von Vögeln immer noch für Lacher sorgen kann, dabei hat sogar Fips Asmussen diesen Kalauer längst außer Dienst gestellt.

»Wenn ihr keinen Erfolg habt, sucht den Fehler nicht immer bei den anderen«, mahnt er und zitiert nun ganz direkt den antiken Sohn Gottes und Vorläufer aller Motivationssprecher: »Den Splitter im Auge des anderen sehen, aber nicht den Balken im eigenen!«

»Aber wenn mich der Splitter beim anderen nervt, nervt er mich halt. Das hat mit meinem Balken doch erst mal gar nichts zu tun«, sage ich zu Christine. »Ich habe noch nie verstanden, was das soll.«

»Chi-Ka«, meint sie nur, weil sie offenbar keine Lust auf eine philosophische Debatte hat, während um uns herum die Leute die Arme heben, um auf die Bühne zu dürfen. Jetzt sollen vier Frauen einen Mann von einem Stuhl zum anderen tragen, indem sie ihn nur unter den Achseln und in den Kniekehlen halten. Sie schaffen das wegen der puren Energie und des Willens, den sie haben – und es ist gut, dass kein Physiker anwesend ist, der den schnöden Grund dafür verraten würde.

»Kennt ihr Red Adair?«, will Mike Dierssen nun wissen, und sofort brandet Beifall auf. »Er hat sich zu einer Marke gemacht, er hat sich als Feuerwehrmann auf die richtig schweren Fälle spezialisiert. Etwa auf die brennenden Ölfelder in Kuwait. Als er starb, hatte er ein Vermögen von sechshundertfünfzig Millionen Dollar.«

Wieder Beifall.

»Bist du ein Red Adair in dem, was du machst?«, will er nun wissen. »Wenn du es nicht weißt, bist du kein Red Adair!«

Dann ist es Zeit für die Pfeilbrech-Übung. Die ist noch spektakulärer als das Tragen von Männern durch Frauen. Auch hier geht es wieder um Konzentration, Glauben und den unbedingten Willen, der Berge versetzt – und um eine Haftungserklärung. Denn auch wenn die Männer auf der Bühne nicht müde werden zu betonen, dass jeder diese Aufgabe schafft, der an sich glaubt, glauben sie offenbar nicht an uns. Deswegen sichert sich der Veranstalter ab und sammelt vor Beginn der Pfeilbrech-Übung, deren Titel ihren Inhalt schon ziemlich genau wiedergibt, Haftungserklärungen ein. Auf einer dicht beschriebenen DIN-A4-Seite tritt der Besucher von allen Klageansprüchen zurück, sollte ihm etwas passieren. Glauben ist gut, juristische Absicherung ist besser, denkt sich Höller und lässt darum folgende interessante Passagen unterschreiben:

»Der Entlastende übernimmt hiermit die volle Verantwortung für jegliche psychischen und physischen

Verletzungen sowie Sachschäden und für den möglichen Tod, die auf irgendeine Weise aus der Teilnahme resultieren können, auch wenn sie aufgrund fahrlässigen Handelns o. Ä. seitens der Entlasteten eintreten.«[3]

Ein möglicher Tod. Zwischen all den Chi-Kas und High fives ist das dann doch ein kleiner Realitätseinbruch. Aber gut, wer ein Adler sein will, muss bereit sein, für den Traum vom Fliegen in einer Düsseldorfer Mehrzweckhalle zu sterben. Durchbohrt von einem Pfeil. Noch schöner ist aber diese Passage in der Erklärung:

»Der Entlastende ist sich dessen bewusst und erklärt, dass die Teilnahme am Pfeilebrechen vollkommen freiwillig stattfindet ungeachtet jeglicher anderslautender Erklärungen oder Andeutungen, die auf irgendeine Weise zu irgendeinem Zeitpunkt von irgendeiner Person getätigt wurden, egal ob vorm, während oder nach dem Pfeilebrechen.«

In diesem Stil geht es weiter: »Der Entlastende ist sich außerdem dessen bewusst und stimmt zu, dass Kurspersonal oder andere Teilnehmer versuchen können, ihn zur Teilnahme am Pfeilebrechen zu ermuntern oder zu drängen.«[3]

Nachdem Höller also beruhigt sein kann, dass mein Tod nicht auf seine Kappe geht, bekommen Christine und ich unsere Schutzbrillen und den Pfeil. Die Spitze wird zwischen meine Schlüsselbeine gedrückt, und Christine hält das dünne Stück Holz aufrecht. Schließlich gibt Höller das Zeichen, und tausend Hälse drücken gegen tausend Pfeile, die sich biegen und schließlich brechen. Offenbar gab es keine Toten. High five!

Was an solchen Veranstaltungen interessant ist, ist dieser Auserwähltheitsanspruch. Ständig gibt es Sprüche wie »95 Prozent denken, handeln und arbeiten gleich. Wer das denkt und tut, was die Masse denkt und tut, bekommt auch das, was die Masse bekommt: nichts!« oder »Du gehörst zu den zwanzig Prozent der erfolgreichsten Menschen, denn du hast gehandelt.« Sei nie Huhn, immer Adler. Gehe deinen eigenen Weg. Gleichzeitig sind jedoch alle hier in der Halle der gleichen Meinung. Wo alle Adler sind, sind alle Hühner. Es erinnert an den großartigen Sketch aus »Das Leben des Brian«, wo der falsche Jesus die Menge zu mehr Individualismus auffordert und darum ruft, »Ihr seid doch alle Individuen!«, woraufhin sie im Chor antworten, »Ja, wir sind alle Individuen!«

Und dann folgt im Foyer der Praxistest, während Christine sich in der Halle weitere Verkaufstipps anhört, die anderen Teilnehmern ins Gesicht geschrien werden. Von innen dröhnt gedämpft die Musik nach draußen. Mehrere Crewmitglieder stehen in kleinen Gruppen zusammen. Ich gehe zum Verkaufstisch. Drei Mitarbeiterinnen befinden sich dahinter. Sie sprechen mich nicht an. Ich bin Kunde und schaue mir die Ware an. Motivationstrainer sind fleißige Menschen. Allein von Jürgen Höller liegen hier folgende Titel:

»Sprenge Deine Grenzen«, »Sicher zum Spitzenerfolg«, »Alles ist möglich«, »Für immer Nichtraucher!«, »Wunsch- und Wohlfühlgewicht« und »Sag Ja zum Erfolg«.

Sein Kollege Dierssen ist ebenfalls gut vertreten mit »Persönlichkeit verkauft«, »Erfolgsfaktor Persönlichkeit«, »6 unschlagbare Verkaufsgeheimnisse«, »Der Verkaufsmotivator: Begeisterung verkauft«.

Aber auch die weiteren Titel sprechen eine direkte Sprache und gehen in ihrer Covergestaltung alle einen ähnlichen Weg, was ein bisschen erstaunt, weil auf den Power-Days ja schließlich das Abheben von der Masse gepredigt wird: »Die Gesetze der Gewinner«, »Die Macht Ihres Unterbewusstseins«, »Der Weg zur finanziellen Freiheit«, »Verkäufer Recruiting«, »Wie du über Xing automatisiert Kunden gewinnst«, »Die digitale Verkaufsmaschine«, »Sales-up-Call«, »Handle selbst – lebe jetzt«, »Entfessle Dein Schicksal«, »Power-Networking«, »Magisches Wunschbuch«, »Ja!«, und »Geheimnisse des Erfolgs«.

Doch irgendetwas stimmt hier nicht. Ich stehe da, ich blättere durch die Bücher, ich bin interessiert, ich bin Kunde. Eigentlich leichte Beute. Doch niemand spricht mich an, um einen weiteren Strich auf der persönlichen Verkaufsabschlussliste zu setzen. Irgendwie muss man ja auf die legendären 10 000 des Mannes kommen, der auch noch durch die verschlossenen Türen hindurch zu hören ist. Ich reiße die Augen auf, als ich eines der Bücher betrachte. Wie soll ich denn mein Interesse noch mehr ausdrücken, außer vielleicht durch den Diebstahl des Werkes? Irgendwann gebe ich auf. Während Dierssen nur wenige Meter entfernt die Leute anbrüllt, dass jeder Kunde vom Kaufen überzeugt werden kann, fällt der Praxistest negativ aus. Statt mit engagierten Nachwuchsverkäuferinnen habe ich es mit dem zu tun, was Dierssen als »Opferverkäufer« bezeichnet. Das sind Hühner, keine Adler. Ich breite meine Flügel aus und wende mich von ihnen ab.

»Denkt daran, ihr seid die Besten. Simply the best!«, kommt es etwas heiser von der Bühne, und die Besucher freuen sich darüber, jubeln und tanzen oder zucken zumindest irgendwo im Grenzbereich zwischen Rockkonzert und Teufelsaustreibung. Danach geht die Musik aus und die Lichter gehen wieder an. Die Magie verschwindet, und die Leute finden sich wieder in eine ordinäre Mehrzweckhalle zurückversetzt. Ein Hausmeister betritt den Saal, sieht die ganzen zerbrochenen Pfeile auf dem Boden und schüttelt den Kopf. Er will die ersten Stühle stapeln, aber die sind wegen irgendeines Teambuilding-Spiels mit Absperrband zusammengebunden. Er muss die Teambildung erst mühsam mit dem Messer lösen. Auch wir gehen. Im Foyer stehen vier Jungverkäufer und zwei Jungverkäuferinnen zusammen, immer noch euphorisiert. Sie geben sich High five und einer will einen anderen besuchen.

»Das geht klar, ich kann mich auf dich verlassen?«, will er mit einer Chefstimme sagen, die ihm noch nicht passt und deshalb eher zu hoch klingt, statt autoritär.

»Klar, wir sind doch Problemlöser und Chancengeber«, meint der andere, und wieder hagelt es High fives. »Wann hast du Zeit?«

»Eigentlich immer am achten Tag der Woche, davor ist Business«, kommt es zurück.

»Justus, lass uns jetzt gehen«, mischt sich eine ältere Frau in das Expertengespräch ein. Es ist die Mutter des Mannes, der nur am achten Tag der Woche Zeit hat.

Sie gehen. Ob er neben seinen Träumen davon, ein erfolgreicher Geschäftsmann zu sein, auch einen Wohnsitz hat, der nicht sein altes Kinderzimmer ist, bleibt sein Geheimnis, während er zwischen allen anderen im Eingangsbereich verschwindet.

Im Hotel steht später ein Power-Days-Besucher aufgelöst am Empfang.

»Ich bekomme mein Zimmer nicht auf«, meint er, um Fassung bemüht.

»Haben Sie die PIN denn korrekt eingegeben?«, möchte die Dame vom Hotel wissen.

Bestimmt hat er eine eigene PIN eingegeben. Er will ja nicht zu den 95 Prozent gehören, die wie alle anderen denken, handeln und arbeiten, denn er weiß: Wer das denkt und tut, was die Masse denkt und tut, bekommt auch das, was die Masse bekommt: nichts!

Ob es noch gelang, ihm sein Zimmer zu öffnen, wissen wir nicht.

Aber vermutlich schon.

Simply the best, Chi-Ka und vor allem: Sei kein Huhn!

Fazit: Nach den Power-Days bei McDonald's sechs McNuggets gegessen, die zu Lebzeiten womöglich nicht wussten, dass sie eigentlich McEagles waren.

Preisausschreiben

Es ist ja fast immer die Summe der kleinen Gemeinheiten, die einen ans Älterwerden erinnern, und selten das eine dramatische Ereignis, das mit einem Schlag den Eintritt in eine neue Lebensphase verkündet. Zu den kleinen Gemeinheiten gehört etwa, dass ich mittlerweile nach unten scrollen muss, wenn ich beim Eröffnen eines E-Mail-Postfachs mein Geburtsjahr angebe. 1983 fällt nicht mehr in den Bereich der ganz frischen Jahrgänge, bekomme ich damit auf unerbittlich-kühle Weise mitgeteilt. Und warum lege ich ein E-Mail-Postfach an? Weil ich, auch wenn es das grausame Scrollgericht anders sieht, immer noch jung bin und Ziele habe. In diesem konkreten Fall das Ziel, Preisausschreiben zu gewinnen.

Christine, die auch nur noch eine kurze Gnadenfrist davon entfernt ist, ihr Alter erscrollen zu müssen, ist natürlich auch an der Glücksritterfront aktiv. Wir haben uns entschieden, die Preisausschreiben aufzuteilen. Ich übernehme die mit aufpoppenden Werbeanzeigen, schrillen Videoclips und dubiosen Weiterleitungen, bei denen das Antivirusprogramm Alarm schlägt.

Christine hat das bessere Los gezogen; sie wird sich in der High Society der Gewinnspielwelt umsehen. Sie nimmt an den Preisausschreiben teil, die von Unternehmen angeboten werden, die es auch wirklich gibt: in Beton gegossen in der Einkaufspassage. Ihre Partner heißen real, dm, Media Markt, TUI oder Telekom, während ich mich bei Geizkragen.com und einfach-sparsam.de herumtreiben muss. Christine muss für ihre Preisausschreiben nicht mal ins Internet, sondern bekommt die Unterlagen in den Filialen, wo sie auf Regalen, in Ständern und an der Kasse ausliegen. Oft werden freundliche Mitarbeiter sie sogar auf die Gewinnspiele hinweisen und ihr die Unterlagen lächelnd überreichen, während ich zur gleichen Zeit damit beschäftigt sein werde, all die lästigen Werbeanzeigen wegzuklicken, die zwischen mir und den Online-Preisausschreiben stehen. Christine fährt Porsche, ich Dreirad.

Das wird mir schon klar, als wir die Galeria Kaufhof am Alexanderplatz betreten. Am Eingang steht eine Art Hotelboy in einer Kaufhof-Fantasieuniform und öffnet den Kunden mit einer würdevollen Bewegung die Tür. Und nachdem wir mit der Rolltreppe die erste Etage erreicht haben, stehen wir einer Probiertheke gegenüber, an der ein neues Parfum von Chanel angeboten wird. Ein Spritzer auf das Handgelenk, und dazu überreicht die junge Verkäuferin Christine eine rosafarbene Postkarte, auf der die Frage steht: *Wie heißt das neueste Chanel-Parfum*? So schön kann die Welt der Preisausschreiben sein. Christine beantwortet die Frage und erhält als Antwort ein »Viel Erfolg und noch einen schönen Tag« von der Verkäuferin.

Für mich klingt das alles nach der höchsten Form zivilisierten Miteinanders, seitdem ich in die Tiefen der Preisausschreibenhölle hinabgestiegen bin. Diese Hölle ist im ersten Moment verführerisch, weil sie sich als Liste tarnt, die alle aktuellen Preisausschreiben anbietet. Erleichtert greift man auf diese Unterstützung zurück und gerät dadurch immer tiefer in den Sog nach unten. Zum Glück hat Christine mir noch vor Beginn der Preisausschreibenoffensive dringend zu einem zusätzlichen E-Mail-Postfach speziell für diesen Zweck geraten. Auch sie hat sich eine neue Adresse zugelegt, obwohl ihre Gegenüber allesamt ausgesucht freundliche Einzelhandelsgiganten, Börsenriesen und Global Player sind, die noch wissen, was sich gehört. Vermutlich hat sie mir während unserer Anläufe zum großen Geld nie einen sinnvolleren Rat gegeben als diesen. Eigentlich wollte ich mir diese Zusatzarbeit nämlich ersparen, aber im Rückblick wirkt das so naiv wie jemand, der sich für einen Walfangexperten hält, weil er Moby Dick gelesen hat.

Ich nehme also an den Ausschreiben teil, die mir auf einer Übersichtsseite angezeigt werden. Sie alle sind fein säuberlich nach dem Datum geordnet, an dem sie auslaufen. Am ersten Abend sind es genau vierzig Stück, die ich fertigstelle. Als besonders ärgerlich stellen sich dabei die heraus, bei denen als Lösung wirklich etwas geleistet werden muss. Memorys gehören in diese Kategorie oder Fragen, die sich nur beantworten lassen, wenn eine gewisse Rechercheleistung vollbracht wurde. Beispielsweise will ein Anbieter von Outdoor-Kleidung wissen, wie seine neue Jacke heißt, wofür auf der Seite ihr Name gesucht werden muss. Alles kein Problem, wenn man nur speziell an diesem Ausschreiben teilnimmt, aber wer auf Masse hinarbeitet, für den ist jede Verzögerung ein Ärgernis.

Am nächsten Morgen gibt es die erste Überraschung. Ich öffne mein Postfach und sehe, dass 362 neue E-Mails auf mich warten. Ich habe doch nur an vierzig Preisausschreiben teilgenommen, was für eine wundersame E-Mail-Vermehrung ist hier über Nacht geschehen? Das Wunder wiederholt sich in den nächsten Tagen immer wieder, an denen ich weiterhin an jeweils 40 Ausschreiben teilnehme, und steigert sich sogar noch, sodass nach fünf Tagen 3 705 Nachrichten vorliegen. Wie gesagt, eine extra Preisausschreiben-E-Mail-Adresse hat ihre Vorteile. Besonders interessant ist eine Beobachtung, die ich an meinem Postfach machen kann: Der Spam-Ordner weist nicht eine einzige Mail auf. Jede einzelne wird in das reguläre Postfach durchgewunken, was eine erstaunlich liberale Spam-Politik ist. Ich durchforste also diese Lawine an Nachrichten und stoße auf folgende Inhalte: Probefahrten für Autos, Probeabos für Zeitungen, Payback-Karten, Einkaufsgutscheine für Geschäfte und Casinos, Blitzkredite mit und ohne Schufa, esoterische Beratung, günstige Smartphones, Fremdsprachentraining und vor allem viele Angebote rund um das körperliche Wohlergehen. So werden mir Zahnzusatzversicherungen empfohlen und Arthrose-Gele, Hör- und Minihörgeräte. Außerdem wird Hilfe bei Prostatabeschwerden, Darmproblemen und Haarausfall versprochen, und sollte es trotz allem mit mir zu Ende gehen, gibt es auch noch besonders günstige Treppenlifte und Sterbegeldversicherungen. Die meisten Anbieter sind aber optimistisch, was meine Zukunft angeht, weswegen auch einige Mitgliedschaften in Single- und Partnerbörsen vorgeschlagen werden. Und für den Fall, dass ich mich nur deswegen nicht traue, Frauen auf diesen Börsen kennenzulernen, weil ich womöglich unter Neurodermitis leide, bieten mir auch an der Hautkrankheitsfront mehrere Mails Unterstützung an. Mir werden also Prämien, Abos, Handys, Probefahrten und Arthrose-Gele angeboten, aber eine Sache fehlt! Genau, wie sieht es eigentlich mit gewonnenen Preisausschreiben aus? Da zwischen Teilnahme und Verkündung der Gewinner mehrere Wochen liegen, entscheide ich mich, vier Wochen lang nicht mehr in mein Postfach zu sehen.

Christine sammelt in der Zwischenzeit weiterhin ihre Preisausschreiben ein wie jemand, auf dessen Teilnahme sich die Unternehmen ganz besonders freuen. Hochwertige Postkarten und Prospekte informieren sie über Reisen, Smartphones, Fernseher und Halsketten, die sie gewinnen kann. Einfach die Frage beantworten und an der Kasse abgeben oder in den Briefkasten werfen, Porto bezahlt der Empfänger. Seit ich mich im Internet um geschenkte Weltreisen und Autos bemühe, weiß ich es zu schätzen, wie beinahe diskret im Einzelhandel mit diesem Thema umgegangen wird. Würden dort Internetverhältnisse herrschen, würde Christine am Nachmittag bei Saturn an einem Ausschreiben teilnehmen, und am Abend wäre unser Briefkasten schon überfüllt mit Werbematerial von allen möglichen Unternehmen und Dienstleistern. Stattdessen ist die Preisausschreibenwelt da draußen in den Läden, Geschäften, Malls und Arcaden noch heil und in Ordnung.

* * *

Nach einem Monat Wartezeit geht es auch bei mir weiter. Ich öffne das Postfach und erlebe eine leichte Enttäuschung, denn nach den Erfahrungen der ersten Tage hatte ich mich innerlich auf eine Flut von 30 000 Mails oder mehr eingestellt. Es sind aber nur 8 943, von denen weiterhin keine einzige im Spam-Ordner gelandet ist.

Doch die vier Wochen haben sich gelohnt, denn es gibt endlich auch Post von den Organisatoren der Gewinnspiele selbst, und natürlich reagiere ich zu Beginn besonders aufgeregt auf Betreffzeilen wie »Herzlichen Glückwunsch, Sie haben gewonnen« oder »Letztmalige Erinnerung: Gideon, Sie wurden ausgewählt«. Aber diese Reaktion nutzt sich schnell ab, denn nach dem fünften Glückwunsch wird klar, dass es sich nur um eine raffiniertere Masche der immer gleichen Werbenachrichten handelt. Trotzdem arbeite ich mich diszipliniert durch die Masse an Nachrichten. Als ich damit durch bin, ist nicht nur der Vormittag vergangen, sondern auch meine Hoffnung, etwas gewonnen zu haben. Ich habe an mehr als zweihundert Preisausschreiben teilgenommen, daraufhin 8 943 Mails bekommen und noch nicht mal einen Trostpreis erhalten.

Christine geht übrigens bei real, Tchibo, Penny, Media Markt und all den anderen feinen Adressen auch leer aus, muss sich aber für diese Gewissheit immerhin nicht durch Tausende Penispumpen-Mails arbeiten (fast vergessen, dass es von denen in meinem Postfach natürlich auch reichlich gibt). Sie hat wenig investiert und nichts bekommen, was irgendwie in Ordnung ist. Ich hingegen habe viele Stunden an Preisausschreiben teilgenommen und noch viel mehr damit zugebracht, E-Mails zu lesen, und stehe ebenfalls mit leeren Händen da. Kein Gewinn, nicht mal ein dritter Platz, der aus einem DAK-Kugelschreiber mit den mahnenden Worten »Waren Sie schon bei der Darmkrebsvorsorge?« besteht. Ist das gerecht? Wohl kaum.

Die Tage vergehen, und ich schaue nur noch sporadisch ins Postfach, ohne dass die erhoffte Gewinnbenachrichtigung auf mich wartet. Langsam finde ich mich damit ab und suche einen Weg zurück ins Leben ohne die sieben Tage auf den Malediven, ohne den teuren Mercedes, ohne die 10 000 Euro in bar, ohne den neuen Computer, ohne die Plätze beim Champions-League-Finale, ohne die … mein Telefon klingelt. Unterdrückte Nummer, was eigentlich nie gut ist, aber ich nehme trotzdem ab. Ich stehe gerade am Berliner Hauptbahnhof und höre endlich die erlösenden Worte!

»Herzlichen Glückwunsch, Sie haben gewonnen!«

Gesprochen werden sie von einer etwas zu hohen Männerstimme, die zu einem Studenten gehören könnte. Verbittert durch all die Niederlagen mit den bisherigen Preisausschreiben, bleibe ich skeptisch.

»Was habe ich denn gewonnen?«

»Ein Smartphone, ein iPhone X!«

»Und wer spricht da?«

»Yello Strom.«

»Okay, und wie habe ich das Smartphone gewonnen?«

»Sie haben das Preisausschreiben gewonnen. Vor vier Wochen.«

»Okay.«

»An welche Adresse darf ich das Smartphone schicken?«

»Sie schicken das Smartphone, und dann lassen Sie mich in Ruhe?«

»Ja.«

»Prima, dann schicken Sie es bitte an –«

»Verbunden ist das Smartphone mit einem Anbieterwechsel zu Yello Strom.«

Auch dieser Gewinn zerrinnt damit zu einem Verkaufsköder, und ich verzichte auf das Smartphone beziehungsweise den Stromanbieterwechsel.

Damit könnte das Kapitel Preisausschreiben endgültig vorbei sein, würde nicht wiederum zwei Wochen später ein Brief bei uns ankommen. Er sieht schon optisch nach etwas Besonderem aus, weil er größer als gewöhnliche Briefe ist und ganz in Blau verschickt wurde. Als Absender steht *Tour Life Touristik* darauf. Ich öffne ihn, und mir fällt ein Schreiben in die Hände, das mich darüber informiert, am 25. März um 22:52:39 Uhr am »großen auto.gewinnspiel-gratis.com-Preisausschreiben teilgenommen« zu haben. Der Anbieter schätzt sich glücklich, »… Ihnen mitteilen zu können, dass Sie ganz großes Glück hatten und einen der Nebenpreise gewonnen haben.« Weiter unten im Schreiben wird aus mir dann noch ein »Premium-Gewinner«, was mich etwas erstaunt, weil es ja nur ein Nebenpreis ist, aber egal.

»Gewonnen!«, rufe ich ins Wohnzimmer, wo Christine auf dem Sofa liegt. »Gewonnen!«

Sie kommt herüber, und ich halte ihr jubelnd die Gewinnbenachrichtigung hin.

Wir freuen uns beide, und erst jetzt schauen wir nach, worum es sich bei dem Gewinn eigentlich handelt. Zur Auswahl stehen sechs Reiseziele, unter anderem Prag und

Venedig, wo wir vier Tage verbringen können. Sehr schön, ein Kurzurlaub! Weil wir verabredet sind, legen wir den Brief zur Seite, gehen mit Freunden essen und erzählen ihnen davon, im Preisausschreiben gewonnen zu haben. Das nur als Beweis dafür, dass wir wirklich einige wenige glückliche Stunden im Glauben leben, demnächst auf einer Gondel durch Venedigs Kanäle zu schippern oder bei Nacht über die Brücken Prags zu schlendern.

Erste Zweifel kommen mir aber, als ich am nächsten Tag den Brief noch mal gründlich lese. Zuerst ist es nur eine Kleinigkeit, die mich stutzig macht: »Dies alles beinhaltet eine einmalige Bearbeitungsgebühr in Höhe von neunundvierzig Euro für den Reisegast.« Immer mehr Details kommen dazu. So heißt es: »Als Einsendeschluss haben wir uns zwei Wochen ab der Postzustellung vorgemerkt«, während jedoch im Briefkopf nur lapidar »April« steht. Und während mir weitere Ungereimtheiten auffallen, etwa, dass weder das Hotel noch das Busunternehmen für die jeweiligen Reisen genannt werden, findet Christine im Internet eine Reihe von Erfahrungsberichten von anderen Gewinnern, die für Gewinner erstaunlich wütend und fassungslos wirken.

Auf gutefrage.net, einem digitalen Kummerkasten, der aus der Behauptung »Es gibt keine dummen Fragen« ein Geschäftsmodell gemacht hat, kann man sich durch einen langen Kommentarstrang scrollen, in dem sich viele andere Premium-Nebenpreisgewinner austauschen (nicht ein Hauptpreisgewinner ist darunter, was bestimmt nur Zufall ist …) und allesamt vor diesem Betrug warnen. Unter dieser Diskussion bietet gutefrage übrigens »ähnliche Fragen« an, und erstaunlicherweise ist die ähnlichste diese hier von *Pferdetussi:* »Hey, wie kann ich den Respekt und das Vertrauen von meinem Pferd gewinnen, und wie kann ich feststellen, ob es mir vertraut?« (Die Antwort der Community lautet: »Sei beim Pferd stets authentisch und deiner Sache sicher, nie ungerecht.«)

Es gibt aber nicht nur Premium-Gewinner, die den Betrug sofort erkannt haben, sondern eben auch einen, der das Folgende schrieb: »Leider bin ich auch drauf reingefallen. Bekam im Mai 2017 ein Schreiben, dass ich eine Reise für bis zu vier Personen gewonnen hätte. Suchte Termin, nahm den 23.04.18 und bestätigte den Reisetermin für vier Personen. Kurz danach kam eine Rechnung in Höhe von 198,00 € Bearbeitungsgebühr. Ich Depp habe das Geld überwiesen. Heute am 13.01.18 kam erneut ein Brief. Ich müsse innerhalb von 14 Tagen eine Kaution in Höhe von 200,00 € zahlen. Mann, das hat mich umgehauen. Habe eine E-Mail gesendet, dass ich von der Reise zurücktrete. Jetzt werden sie wohl Schadensersatz fordern.«

Betrügerische Anbieter leben von solchen Leichtgläubigen, weswegen ihnen die fünfhundert Absagen egal sind, die sie bekommen. Wichtig ist nur, dass immer noch genügend andere im Netz hängen bleiben, und hier klagt wohl einer der 0,02 Prozent rührend Gutgläubigen sein Leid, die auch nigerianischen Prinzen Geld überweisen würden. (Ein interessantes Phänomen, das später im Buch noch mal eine Rolle spielen wird.) Aus Neugierde schreibe ich nun selbst an *Tour Life Touristik* und stelle mich bewusst naiv:

> Sehr geehrte Damen und Herren, ich habe mich sehr über die Benachrichtigung gefreut, einen Preis gewonnen zu haben, und werde mich bald für eine der Reisen entscheiden. Zuvor hätte ich noch drei Fragen. Sie schreiben: »Als Einsendeschluss haben wir uns zwei Wochen ab der Postzustellung vorgemerkt.« Da nirgendwo

> in den Unterlagen ein Datum steht (nur allgemein April), würde ich gern wissen, bis wann ich mich entschieden haben muss. Welches Busunternehmen würde außerdem den Transport übernehmen und in welchem Hotel würde ich denn konkret übernachten?
>
> Ich freue mich auf Ihre Antwort und noch mehr über die Reise, die ich noch dieses Jahr antreten will.
>
> Mit freundlichen Grüßen
>
> Gideon Böss (Gewinnnummer bg248417)

Der Anbieter reagiert kühl und doch kulant:

> Guten Tag, Herr Böss, Sie haben Zeit bis zum 15.5.18, die ausgefüllte Anmeldekarte zurückzuschicken. Wann und wo wir Sie einbuchen beziehungsweise welches Busunternehmen fahren wird, können wir Ihnen derzeit nicht mitteilen, da die Planung sechs Wochen vor Reisebeginn startet. Sie verbringen die drei Nächte NICHT in unterschiedlichen Hotels, die Aussage bezieht sich auf sämtliche Reisen.

Puh, gerade noch mal Glück gehabt! Denn der 15. Mai ist ja direkt morgen. Was aber bestimmt Zufall ist und nicht der Versuch, mich unter Druck zu setzen, damit ich noch heute buche. Ich kann aber ohnehin nicht so schnell, wie ich dem Anbieter in meiner nächsten Mail beichte:

> Sehr geehrte Damen und Herren, vielen Dank für Ihre Nachricht. Leider gibt es nun ein Problem, denn ich bin aktuell auf einer Reise und werde es somit nicht bis zum 15.5. zurück in meine Wohnung schaffen, wo meine Anmeldekarte liegt. Verfällt damit mein Gewinnanspruch?

Daraufhin werde ich beruhigt:

> Guten Tag, Herr Böss, es ist kein Problem, wenn die Anmeldekarte später kommt. Ihr Anspruch wird nicht verfallen.

Plötzlich gibt es also überhaupt keine Frist mehr. Nicht mehr die für »zwei Wochen ab Postzustellung« und auch nicht bis zum nächsten Tag. Ein letztes Mal antworte ich:

> Sehr geehrte Damen und Herren, das freut mich zu hören. Ich werde aber voraussichtlich erst am 14. November zurückkehren, also in einem halben Jahr. Ist das ein Problem?

Daraufhin folgt etwas, das so ungewöhnlich ist wie eine Gazelle, die einen Löwen erlegt: *Tour Life Touristik* gibt auf.

> Guten Tag, Herr Böss, leider ist der Gewinn verfallen.

Und dann ist Schweigen. Nach all den Wochen, in denen ich mich in der Hoffnung auf Gewinne durch Homepages arbeitete, vor denen das Auswärtige Amt warnen würde, wenn es Staaten wären, ein sehr angenehmer Zustand. Allemal entspannender als eine »Städtereise« als »Premium-Nebenpreisgewinner« nach Venedig.

Fazit: Wir wissen jetzt immerhin, dass Pferde authentische Menschen respektieren.

Als wir reich waren

Reichtum ist natürlich relativ. Ich war nie mehr so reich wie an den Dienstagen in meiner Kindheit. An diesem Tag, immer nach der Schule, bekam ich Taschengeld. Ich weiß nicht, warum es ausgerechnet der Dienstag war, aber ich weiß, dass ich in der kurzen Zeit zwischen dem Empfang des Geldes und meinem Besuch beim Kiosk um die Ecke ein vermögender Mensch war. Fast immer ging ich am Abend trotzdem wieder mittellos ins Bett, weil das Geld, das nach dem Kioskbesuch noch übrig war, in ein Vanilleeis investiert wurde. Alle sieben Tage stieg ich also in die Liga derer auf, die Geld haben und damit Dinge kaufen können. Ob Autos, Jachten, Privatflugzeuge oder Hubba Bubba ist dabei ja fast egal. Hätte ich mich für ein Auto interessiert, hätte ich sicherlich versucht, am Dienstagnachmittag eines zu erwerben. Aber mich interessierten nur die bunten Süßigkeiten am Kiosk und das Eis am Abend.

Später entdeckte ich eine Möglichkeit, meinen Reichtum auf mehrere Tage zu erweitern. Ja, es gelang mir schließlich sogar, eine stabile Basis für alle meine Ausgaben zu etablieren. Mein Vorgehen war dabei ebenso simpel wie genial: klauen. Aus den Geldbeuteln meiner Eltern verschwanden immer wieder Beträge. Nicht zu hoch, damit es nicht auffiel. Oft zwei Mark oder drei Mark und manchmal sogar einer dieser grünen

Fünf-Mark-Scheine, wodurch die Besuche beim Kiosk immer regelmäßiger wurden. Goldgräberstimmung! Ich erfuhr damals nicht, ob der dicke Kassierer meinen Eltern einen Tipp gegeben hatte oder ob die Griffe in den Geldbeutel doch irgendwann bemerkt wurden, auf jeden Fall flog ich eines Tages auf. Wäre ich ein Land gewesen, hätte man es einen Staatsbankrott nennen müssen, den ich danach erlebte. Mein Taschengeld wurde nicht gekürzt, sondern komplett gestrichen, und als es nach mehreren Wochen wieder floss, hatte es sich halbiert. Gern hätte ich mich am Kioskbetreiber durch einen Boykott gerächt (meine Mutter hatte mittlerweile bestätigt, dass der entscheidende Hinweis von ihm gekommen war), aber weil er in dem Dorf, in dem ich wohnte, der einzige Verkäufer von bunten Süßigkeiten war, ging das nicht so einfach. Als ich jedoch viele Jahre später diesen Ort noch mal besuchte, verzichtete ich bewusst darauf, im Kiosk einzukaufen. Niemand hat mir finanziell je schwerer geschadet als dieser Kerl, der da zwischen Kaugummis, Zigarettenschachteln und Bierdosen in seinem Kiosk stand, den ich nur deswegen nicht Tante-Emma-Laden nenne, weil ich nicht sicher bin, ob dieser Begriff überhaupt noch geläufig ist.

Auf jeden Fall weiß ich seit diesen Dienstagen, wie es sich anfühlt, reich zu sein!

Auch Christine führte ein Leben in Saus und Braus, sobald sie ihr Taschengeld erhielt. Allerdings mit einem Unterschied: Sie kaufte zwar ebenfalls Süßigkeiten (in einem Supermarkt in der anonymen Stadt und nicht beim Denunzianten auf dem Dorf, wo leider jeder jeden kennt), doch gleichzeitig legte sie sich auch eine umfangreiche Auswahl an Zeitschriften zu, um immer auf dem Laufenden zu sein. Deswegen ging auch »Fix und Foxi« über den Ladentisch, der SPIEGEL für die U10-Leser sowie »Bussi Bär« und »Micky Maus«. Dadurch wusste Christine zwar immer, was gerade in Entenhausen los war, hatte aber ebenfalls schon wenige Stunden nach Ausgabe des Taschengeldes kein Taschengeld mehr.

Während ich an diesem Punkt anfing, mich für die unbeaufsichtigten Geldbeutel meiner Eltern zu interessieren, ging Christine einen anderen Weg: Sie wurde Verlegerin! In der Unterstufe des Gymnasiums brachte sie die »Bingo« heraus, eine Schülerzeitung voller Kreuzworträtsel, Rezepte, Buchtipps und Witze, wobei Letztere aus einem »Buch der Witze« stammten, das extra für die »Bingo« angeschafft wurde. Auch druckte sie den Fahrplan für die Busse ab, die zum Schulgelände fuhren. Man sah also deutlich, dass hier eine Verlegerin ihr Publikum kannte und genau wusste, was es interessierte.

Christine war jedoch nicht nur Verlegerin, sondern auch großzügige Mäzenin, die die Hälfte ihrer Einnahmen von einer Mark pro Heft der Klassenkasse spendete. Das war nobel, hatte aber den unschönen Nebeneffekt, dass es die Schülerzeitung in die Pleite trieb, weil 50 Pfennig unter den Herstellungskosten einer Ausgabe lagen. Die »Bingo« musste eingestellt werden, womit Christine Vorreiterin war und die Medienkrise zwanzig Jahre vorwegnahm.

Gleichzeitig gelang es ihr, aus der Stadtbücherei eine weitere Kostenfalle werden zu lassen, weil sie Bücher meistens erst nach der zweiten Mahnung, selten nach der ersten und praktisch nie aus freien Stücken zurückgab. In Kombination mit der immer umfangreicheren Zeitschriftenauswahl, die sich um »Bravo«, »Mädchen«, »Popcorn«, »Bravo Girl!« und mehrere Computermagazine erweiterte (dass »Bussi Bär« und Co. irgendwann gestrichen wurden, fiel da schon nicht mehr ins Gewicht), verfügte sie über den skurrilsten selbst erstellten Lesezirkel Deutschlands und hätte sich ein Vermögen verdienen können, wenn Teenager für das Schmökern in Büchern und Zeitschriften bezahlt worden wären. Wurden sie aber nicht, was Christines Saus-und-Braus-Phasen zunehmend reduzierte, weil das Taschengeld noch schneller wegschmolz als das Eis, das sie sich dafür kaufte. Trotzdem sind auch für sie die Besuche im Supermarkt, der Blick auf all die knallbunten Zeitschriften im Regal und das Wissen, dass sie sich jede davon kaufen könnte, Höhepunkte ihrer Kindheit gewesen.

Da die Ratgeberliteratur sich weitestgehend einig ist, dass es für das Erreichen eines Zieles Vorbilder braucht, wir aber nicht unsere früheren Ichs dafür nehmen können, beginnt nun die Suche nach ebensolchen. Es sollen große Vorbilder sein, Lichtgestalten, an denen man sich orientieren kann. Menschen, die jeden inspirieren, der selbst viel Geld verdienen will.

Dass das Vorbild ein Superreicher sein soll, hat auch einen psychologischen Grund: Der Kopf muss darauf vorbereitet werden, dass *viel Geld* ein Zustand ist, der einem zusteht. Also fallen nahe Verwandte im Normalfall direkt raus, auch die Oma Gertrud, die mit eiserner Disziplin ihren Sparstrumpf füllt, und der brave Neffe Kai, der beim Staat ist und jeden Monat sein nettes Beamtengehalt kassiert. Sie geben sich zwar Mühe, aber finanzieller Hochadel sind sie nicht.

Um herauszufinden, wer tatsächlich reich ist, empfiehlt sich ein Blick in die Schülerzeitung »Bingo«, äh nein, in das Wirtschaftsmagazin »Forbes«. Jedes Jahr stellt es eine Liste der Superreichen zusammen, auf der Bill Gates längst die Rolle des wuchtigen Kleiderschrankes einnimmt, der einfach schon immer im Schlafzimmer stand. Aber auch Warren Buffett, Mark Zuckerberg oder Jeff Bezos finden sich dort. Gold-, Silber- und Bronzemedaille gehen 2018 allesamt an Amerikaner, die die Top Ten mit sieben Superreichen auch ansonsten dominieren und in den Top zwanzig auf dreizehn Platzierungen kommen. Frauen gibt es in dieser Liste übrigens nur zwei. Großer Reichtum ist also meistens amerikanisch und fast immer männlich.

So weit der Klub der Dollaralphatiere unserer Zeit. Aber wie sieht es historisch betrachtet aus? In vergangenen Epochen gab es auch schon sehr, sehr reiche Menschen. Einige waren so reich, dass sie locker mit der heutigen Geldelite mithalten – oder sie sogar in den Schatten stellen – könnten.

Wirtschaftsprofessoren zerbrechen sich den Kopf, wie groß der Reichtum früherer Epochen »inflationsbereinigt« und »auf heutige Kaufkraft« übertragen wohl wäre. Angeblich hatte der reichste Mensch der Geschichte ein Vermögen von umgerechnet 400 Milliarden Dollar. Es handelte sich um Mansa Musa, König von Mali, der im vierzehnten Jahrhundert so verschwenderisch lebte, dass bei seiner Reise nach Ägypten die dortige Währung kollabierte. Der Monarch hatte schlicht so viel Gold in Umlauf gebracht, dass das ägyptische Geld (das sich am Goldpreis orientierte) seinen Wert verlor. Ebenfalls weit vorn ist laut diesen Berechnungen die Bankiersfamilie Rothschild, die im neunzehnten Jahrhundert angeblich 350 Milliarden Dollar besaß. Für jeden, der sich gern von einer so erfolgreichen Familie beraten lassen will, gibt es eine gute und eine schlechte Nachricht. Die gute: Die Rothschilds sind immer noch im Bankenbereich tätig. Die schlechte: Es genügt nicht, ein einfaches Sparbuch zu besitzen, denn sie sind in hochpreisigen Investments aktiv, wo es um Millionen- und Milliardensummen geht.

Lange Zeit war es jedenfalls von Vorteil, Gewaltherrscher zu sein, wenn man reich werden wollte. In den Listen historischer Reicher tauchen fast nur Autokraten auf. Etwa der römische Kaiser Augustus, der sich als »Privatvermögen« ganz Ägypten sicherte (die Nordafrikaner hatten kein Glück mit den Reichsten der Welt, erst wanderten sie in die Privatkasse eines Römers, und dann ruinierte ihnen der schon erwähnte Herr aus Mali die Währung, weil seine Shoppingtour zu großzügig ausfiel), oder Josef Stalin, dem »9,6 Prozent des Welt-Bruttoinlandsproduktes«[4] zugerechnet werden, oder Zar Nikolaus II., der angeblich über 300 Milliarden US-Dollar verfügte. Der Kontostand des indischen Politikers Mir Osman Ali

Khan belief sich bei seinem Tod im Jahre 1967 auf umgerechnet 200 Milliarden Euro, und sollten die Abgeordnetendiäten in Indien nicht astronomisch hoch sein, dürfte er diesen Reichtum eher dubiosen Aktivitäten außerhalb des Parlamentes verdanken. Angela Merkel müsste mit ihrem Jahresgehalt von knapp über 200 000 Euro eine Million Jahre regieren, um auf diese Summe zu kommen. Wobei sie ja auf einem guten Weg ist, was ihre Amtszeit angeht, zumal auch schon vierzehn Jahre abgezogen werden müssen. Somit liegen nur noch 999 986 Jahre vor ihr, und das sieht doch schon ganz anders aus. Zurück zu den superreichen Schurken: Muammar al-Gaddafi verfügte über 200 Milliarden Dollar.

Da in früheren Jahrhunderten zumeist Gewaltherrscher ganz oben in der Geldliga spielten, ist die Erfolgsgeschichte des Ritters Alan Rufus (auch Alain der Rote genannt) umso erstaunlicher. Er nahm im elften Jahrhundert an der Invasion Großbritanniens durch William den Eroberer teil und kam durch den Erwerb von Landbesitz auf ein Vermögen von mehr als 100 Milliarden Dollar. Damals wie heute eine Summe, die nicht dem typischen Rittergehalt entspricht. Eine märchenhafte mittelalterliche Erfolgsgeschichte vom Schädelspalter zum Milliardär.

Natürlich dürfen die mächtigen Tycoons des amerikanischen Kapitalismus in einer solchen Liste nicht fehlen. Allen voran John D. Rockefeller, der Ölmagnat, der mit seinen auf heutige Verhältnisse hochgerechneten 340 Milliarden Dollar selbst Bill Gates weit hinter sich lässt. Doch auch der Stahlbaron Andrew Carnegie brachte es auf 310 Milliarden und damit noch auf erheblich mehr als der »Eisenbahnkönig« Cornelius Vanderbilt mit 185 Milliarden.

Experten sind jedoch vorsichtig, was die Vergleichbarkeit von Vermögenswerten aus verschiedenen Zeitaltern, Kulturen und Währungssystemen angeht. Deswegen ist auch umstritten, ob der König von Mali wirklich die Nummer eins unter den Dagobert Ducks der Weltgeschichte ist. Wie kompliziert diese Vergleiche sind, wird auch an einem Mann aus Augsburg deutlich, der zwar in den wenigsten der Top-Ten-Listen aller Zeiten auftaucht, aber dennoch bei einigen renommierten Ökonomen als eigentlicher Spitzenreiter der Geldrangliste gilt: Jakob Fugger. Der Finanzexperte Greg Steinmetz widmete ihm ein ganzes Buch mit dem ambitionierten Titel »Der reichste Mann der Weltgeschichte«. Laut verschiedenen Rechnungen kam »der Reiche«, wie er von seinen Zeitgenossen ein wenig einfallslos genannt wurde, auf ein Vermögen von sechs Milliarden Euro. Wie kann so jemand dann der »reichste Mann der Weltgeschichte« sein? Weil sein Vermögen damit zehn Prozent der Wirtschaftsleistung des Heiligen Römischen Reichs Deutscher Nation entsprach. Im Vergleich dazu kommt Bill Gates nur auf 0,6 Prozent der Wirtschaftsleistung der Vereinigten Staaten. Sich auf diesen Wert zu beziehen, ist eine erstaunliche Entscheidung, denn die Wirtschaftsleistung der USA ist ja wiederum deutlich höher als die des Heiligen Römischen Reichs Deutscher Nation. Nach dieser Logik wäre der Bewohner eines Landes, das eine Wirtschaftsleistung von zehn Euro im Jahr hat, der reichste Mann der Weltgeschichte, wenn er auf mindestens 1,10 Euro Vermögen käme beziehungsweise eben elf Prozent der gesamten Wirtschaftsleistung.

Es bleibt also dabei, dass Reichtümer nur schwer durch die Jahrhunderte hindurch zu vergleichen sind, aber es fallen immerhin Trends auf. Die Alleinherrscher, die sich die Taschen vollgemacht haben, waren lange Zeit die dominierenden Figuren in der Geldrangliste, wurden jedoch ab Beginn der Kapitalisierung und Globalisierung immer mehr von Unternehmern verdrängt. Heute findet sich kein einziger Tyrann mehr auf der Liste der zehn reichsten Menschen.

Weil wir seit dem Besuch beim Huhn-und-Adler-Motivationsguru wissen, dass großer Erfolg nur mit großen Erwartungen kommt, haben wir uns also nun etwas durch die Geschichte der Superreichen gearbeitet. Nur wer sich die richtigen Vorbilder nimmt, kann auch weit kommen. Eine Raupe wird ja schließlich auch nicht zum Schmetterling, wenn sie immer nur mit anderen Raupen abhängt; sie muss an sich glauben und an ihr Schmetterlingspotenzial! Und ja, diese Tiermetapher haben wir uns selbst ausgedacht, die stammt nicht vom Düsseldorfer Federvieh-Wochenende. (Und nein, man sollte sie einem Zoologen gegenüber nicht erwähnen.) Wir sind durch diesen Blick in die Historie des Reichtums jedenfalls wieder voller Tatendrang. Wir wollen nicht länger abstiegsgefährdet in der Mittelstandsliga spielen, sondern aufsteigen in die Bill-Gates-Liga! Unseren nächsten Versuch, die finanzielle Wende zu schaffen, haben wir auch schon ins Auge gefasst und starten ihn jetzt!

Fazit: Kinder sind die einzigen Menschen, die mit einem Fünfeuroschein in der Tasche davon ausgehen, die ganze Welt kaufen zu können.

Schatzsuche

Eigentlich wollten wir nach Magdeburg, um nach einem Schatz zu graben, fahren dann aber doch ganz woanders hin. Warum aber wollten wir ursprünglich nach Magdeburg? Das hängt damit zusammen, dass die wichtigste Entscheidung bei einer Schatzsuche schon vor der Schatzsuche getroffen werden muss: Wo soll man überhaupt suchen? Grundsätzlich ist der deutsche Erdboden recht großzügig, was verborgene Reichtümer angeht. Schätzungsweise 3 200 Tonnen Gold und Silber gilt es noch zu entdecken, was immerhin fast so viel ist wie die Goldreserven des deutschen Staates, die mit knapp 3 374 Tonnen die zweitgrößten der Welt sind. (Nur die USA wären mit über 8 100 Tonnen auch dann noch die Nummer eins, wenn wir jeden Ritterschatz gefunden und das Rheingold gehoben hätten.) Aber das ist die graue Theorie, in der Praxis kommt es darauf an, wo man sucht. Und dabei stellt sich heraus, dass Schatzsucher wahre Tragödientouristen sind. Wo früher mal belagert, gemetzelt oder vertrieben wurde, tauchen sie im Sicherheitsabstand von ein paar Jahrhunderten auf und graben nach allem, was damals zurückgelassen wurde.

Wir suchten uns also auch ein früheres Schlachtfeld aus, wobei die deutsche Geschichte in dieser Hinsicht einiges zu bieten hat. Was Frankreich für Käsesorten ist, ist Deutschland für Schlachten. Für jeden Geschmack ist etwas dabei, ganz egal, ob es vormoderne Kloppereien sind, antike Hinterhalte, mittelalterliche Gemetzel, neuzeitliche Gefechte oder moderne Materialschlachten. Die Wahl fiel schließlich auf den Dreißigjährigen Krieg. Dieser entvölkerte ganze Landstriche in Deutschland, wobei vor allem die Schweden dabei so grausam vorgingen, dass sie erst eine Astrid Lindgren hervorbringen mussten, damit sich das deutsche Skandinavienbild wieder zum Besseren änderte. Weil Magdeburg 1631 belagert und komplett zerstört wurde, haben wir darauf gehofft, dort vergrabene Schätze finden zu können. Ob wir Erfolg gehabt hätten, werden wir nun wohl nie erfahren, aber dafür wissen wir immerhin bald, ob wir als deutsche Meister nach Berlin zurückkehren.

Dass sich die Pläne geändert haben, liegt an Christine, die mich fragt, ob ich schon mal an der Deutschen Schatzsucher-Meisterschaft teilgenommen habe.

Als ich das verneine, murmelt sie: »Dachte ich mir« und schlägt vor, dass wir genau das jetzt machen sollten. Statt also allein über die Felder vor Magdeburg zu laufen, nehmen wir direkt am Kräftemessen der ambitioniertesten Erdbodenwühler teil.

Jeder kann mitmachen, wobei die Anreise wohl schon so etwas wie die inoffizielle Qualifikationsaufgabe ist. Austragungsort ist nämlich ein Dorf in der Nähe von Trier. Trier wiederum war vor langer Zeit ein Machtzentrum der Welt. Die Römer haben diese Stadt gegründet und zur Kaiserresidenz ausgebaut. Dann ging das Imperium Romanum unter und Trier aus Solidarität gleich mit. Es verlor jeden Einfluss und lebt heute davon, Touristen die Beweise seiner einstigen Größe zu präsentieren. Trier hat hier eine Therme, dort ein Amphitheater und mittlerweile natürlich die Porta Nigra. Die Ex-Metropole wirbt mit »2 000 Jahren Weinkultur« und fällt in den Annalen der Weltgeschichte eigentlich nur noch ein weiteres Mal auf, als in einer ihrer Gassen 1818 der beliebteste Europäer der Chinesen geboren wird: Karl Marx. Es gibt viele Städte, die früher mal internationalen Einfluss hatten und nun in provinzieller Bedeutungslosigkeit vor sich hindämmern, aber bei wenigen ist es so offensichtlich wie bei Trier, was durch die Geografie noch verstärkt wird. Die Stadt ist mit Zug, Auto und Flugzeug gleichermaßen umständlich zu erreichen. Christine protestiert gegen diese Darstellung Triers, weil sie ein Semester lang dort studiert und sich aus dieser Zeit offenbar eine Art Kneipentour-Patriotismus erhalten hat. Allerdings gelingt ihr bei unserem Besuch in Trier das Kunststück, sich erst vor zwei falschen Häusern fotografieren zu lassen, in denen sie jeweils ihre einstige Wohnung vermutet, bevor sie beim dritten Versuch endlich vor dem richtigen Gebäude posiert. Wie bleibend der Eindruck ist, den Trier auf Menschen macht, dürfte damit ganz gut dokumentiert sein.

Und dabei sprechen wir hier immerhin noch von Trier und nicht vom eigentlichen Ort der Meisterschaft: Lorscheid. Einem Ort, der bei Google Maps als Feldweg zwischen blühenden Wiesen dargestellt wird. Schließlich entscheiden wir uns für das Auto, weil uns das noch als die am wenigsten komplizierte Reisemöglichkeit dorthin erscheint.

* * *

Am Freitagabend fahren wir schließlich los und machen uns nach einer Übernachtung in Frankfurt daran, am Samstagvormittag die letzte Etappe unserer Anreise anzutreten. Wir lassen Mainz hinter uns und eine Stunde später auch den Etikettenschwindelflughafen Frankfurt-Hahn, der mit

Frankfurt so viel zu tun hat wie der Schokoriegel Mars mit dem gleichnamigen Planeten. Anschließend fahren wir noch durch eine hügelige Einsamkeit, in der es möglich ist, dass einem mehr als eine Viertelstunde lang kein anderes Auto begegnet. Nachdem wir schließlich noch eine enge Serpentine überwunden haben, ist es endlich so weit. Vom Hügelrücken aus sehen wir auf der anderen Seite des Tals Autos auf dem Feld stehen, dazu Zelte, Wohnwagen und Menschen. Zehn Minuten später haben wir das kleine Dorf Lorscheid durchfahren, das uns vom Waldrand trennt, und parken unser Auto auf dem Feld neben all den anderen, die hier schon in einer langen Reihe in der Sonne glänzen.

Wir steigen aus und haben das Gefühl, in einem paramilitärischen Feldlager gelandet zu sein. Ein Jeep in Tarnfarben fährt langsam an uns vorbei, mit drei ebenfalls in Tarnfarben gekleideten Männern. Tarnfarben sind ohnehin die Lieblingsfarben der Teilnehmer. Auch viele Pkws haben ein solches Farbmuster, und auf einem Heck steht »B10 vierspurig JETZT« – alles Anzeichen dafür, dass DIE-GRÜNEN-Wähler in diesen Kreisen eher in der Minderheit sein dürften.

Männer in kurzen Hosen, T-Shirts und Mützen stehen zusammen, auch sie zumeist in einem militärischen Grün. Alles hier wirkt uniformiert, sogar die Leute in ziviler Kleidung. Was daran liegt, dass ihre Freizeitkleidung zumeist aus einem Vereinshemd besteht, das die Zugehörigkeit zu einem Schatzsucherteam anzeigt, welches *Sondensüchtig* oder auch *Sondler Bayern* heißen kann. Dass den passionierten Bodenumwühlern die Ästhetik der Armee als Vorbild dient, ist nicht weiter verwunderlich, denn sie ergänzt sich mit einer Faszination für das Militärische aller Zeitalter. Deswegen hat auch jemand auf dem Zeltplatz eine Standarte in den Boden gerammt, wie sie römische Legionen mit sich führten, wobei diese hier aber zur *Detektorgruppe RLP Nord* gehört. Weiter hinten hängt auch eine Gummipuppe an einem Fahnenmast, die deutlich darauf hinweist, dass die Schatzsucherwelt eine Männerwelt ist.

Trotz alledem machen die Leute hier aber keinen bedrohlichen Eindruck. Eher wirken sie wie introvertierte Nerds. Deswegen erinnert dieses Zeltlager auch weniger an eine Kaserne als an eine Mischung aus Mittelaltermarkt und Live-Rollenspiel.

»Können wir hier irgendwo einen Metalldetektor ausleihen?«, frage ich an der Kasse nach, während uns Startnummern und Fundtüten ausgehändigt werden.

»Wenn, hat der Holländer noch welche«, kommt es knapp von dem jungen Mann zurück, der sich mit demselben konzentrierten Gesichtsausdruck um die Teilnehmerliste kümmert, den Piloten beim Landeanflug haben. »Der Holländer« – wer einen solchen Eigennamen bekommt, muss etwas gelten in der Szene, und tatsächlich finden wir ihn schnell, weil die Schatzsucherszene klein ist und der Holländer bekannt. Er stellt sich als gemütlicher und ruhiger Inhaber eines Shops für Sondengänger heraus, der uns ohne viele Worte das Gerät in die Hand drückt, das die einen Detektor und die anderen Sonde nennen und das an ein Staubsaugerrohr erinnert, an dessen Ende ein Teller befestigt ist. Der Holländer erfragt nicht mal eine Adresse oder Telefonnummer als Pfand. »Dann habt ihr was gefunden!«, meint er noch, als er eine Euromünze auf den Boden wirft und die Sonde darüberschweben lässt, die daraufhin aufgeregt piept. Eher alibihaft notiert er sich dann doch noch meinen Namen und macht daraus »Gidon Bos«. Er vertraut uns sein teures Gerät einfach so an und kann sich offenbar nicht vorstellen, dass Menschen auch zu einer anderen Entscheidung kommen könnten als zu der, es ihm wieder zurückzugeben.

Wir laufen zwischen den Zelten umher, in denen entweder Bierbänke stehen oder Verkaufstische, auf denen alle möglichen Hilfsmittel angeboten werden, um die Schätze unter unseren Füßen zu finden. Also zum Beispiel Detektorrucksäcke, Fundtaschen, Klapp-, Hand- und Feldspaten und natürlich Messer für die Indiana-Jones-Atmosphäre. Auch an den Selbstschutz denken die vielen Herren und wenigen Damen Steinumdreher natürlich, weswegen hier auch Reizgas und Schlagstöcke verkauft werden. Schließlich weiß man nie, ob es tief im Wald nicht zu Konflikten mit Menschen, Tieren oder in ihrer Ruhe gestörten Geistern kommt.

Es gibt viele Begrüßungen und Fachgespräche hier bei der Meisterschaft, und alle ärgern sich über Schleswig-Holstein, das die Suche nach Schätzen mit dem Metalldetektor verboten hat. Dagegen wird gerade geklagt, und die gemeinschaftliche Hoffnung ist, dass diese Ungerechtigkeit bald ein Ende findet.

»Was kommt als Nächstes? Wird das Atmen auch noch verboten?«, spricht ein weißhaariger, sehr dünner Mann eine Angst aus, die sogar seinen Freunden etwas zu pessimistisch ist.

»Nein, Uwe, das muss man vielleicht nicht gleich befürchten«, will ihn einer beruhigen, während sie vor dem Bierausschank stehen.

»Na ja, hier vielleicht nicht, aber in Schleswig-Holstein!«, schiebt Uwe noch nach, kann aber auch damit niemanden überzeugen und behauptet schließlich in die Stille hinein und mit wegwerfender Handbewegung: »War ein Witz, ich übertreibe den Wahnsinn!«

Am Himmel brennt die Sonne geduldig ihre Mittagshitze ab. Immer mehr Teilnehmer tragen nun schon die Ausrüstung für die Schatzsuche bei sich und haben ihre Startnummern auf dem Rücken befestigt. Detektoren werden noch mal geprüft,

Schuhe gebunden und Schaufeln gesäub... SCHAUFEL! Wir haben nur einen Metalldetektor.

»Glaubst du, wir brauchen auch eine Schaufel?«, meine ich zu Christine, die unsere Sonde gerade so fachmännisch betrachtet, dass ich für einen Moment vergesse, dass sie keine Ahnung von diesem Gerät hat.

»Hmm.«

»Weil, wenn ja, müssen wir uns schnell eine holen.«

»Oder wir graben mit den Händen.«

»Kann mir vorstellen, dass eine Schaufel besser ist.«

»Okay. Ich setz mich kurz hier hin und trinke was, dann suchen wir eine.«

Christines Geduld habe ich nicht, die Meisterschaft beginnt in fünfzehn Minuten.

»Es kommt bestimmt keine Schaufel zu uns, wenn wir hier sitzen, ich gehe eine suchen.«

Christine bleibt also im Schatten sitzen, während ich in eines der Zelte laufe und am Tisch mit den Schaufeln keine Unterschiede zwischen den drei Modellen erkenne. Letztlich entscheide ich nach Ästhetik, und da gefällt mir die elegante grüne (natürlich militärgrüne) Version am besten, die sich mit zwei kurzen Bewegungen auf ein Drittel ihrer Größe reduzieren lässt und dann in eine kleine Tasche passt.

Fünfzehn Euro wechseln mit erheblicher Zeitverzögerung den Besitzer, weil das Kartenlesegerät hier oben am Waldrand in der Nähe von Trier, das in der Nähe von nichts liegt, erhebliche Probleme macht.

»Manchmal geht es, oft nicht«, bereitet mich der Verkäufer schon auf das Scheitern der Transaktion vor, als sie dann doch noch gelingt. Anschließend drängle ich mich an mehreren Leuten vorbei, die einem Münzexperten zuhören, der darüber referiert, was römische Münzen so einzigartig macht.

Über den kleinen »Innenhof« des Zeltlagers laufe ich zu Christine zurück, die in einer Hand die Sonde hält und in der anderen eine Schaufel, mit der sie mir nun winkt.

»Ein Typ, der eine Ersatzschaufel dabeihatte, hat sie mir ausgeliehen.«

»Und du hast hier gesessen?«

»Ja. Das heißt, dass die Schaufel doch zu uns –«

»Schon gut.«

Es geht los! Wir merken es daran, dass auf einmal ein Zug von Menschen aus dem Zeltlager heraus zum offenen Feld läuft, das mit Deutschlandfähnchen als Arbeitsbereich abgesteckt wurde. Es sind etwa dreihundert Teilnehmer, alle mit Sonden ausgestattet und viele in einer Kluft, als würden sie an einem Überlebenstraining teilnehmen. Über der Gruppe summen mehrere Drohnen in der Luft, und im Zug selbst piept es ununterbrochen schrill. Die Teilnehmer verteilen sich entlang einer Linie, die den Startbereich markiert, während der Veranstalter noch einmal die Regeln erklärt. Weil weiterhin die Detektoren schrille Töne von sich geben, verstehen wir kaum ein Wort, und dann ist die Deutsche Meisterschaft auch schon eröffnet. Die Schatzsucher schwärmen aus und schwenken dabei ihre Sonden im Halbkreis über den Stoppelacker. Hier und da schlägt der Alarm schon an, und erste Teilnehmer fallen auf die Knie, um mit dem Graben zu beginnen.

Auch wir haben Glück; schon nach wenigen Schritten meldet das Gerät einen Fund. Wir fahren noch mal über den Boden, um genauer einzugrenzen, wo die Münze liegen muss. Dann fange ich an zu graben. Immer mal wieder lässt Christine die Sonde über die Fundstelle schweben, und es macht jedes Mal den Eindruck, als hätte sich der Schatz ein bisschen bewegt.

»Vielleicht ist die Münze ja in der Erde, die du ausgehoben hast«, meint Christine, und ich siebe den künstlichen Maulwurfshügel um, den wir da aufgeschichtet haben.

Vergeblich. Zwar grabe ich noch etwas weiter, aber da die Sonde immer wieder an anderen Stellen ausschlägt, kommen wir nicht voran. Währenddessen hat ein anderer Sondengänger schon zwei der drei Goldstücke entdeckt, die neben 1 400 normalen Münzen im Feld versteckt wurden, was für die anderen Teilnehmer in etwa so motivierend ist wie der Halbzeitstand des Fußball-WM-Halbfinales 2014 für Brasilien.

Wir laufen weiter. Es ist ein freies Feld an einem sehr heißen Nachmittag im Mai. Um uns herum mischen sich unter die schrillen Geräusche der Metalldetektoren zunehmend erste Unmutsäußerungen der Teilnehmer. Frust und Hitze ergeben ein Gemisch, das sich in theatralischem Seufzen und Zischen von Verwünschungen äußert. Schritt um Schritt gehen wir über die trockene Wiese, während unsere Sonde immer noch mit großer Regelmäßigkeit piept. Offenbar haben wir Glück mit dem Weg, den wir über das Feld laufen. Nur beim Graben fehlt uns bislang jegliches Erfolgserlebnis. Auch nach dem dritten Versuch stehen wir noch ohne Münzen da. Doch schon folgt der nächste schrille Ruf des Detektors, der Beute verspricht. Wieder setze ich mit der Schaufel an und grabe ein Loch, und wieder finden wir nichts. Das passiert noch einige weitere Male, ohne dass sich unsere Fundtüte füllt. So langsam sieht das Spielfeld um uns herum aus wie ein Schlachtfeld nach der Schlacht. Ein Hüne kniet da und sticht wie wild auf den Erdboden ein, zwei andere Männer liegen erschöpft am Rand und bekommen von einem dritten Wasser gereicht. Auch der Ton ist jetzt deutlich rauer. Wo sich vor einer halben Stunde die Leute noch unterhalten haben, blaffen sie sich nun an. Es wird kaum noch gelacht, dafür gezischt, und es scheint so, als würde sich der Stimmungsumschwung mit jeder weiteren Münze, die jemand anderes gefunden hat, beschleunigen. Wir haben immer noch keine, obwohl der Metalldetektor weiterhin laut und anhaltend piept.

»Ich will *unsere* Schaufel benutzen!«, schlage ich eine Änderung vor, die mehr in den Bereich der Symbolpolitik gehört, als dass sie einen wirklichen Sinn hätte.

»Aber das sind doch die gleichen Geräte.«

»Egal. Außerdem haben wir sie bezahlt, dann soll sie auch eingesetzt werden.«

Christine nickt gleichgültig, und ich stapfe über das Feld zum Auto, wo unsere Fünfzehn-Euro-Schaufel liegt. Als ich zurückkomme, ist Christine gerade dabei, mit der Sonde im 360-Grad-Radius um sich herum den Boden zu prüfen.

»Nichts«, verkündet sie, während ich mich neben sie stelle, woraufhin das aufgeregte Piepen sofort wieder anfängt. Ich mache einen Schritt zurück. Es verstummt. Wieder nach vorn. Piepen. Zurück.

Stille.

Ich bewege meinen Schuh auf die Sonde zu. Piepen. Ich ziehe ihn weg.

Stille.

Es gibt sicherlich wenige Momente im Leben, in denen man sich von seinen Schuhen verraten fühlt. Dieser hier ist einer davon. Die Sonde hatte es die ganze Zeit auf die Metallösen in meinen Schuhen abgesehen.

»Eigentlich müsste man barfuß gehen«, murmelt Christine nur, nachdem uns das Ausmaß dieses schweißtreibenden Anfängerfehlers klar wird.

»Und ohne Handy«, füge ich hinzu, während ich mein Smartphone vor den Metalldetektor halte, woraufhin erneut das aufgeregte Piepen einsetzt.

»Und ohne Schaufel«, ergänzt Christine, die auch meine Fünfzehn-Euro-Investition vor das Gerät gehalten hat, »am besten also FKK-Schatzsuche.«

Wir beobachten unsere Mitsucher und stellen fest, dass von denen keiner nackt, halb nackt oder auch nur barfuß ist. Sie achten einfach nur darauf, dass ihre »Störquellen« ausreichend Abstand zur Sonde halten. Wir suchen weiter, und von nun an schweigt der Detektor. Egal, wohin wir laufen, er bleibt stumm. Manchmal komme ich ihm mit Absicht zu nahe, nur damit wir überhaupt mal wieder das Piepen hören, das dann auch zuverlässig einsetzt. Die Sonne knallt auf das Feld herunter, dem die Schatzsucher nun immer verbissener versuchen, die letzten Münzen abzuringen. Immerhin ist das hier ein Turnier und eine Prestigeveranstaltung. Wer hier gut abschneidet, zehrt davon in der Szene ein ganzes Jahr lang. Wenn Spaziergänger an diesem Feld vorbeikommen würden, könnten sie dieses Schauspiel für ein geheimes Regierungsprogramm halten, bei dem Hunderte Geheimdienstler mit Geigerzählern die Auswirkungen eines verheimlichten Atomtests auswerten.

Endlich sendet unser Detektor wieder ein Signal. Es ist nicht dieses aufgeregte Piepen, sondern ähnelt mehr einem Röcheln, aber immerhin. Ich nehme unsere Schaufel und grabe und grabe. Ich grabe tiefer als bei unseren bisherigen Versuchen und habe am Ende eine Grube ausgehoben, in der problemlos ein Motorradhelm Platz hätte. Nur eine Münze, die finde ich auch hier nicht. Ich sitze da und verstehe plötzlich die Redensart »eine Nadel im Heuhaufen finden« so gut wie noch nie, wobei sie auch in der Kombination »Nadel« und »Ackerboden« nichts von ihrer Richtigkeit einbüßen würde.

»Schau mal.« Christine deutet auf einen Mann, der neben einer Grube kniet und mit einem Laserpointer Messungen vornimmt, die er danach mit Daten auf seinem Handy abgleicht. Er wirkt wie ein Ein-Mann-Hightechlabor, während wir nur unseren Spaten haben und eine Sonde, bei der wir nicht mal wissen, wie ihr Display eigentlich zu bedienen ist. Weil bei der Deutschen Meisterschaft aber fast nur erfahrene Teilnehmer mitmachen und wir zu den Anfängern gehören, gehen die meisten ähnlich professionell vor wie der Kerl mit dem Laserpointer. Gegen diese technische Übermacht hätten wir ohnehin keine Chance gehabt. Wir nehmen hier mit einer Seifenkiste an einem Formel-1-Rennen teil, das bergauf führt.

Bald darauf verlassen wir das Feld. Nachdem es mittlerweile sechzig Minuten lang von den besten Schatzsuchern durchwühlt worden ist, dürfte es dort vermutlich ohnehin nichts mehr zu finden geben außer Würmer und Käfer, die von Spaten, Messern und Sonden in ihrer Ruhe gestört wurden.

»Halt!«, ruft Christine, als auf dem Weg zum Zeltlager die Sonde noch mal anschlägt.

Ich schüttle den Kopf und deute auf meinen Schuh, der sich dem Gerät wieder zu sehr genähert hat. Das war es endgültig. Ohne eine einzige Münze verlassen wir das Spielfeld.

Als wir uns im Zeltlager auf einen Baumstamm setzen und eine Cola trinken, steht plötzlich ein Mann vor uns. Es ist der großzügige Schaufelverleiher. »Hat es euch wenigstens gefallen?«, will er wissen, nachdem er von unserer nicht vorhandenen Ausbeute erfahren hat.

»Mir fehlt dafür, glaube ich, die Geduld«, verneine ich und bleibe damit noch diplomatisch. In Wahrheit erscheint mir das alles in seiner Sisyphushaftigkeit wie eine Strafe, die sich griechische Götter für aufmüpfige Menschen ausgedacht haben könnten. Jeden Morgen muss der gefallene Held (nennen wir ihn »der Holländer«) auf das Feld, um die 1 400 Münzen zu finden, während ihm die Sonne unerbittlich zusetzt, und jeden Abend hat er genau 1 399 gefunden und muss darum am nächsten Morgen wieder ran, um die 1 400 Münzen unter der glühend heißen Sonne erneut zu suchen. Und so weiter und so weiter, bis in alle Ewigkeit.

Christine ist freundlicher, vielleicht auch, weil der Kerl ihr die Schaufel geliehen hat.

»Ich kann mir schon vorstellen, dass das manchen Leuten gefällt«, erklärt sie, »aber da braucht es sicherlich viel Geduld für.«

»Ohne geht es nicht«, bestätigt der Schaufelmann. »Und eine Frau, die bereit ist, dieses Hobby zu akzeptieren, sonst wird es schwierig. Immerhin geht da oft das halbe Wochenende drauf.«

»Bei Ihnen auch?«

»Ja, jeden Samstag bin ich unterwegs.«

»Aber Ihre Frau sucht nicht selbst?«

»Manchmal kommt sie mit, heute ist sie auch dabei.«

Kurz darauf nähert sich uns eine Frau mit rotem Kopf und einer vor Schweiß glänzenden Stirn. Sie wirkt erschöpft und unzufrieden.

»Schrott, nur Schrott. Nicht mal ein Coin!«, teilt sie ihrem Mann ihre Ausbeute mit, und es klingt wie ein Vorwurf. Vielleicht hätte es sie getröstet, wenn sie gewusst hätte, dass wir nicht mal Schrott gefunden haben, sondern wirklich nichts außer meinen Schuhen – aber die dafür immer wieder.

Wir schauen uns ein wenig in den Zelten um, in denen verschiedene Anbieter ihre Artikel ausgestellt haben. Im Augenblick ist es leer, weil die meisten immer noch auf dem Feld sind. Ein Magazin für »Schatzsucher – Heimatforscher – Sondengänger« wirbt mit dem Großbuchstaben-Plakat *WAS, SIE KENNEN »RELIKTE DER GESCHICHTE« NOCH NICHT?* für sich und dürfte sich für diese Werbung vermutlich den einzigen Ort in Deutschland ausgesucht haben, wo praktisch jeder antworten wird: »Klar kenn ich das.« Der nächste Verkaufsstand ist ein Zelt, in dem von Militärrucksäcken über T-Shirts, Hosen, Mützen, Messer, Becher, Verbandskästen, Westen und Stirnlampen alles gekauft werden kann – sogar das Zelt selbst, für sechshundert Euro. Daneben folgt so etwas wie ein Antiquariat, das sehr spezielle Bücher wie die »Büdinger Geschichtsblätter – Historisches

Nachrichtenblatt für den Kreis Büdingen« oder den Katalog einer Ausstellung im Kurfürstlichen Schloss in Mainz im Angebot hat, die es dort vom 12. Mai bis 31. Juli 1975 zu sehen gab. Wiederum ein paar Meter weiter verkauft jemand Unterwasserdetektoren.

Neben »Relikte der Geschichte« gibt es noch eine weitere Fachzeitschrift, die sich »Butznickel« nennt und hier kostenlos ausliegt. Dass sich die Schatzsucher oft unverstanden fühlen, verdeutlicht eine Werbeanzeige, bei der sich offenbar jemand seinen Frust von der Seele schrieb: »Du bist auf der Suche nach einem Treffpunkt für Schatzsucher und Sondengänger ohne das ständige Geseier von Besserwissern und Neunmalklugen? Du möchtest Fachkompetenz anstatt nervender Kommentare auf Trinkhallenniveau? Du wünschst dir ein gut strukturiertes Internetforum mit mehr als hundert Untergruppen ohne anhaltendes Gejammere und Lamentieren von Zivilversagern und Krümelkackern, die sich feige hinter großartigen und heldenhaften Avatarnamen verstecken? Du hast genug vom gebetsmühlenartigen Gerede über das, was den Oberschlaumeiern und Immerrechthabern verboten erscheint?«[5] Wer das alles bejaht, dürfte nicht nur ein Internetforum für sich gefunden haben, sondern auch auf eine charakterprägende Weise zornig sein.

Christine und ich ziehen uns ins Auto zurück, hören Musik im Radio und beobachten dabei die letzten Sucher, die sich auf dem Feld vor unserer Windschutzscheibe befinden und immer noch nicht aufgeben wollen. Mittlerweile haben sich die meisten anderen ins Zeltlager zurückgezogen und erholen sich bei kühlen Getränken und einer Bratwurst. Jene, die jetzt noch auf dem Feld sind, umweht etwas Tragisches (das ist an diesem sehr heißen Tag aber auch das Einzige, was weht), als könnten sie sich nicht mit der Tatsache abfinden, dass der Wettkampf vorbei ist. Ein Kerl von fast zwei Metern arbeitet sich immer tiefer ins Erdreich hinunter und schüttelt dabei ständig den Kopf. Ein anderer, jüngerer und korpulenterer, läuft auf imaginären

Linien das ganze Spielfeld ab, und wiederum ein anderer hat die Arme in die Hüften gestemmt und blickt ratlos um sich. Insgesamt sind vielleicht noch zwanzig Sammler auf dem Feld, das vorhin von Hunderten umgepflügt wurde.

»Hey!«, ruft mir jemand zu, und erst jetzt bemerke ich, dass ein junger Mann wenige Meter vor unserem Auto seine Ausrüstung und Ausbeute des Tages ausgebreitet hat wie die Polizei einen großen Drogenfund. Ich steige aus.

»Mach doch mal ein Foto von mir!«, meint er und reicht mir sein Handy.

Er ist verschwitzt, außer Atem und wirkt doch zufrieden. Gleich darauf schaut er sich das Foto an, murmelt »gut« und startet die Videofunktion: »Vierunddreißig Münzen, das sollte für die Top Ten reichen!« Er schenkt mir zwei schwarze Münzen, die er zusätzlich im Boden gefunden hat und die keine Punkte bringen. Auf der einen Seite ist eine »1« abgebildet und dazu »Reichspfennig Deutsches Reich« und auf der anderen Seite ein Ährenbund und das Prägejahr 1934. Unsere einzige Ausbeute besteht also aus Nazigeld, das uns ein anderer Sucher geschenkt hat. Es ist nicht mal das berühmte Nazigold, sondern nur Naziblech. An manchen Tagen hat man einfach kein Glück.

Wir übernachten in Trier und machen uns am nächsten Mittag auf den Weg zurück nach Berlin. Auch wenn es keine Tabelle gibt, können wir uns vorstellen, auf welchem Platz Teilnehmer landen, die keine Münze finden und einen Großteil der Zeit damit beschäftigt sind, die eigenen Schuhe mit einem Schatz zu verwechseln. Na ja, immerhin schaffen wir es durch die Teilnahme an der Meisterschaft noch in die Zeitung. Auf der Rückfahrt stellen wir fest, dass die BILD von der Meisterschaft berichtet hat. Der Artikel wird von einem Foto eingeleitet, das kurz vor dem Start gemacht wurde. Eine lange Reihe von Männern (und wenigen Frauen) mit Metalldetektoren vor dem Feld – einer davon mit schwarzer Kappe und orangefarbenem Hemd, der zufällig in Richtung Kamera schaut. Das bin ich. Neben mir steht Christine, wird aber von einem anderen Schatzsucher verdeckt. Damit teilt sie das Schicksal der Schätze, nach denen gesucht wurde: so nah und doch für das Auge unsichtbar.

Fazit: Hätte Heinrich Schliemann unser Schatzsuchertalent gehabt, wäre Troja weiterhin eine Legende statt ein weltberühmter Ausgrabungsort.

Erneuerbare Energien

Wer an erneuerbare Energien denkt, denkt an Windräder, Solarzellen und Wasserkraftwerke. An eine Industrienation, die sich von der Atomkraft und den fossilen Brennstoffen verabschiedet und ihre Energie künftig auf nachhaltige Weise erzeugen will.

»Seit wann wird in Deutschland auf alternative Energien gesetzt?«, frage ich Christine.

»Willst du jetzt ein genaues Jahr wissen oder ein Jahrzehnt oder eine Epoche?«

»Das Jahrhundert reicht mir.«

»Das Jahrhundert?«

»Ja.«

»Zwanzigstes Jahrhundert.«

»Falsch.«

»Neunzehntes Jahrhundert?«

»Nein.«

»Dann zur Zeit von Kopernikus im Mittelalter?«

»Auch falsch.«

»Ja, wann dann?«, kommt es mittlerweile mehr genervt als interessiert zurück.

»4 800 Jahre vor Christus!«

Christine winkt ab wie jemand, der zum ersten Mal davon hört, dass sich die Erde um die Sonne dreht, um bei Kopernikus zu bleiben. Und es ist tatsächlich ambitioniert, das fünfte Jahrtausend vor Christus als Geburtszeitpunkt der alternativen Energien zu bestimmen, weil es damals im Grunde noch nicht viele Energiequellen gab, aus denen man hätte aussteigen können. Eigentlich nur das Feuer. Aber die Alternative dazu wäre eben nicht eine andere Energiequelle gewesen, sondern gar keine. Alle hätten gefroren, und die Liebhaber von Steaks wären auf besonders dramatische Weise betroffen gewesen.

Warum also das Jahr 4800 vor Christus? Dafür müssen wir von dort aus etwas mehr als 6 800 Jahre nach vorn springen und kommen im Jahr 2013 nach Christus heraus. Rechtzeitig zur Veröffentlichung des Reiseführers »Deutschland – Erneuerbare Energien erleben«[6]. Dieses Buch nimmt den Leser mit auf eine Reise zwischen Alpen und Nordsee, die ganz im Zeichen der Energiewende steht. Es ist mit viel Liebe zum Detail erstellt, was auch für die erwähnten Ziele und Orte gilt, die darin empfohlen werden. Cafés werden positiv hervorgehoben, sobald sie eine Solarzelle auf dem Dach haben, und Kultureinrichtungen, wenn sie an ein Blockheizkraftwerk angeschlossen sind. Jugendherbergen finden Erwähnung, weil »die komplette Wärmeversorgung durch Sonnenenergie, eine Holzhackschnitzelheizung und Blockheizkraftwerk«[6] gesichert wird, wobei dieser Eintrag schon allein wegen des tollen Wortes »Holzhackschnitzelheizung« berechtigt ist. Sechs Silben, die wie der Rhythmus der Säge klingen, wenn der Baum für das Holz der Holzhackschnitzelheizung gefällt wird. (Die Energiewende hat auf jeden Fall einige Substantivgiganten in ihrem Repertoire; der Holzhackschnitzelheizung steht dabei unter anderem auch das Biomasseheizkraftwerk zur Seite.) Im Buch werden Solarboote und Biogasautos erwähnt, Ökodörfer und Energieinseln, Windparks und Sonnenkraftwerke.

Auch Nationalparks sind allemal einen Besuch wert und Energiepfade sowieso. Wenn ein Thermalbad eine geothermische Heizzentrale hat, sollte es besucht werden, und weil Mühlen offenbar für eine erneuerbare Energiegewinnung in früheren Zeiten stehen, wird jede zweite davon positiv erwähnt – sei es eine Wiesen-, Schiffs- oder Papiermühle.

Die Macher waren wirklich großzügig, und es überrascht beinahe schon, dass nicht auch jedes Fahrrad Erwähnung findet, das mithilfe eines Dynamos eigenes Licht produziert. Vielleicht muss man diese Begeisterung berücksichtigen, um zu verstehen, warum die »Chronik der Erneuerbaren Energien« eben knapp 4 800 Jahre vor Christus beginnt. Nämlich deswegen, weil das älteste Sonnenobservatorium Deutschlands, das in Goseck in Sachsen entdeckt wurde, so alt ist. Die Energiechronik erwähnt 1600 vor Christus dann noch die Himmelsscheibe von Nebra in Sachsen-Anhalt (offenbar waren die neuen Bundesländer die wahren Energiepioniere!), bevor es einen ambitionierten Sprung durch die Geschichte bis ins Jahr 1814 gibt und danach immer kleinteiliger wird. Aus Sprüngen durch die Jahrtausende werden Sprünge durch die Jahrzehnte, und am Ende kommt jedes Jahr eine wichtige Erwähnung hinzu. »2011: Der Deutsche Bundestag verabschiedet die ›Energiewendegesetze‹. 2012: Windenergieanlagen sind an guten Standorten wettbewerbsfähig mit konventionellen Kraftwerken. 2013: Erneuerbare Energien liefern rund ein Viertel des deutschen Stromverbrauchs.«[6]

Wir wollen auch Teil dieser jahrtausendealten Bewegung hin zur nachhaltigen Energiegewinnung werden und von ihr profitieren. Immerhin ist die Energiewende Chefinnensache in Deutschland, seit Merkel den Atomausstieg besiegelt hat und in der Stromversorgung ganz auf erneuerbare Energien setzen will. Deswegen gibt es mittlerweile kaum noch einen Hügel im Land, auf dem keine Windräder stehen. Es wirkt dabei fast so, als würden sie wie pittoreske Bäume in die Höhe wachsen und dabei immer mehr werden. Wir haben in Rheinhessen mal ein Windrad besichtigt, und im Inneren macht es den Eindruck, als befände man sich in einem aufgerichteten U-Boot. Je mehr man sich einem Windrad nähert, desto mächtiger erscheint es. Aus großer Entfernung haben sie beinahe etwas Zierliches und Zerbrechliches, aber wenn man direkt davorsteht, wirken sie wuchtig und kraftvoll wie gigantische Flugzeugturbinen.

Was wissen wir sonst noch über erneuerbare Energien?

»Hast du nicht eine Biografie über Elon Musk gelesen?«, fragt mich Christine.

»Ja, weil du sie mir geschenkt hast, auch wenn er mich eigentlich nicht interessiert«, antworte ich.

»Warum liest du sie dann?«

»Weil du sie mir geschenkt hast.«

»Ja, Geschenke sind aber keine Befehle.«

»Wenn wir reich werden wollen, dürfen wir nicht verschwenderisch sein, deswegen habe ich das Buch gelesen, damit sich die Investition lohnt.«

Musk versucht sich seit Jahren daran, auf der ganz großen Energiewendewelle zu surfen, und hofft, das Auto für die neue Zeit zu liefern: E-Autos, die kein Benzin mehr benötigen. Ob das klappt, ist nicht klar, bislang konnte er seine hochgesteckten Ziele jedenfalls nicht erreichen. Aber er hat immerhin einen Plan B, denn wenn das alles nichts wird, reist er zum Mars. Das dafür notwendige Raumschiff gibt es zwar noch nicht, aber daran arbeitet er parallel in seinem eigenen Raumfahrtunternehmen.

Wir müssen uns vorerst mit einem Plan A auf diesem Planeten begnügen und entscheiden uns in diesem Fall, die notwendigen Informationen selbst zu recherchieren. Experten raten ohnehin davon ab, sich zu sehr von Beratern abhängig zu machen, und wir haben uns schon bei vielen anderen Anlageformen Gläser mit Wasser von Bankmitarbeitern anbieten lassen. In diesem Fall verschaffen wir uns selbst einen

Überblick. Wobei die erneuerbaren Energien dafür ein dankbares Thema sind. Sie sind so etwas wie das Lieblingskind von Vater Staat, der sie entsprechend fördert und bevorzugt – vor allem im Vergleich zur Atomkraft, diesem in Ungnade gefallenen Stiefkind. Aber auch die fossilen Energieträger haben es schwer und sollen durch Luft, Wasser und Sonne ersetzt werden. Das ist nicht nur ein ökonomisches, sondern auch ein politisches Projekt. Der Staat will diese Wende, die als Teil der Klimarettung verstanden wird, auch wenn Skeptiker das nun Folgende durchaus als Zeichen nachlassenden Elans deuten könnten.

Ich will jedenfalls vom Bundesministerium für Wirtschaft und Energie nicht nur die aktuellsten Broschüren lesen. Deswegen möchte ich auch die Unterlagen zu »Erneuerbare Energien in Zahlen – Nationale und internationale Entwicklung im Jahr 2016« bestellen, woraufhin ich statt der erhofften Dokumente aber nur die Nachricht erhalte, dass der angeforderte Artikel nicht lieferbar sei. Offenbar ist die Klimarettung ganz im Hier und Jetzt verankert und verschwendet keine Zeit und schon gar keinen Lagerraum an veraltete Broschüren.

Davon lassen wir uns aber nicht entmutigen, sondern laden uns das Dokument kurzerhand aus dem Internet herunter. Schließlich wollen Christine und ich voll auf die massive Unterstützung der erneuerbaren Energieträger durch den Staat setzen. Tatsächlich finden sich Investitionsangebote in Privatfirmen, bei denen als Kaufargument betont wird, dass der Staat über Jahre hinweg die Preisstabilität garantiert. Wie im Sozialismus, nur dass es nicht um den Weltfrieden geht, sondern um das Weltklima und damit irgendwie doch um den Weltfrieden.

Es gibt viele Finanzdienstleistungen für das Post-Atom-Zeitalter. Ja, im Grunde sind die erneuerbaren Energien eine Überforderung jedes Menschen mit Helfersyndrom. Wir lassen uns Angebote verschiedener Anbieter zustellen, und schnell wächst die Zahl potenzieller Investmentmöglichkeiten zu einer unübersehbaren Größe an. Da gibt es Wasserfonds, die weltweit in Unternehmen investieren, »die Technologien, Produkte oder Dienstleistungen mit Bezug auf die gesamte Wertschöpfungskette des Wassers anbieten«[7].

Aber auch Themenfonds sind sehr beliebt, die »mindestens zwei Drittel des Fondsvermögens in Aktien von Unternehmen [anlegen], die zum weltweiten Übergang hin zu weniger kohlendioxidintensiven Energien beitragen«[7], sowie Umweltinvestmentfonds, »die weltweit in Unternehmen verschiedener Größe [investieren], die die wirtschaftlichen Gewinner der zukünftig zu erwartenden Entwicklungen sein werden«[7]. Andere Fonds investieren »hauptsächlich in ein breit gestreutes Portfolio aus Aktien von Unternehmen in aller Welt, die Produkte herstellen oder Technologien entwickeln, die eine saubere und gesündere Umwelt fördern oder die umweltfreundlich sind«[8]. Sogar die Riester-Rente geht mit der Zeit und kommt nun auch als staatlich geförderte *grüne Altersvorsorge* daher.

Obwohl die erneuerbaren Energien noch einen weiten Weg vor sich haben, bevor sie ihre Energievorgänger mit dem schlechten Ruf komplett ablösen können, ist zumindest die Infrastruktur drumherum schon hoch professionell. Wie bei einer Provinzband, die zwar noch nie über das Dorffest hinausgekommen ist, aber schon über Autogrammkarten und einen Tourbus verfügt (okay, eher einen Mietwagen von Sixt) und damit schon bestens vorbereitet ist für den Ruhm, der jetzt nur noch irgendwie kommen muss. Rund um die erneuerbaren Energien gibt es jedenfalls schon unzählige Jobbörsen, die Namen tragen wie *greenjobs, Energiejobs, Green Energy Jobs, New-Energy-Jobs* oder *eejobs.*

Mit einer gewissen Ernüchterung stellen wir aber bald fest, dass die Klimarettung das Hobby der Wohlhabenden ist. Wir interessieren uns für mehrere Wind- und Solarparks, doch immer, wenn wir Anleihen zeichnen wollen, heißt es, dass eine Mindestsumme investiert werden muss. Und diese Mindestsumme übersteigt unsere mögliche Maximalsumme bei Weitem. Auch das Umweltbundesamt kann unseren Eindruck nicht zerstreuen und gibt bedauernd bekannt: »Leider können wir Ihre Beobachtung zu den Beteiligungsangeboten nur bestätigen.«

Günstige Eintrittstickets in dieser Sparte der Anlageoptionen kosten 1 000 Euro, wobei die Skala nach oben hin ziemlich offen ist und 1 000-Euro-Angebote die große Ausnahme darstellen. Üblicherweise werden mindestens 3 000 Euro verlangt. So gibt es das Angebot für die Investition in Solarkraftwerke für 3 000 Euro, bei einem Windpark wären wir ab 5 000 Euro dabei und bei einem Bürger-Windkraftfonds mit 10 000. Andere 10 000-Euro-Investments wären ein Solarpark oder ein Blockheizkraftwerk, wobei wir bei Letzterem noch nicht einmal wüssten, ob das dann was mit Holzhackschnitzelheizungen zu tun hat!

Und jetzt zu den Summen, die uns auf einen Schlag in den Schuldturm getrieben hätten: Für 20 000 Euro hätten wir uns an einem Wind- und Solarpark beteiligen können, und 75 000 Euro hätte der Einstieg in ein anderes Solarprojekt gekostet. Wer zu viel Geld hat und gleichzeitig der Sonne misstraut, kann auch nur in einen Windpark investieren und dafür 200 000 Euro als Mindestbeteiligung ausgeben! Danach braucht er Geduld, weil das Investment mindestens zwanzig Jahre dauert und eine Verlängerung darüber hinaus möglich ist. Überhaupt sind die Investitionszeiträume bei den erneuerbaren Energien oft auffallend lang. Sie sind zum Teil so großzügig in die Zukunft ausgedehnt, dass man sich schon fragt, ob den Machern eigentlich klar ist, dass die Sonne in knapp fünf Milliarden Jahren explodiert.

Die erneuerbaren Energien verlangen also in der Tat, dass man sein Gewissen befragt. Was ist uns wichtiger: keine Schulden oder kein Klimawandel? Weil uns die frischeste Luft nichts bringt, wenn wir in geschlossenen Gefängniszellen sitzen, entscheiden wir uns schließlich gegen eine Investition in dieser Branche.

Fazit: Die Sonne schreibt keine Rechnung, begibt aber auch keine Anleihen.

Pfalzgraf und Pfalzgräfin vom Mond

Es gibt immer wieder diese Geschichten in der Zeitung zu lesen. Irgendein Schüler oder eine Rentnerin kauft sich für wenig Geld etwas, was danach enorm in seinem Wert steigt und plötzlich für unerwarteten Reichtum sorgt. Oft sind es scheinbar billige Vasen auf Flohmärkten, die sich später als Hochzeitsgeschenk von Caesar an Kleopatra herausstellen, oder auch Aktien, die viele Jahre danach durch die Decke gehen. So etwas bräuchten Christine und ich auch – einen Jackpot mit Zeitzünder. Nur ist das Problem leider, dass man so etwas nicht planen kann. Es ist wie mit der Spontaneität, sobald sie eingefordert wird, kann sie nicht mehr abgerufen werden.

Theoretisch könnten wir sogar längst im Besitz eines solchen Schatzes sein, ohne es zu wissen. Über meinem Schreibtisch tickt eine Schweizer Kuckucksuhr. Eine kleine. Eine Kopie. Aus China. Sie passt in meine Handfläche. Sie ist wirklich billig. Aber vielleicht auch nicht, vielleicht ist sie … nein, die Kuckucksuhr ist ein schlechtes Beispiel. Christine hat eine Hasselblad. Das ist ein Fotoapparat, der unter Profis Kultstatus hat. Womöglich ist die ja richtig was wert. Aber dagegen spricht, dass es relativ viele davon gibt, weswegen auch sie uns wohl nicht den ganz großen Geldsegen bringen wird. Vermutlich ist die beste Chance, in den Reichtum zu stolpern, ein Gang in den eigenen Keller, um zu sehen, was da so alles auf seine (Wieder-)Entdeckung wartet – wobei das in unserem Fall vor allem der blaue Koffer wäre. Oder ein Besuch auf dem staubigen Dachboden der Großeltern, die vielleicht nicht wissen, dass in einem alten Karton eine Colaflasche von 1892 liegt, dem Gründungsjahr der Coca-Cola-Company.

Keller und Dachböden sind zwar die ergiebigsten Orte, aber in den allermeisten Fällen eben doch nur Ablageplätze für Plunder und Müll, den man nur aus sentimentalen Gründen nicht so nennt. Eigentlich könnte das ganze Gerümpel vom Auktionshaus Spier versteigert werden. Aber in unseren Zeiten gibt es neben Keller und Dachboden noch eine dritte Option: das Internet. Also tippe ich etwas ziellos-assoziativ verschiedene Begriffe ein und komme am Ende bei einer Möglichkeit heraus, an die ich bis eben nicht gedacht habe. Die Wege des World Wide Web sind nun einmal unergründlich.

Das Angebot, das mir plötzlich vorliegt, lässt sich im ersten Moment zwar nicht in Geld umrechnen, sorgt aber für einen enormen sozialen Aufstieg, der als Fundament für alles Weitere absolut notwendig ist. Im Buch von Donald Trump las ich – bevor es auseinanderfiel –, dass nur eine Sache noch wichtiger ist als höchste Qualität in jedem Bereich: AUFFALLEN!

Und für Gideon und Christine Böss ist es sicherlich schwieriger aufzufallen als für Gideon Böss, den Pfalzgrafen von Burgund und seine Gemahlin Christine, die Pfalzgräfin von Burgund. Ganz genau: Wir werden adelig! Für nur 69,90 Euro (ohne Versandkosten). Mehr verlangt das Internet nicht, um aus bürgerlichen Usern adelige User zu machen. Verschiedene Anbieter konkurrieren darum, einem den Monarchiehintergrund zum Schnäppchenpreis zu verkaufen. Ihre Homepages erinnern dabei an eine Mischung aus Hochzeitsmesse, Landschaftsfotografie und Disneyfilm. Burgen vor malerischer Kulisse, eingerahmt von Bergen, Seen und Feldern. Junge Frauen lächeln den Besucher erwartungsvoll von Burgzinnen aus an, während junge Männer kniend eine Ehrung entgegennehmen, für die wiederum eine junge Frau das Schwert auf ihre Schultern legt – in dieser Welt liegt das Durchschnittsalter offenbar bei 21,4 Jahren. Alle sind in mittelalterliche Prinzessinnengewänder gekleidet oder tragen Ritterrüstungen mit Umhang. Ganz authentisch, so wie sich Adelige eben bis heute anziehen, wenn sie das Haus verlassen, um bei Penny einzukaufen. Es sind sanfte Farben zwischen rotweinrot und ozeanblau, die diese Seiten prägen. Schottische Seen, irische Täler und deutsche Burgen zum Schnäppchenpreis von weniger als hundert Euro. Verlockende Angebote, zumal bei manchen zum Adelstitel sogar noch ein Grundstück draufgepackt wird.

Wenn Christine und ich offiziell Monarchen sind, werden sich die Frauenzeitschriften um uns reißen, die auch jeden Zahnarztbesuch der Großneffen schwedischer Landadeliger zum Thema machen. An dieser Stelle fängt unser neues Sozialprestige dann auch an, sich finanziell zu lohnen. Wir werden bekannter und bekannter, und die logische Folge wird eine RTL2-Realitydoku über uns sein sowie die dazugehörige Häme im Internet, über die wir wiederum in unserer RTL2-Realitydoku sprechen werden, woraufhin uns Z-Promis, die sogar im Dschungelcamp Hausverbot haben, Arroganz vorwerfen, was wiederum Stoff für unsere Doku ist, und so weiter und so fort, bis dass die miese Einschaltquote uns scheidet.

Bevor wir aber von Schlössern und Schlossgespenstern träumen, interessiert mich doch, warum diese Online-Anbieter überhaupt solche Titel vergeben können? »Wenn in Deutschland ein Adeliger ohne ermittelbare Nachkommen stirbt, ruht der Titel, bis ihn jemand beansprucht«[9], heißt es unter Fragen & Antworten. »Da wir die Rechte an diesen Namen besitzen, können wir Ihnen erlauben, diese auch zu führen.«[9] Das klingt so, als ob ich meinen Adelstitel teilen müsste, statt ihn zu besitzen. Sollte das so sein, fürchte ich, dass da draußen schon viele andere Pfalzgrafen und Pfalzgräfinnen von Burgund rumlaufen (von all den anderen Herzogen und Fürsten ganz zu schweigen). Pfalzgraf und Gegenpfalzgraf, Pfalzgräfin und Gegenpfalzgräfin, da sind die Konflikte am Büfett jedenfalls schon programmiert.

Misstrauisch geworden, schaue ich mir die Angebote genauer an und stoße auf eine Formulierung, die alle adeligen Zukunftsträume zum Platzen bringt: »Sie können Ihren neuen Namenszusatz verwenden, wie und wo Sie möchten. Ein Eintrag als echter Adelstitel ist definitiv nicht möglich, aber wenn Sie Ihren neuen Titel dennoch im Ausweis lesen möchten, so gibt es da den Eintrag *Ordens- oder Künstlername.*«[9] Künstlername!? All die majestätischen Wappen, die prachtvollen Namen und Familienchroniken, die mittelalterliche Musik und das Gefühl, sich für 69,90 Euro in den exklusiven Klub des europäischen Hochadels einzukaufen, sind letztlich nur Fassade und schmelzen zu einem einfachen Künstlernamen zusammen?

Wobei die Idee schon dreist und clever zugleich ist, mit der Eitelkeit der Leute zu spielen und sie für etwas bezahlen zu lassen, was sie auch ohne Dienstleister beantragen könnten. Gleichzeitig ist für die Gewährung eines Künstlernamens der Nachweis einer künstlerischen Tätigkeit des Kaisers von Trier, der Gräfin von Bochum-Süd oder der Baronin von Bad Bergzabern nötig. Und weil die bei den meisten Menschen nicht vorhanden ist, enden solche adeligen Ambitionen dann auf dem Schreibtisch einer gelangweilten bürgerlichen Sachbearbeiterin mit lila Haarsträhne, die den Kopf schüttelt und den Antrag in den Papierkorb wirft. Immerhin für diesen einen kurzen Moment kann dann der soeben abgelehnte König oder Graf den Zorn des Adels nachempfinden, als er vom revolutionären Pöbel vor hundert Jahren einfach abgeschafft wurde. Wir überlegen kurz, ob wir unter diesen Umständen überhaupt noch die Urkunden bestellen wollen, die uns zu Graf und Gräfin »machen«, entscheiden uns aber schließlich dafür. Andere bezahlen Adeligen schließlich sogar Geld dafür, von ihnen adoptiert zu werden, um sich künftig Prinz oder Prinzessin nennen zu können, und machen mit diesen erkauften Titeln Medienkarrieren. Vielleicht akzeptiert die Gesellschaft dann ja auch uns Zertifikats-Adelige als echte Blaublüter. Wir lassen es darauf ankommen.

Ein erstaunliches Geschäftsmodell ist es aber allemal, Leuten ein Produkt zu verkaufen, das sie sich in der Theorie jederzeit auch selbst zulegen, aber in der Praxis doch nicht verwenden können (übrigens wird auch die Erstellung einer Hochadel-Homepage für knapp 1 400 Euro beziehungsweise für den Gegenwert von zwanzig Pfalzgrafen von Burgund angeboten). Mit der gleichen waghalsigen Logik könnte man den Leuten auch Grundstücke auf dem Mond verkaufen …

Google Suchanfrage: »Mondgrundstücke kaufen.«

Tatsächlich, auch das geht!

Blaue und schwarze Farben bilden die Grundtöne des Universums, das auf der Homepage von *mondgrundstueck-kaufen.de* simuliert wird. Die Erde ist dabei aus dem Weltall zu sehen, während ein Zertifikat und eine Landkarte des Mondes im Zentrum der Seite stehen.

Innerhalb von vierundzwanzig Stunden wird geliefert, lautet ein Versprechen, und wer es noch eiliger hat, bekommt den Mond einfach per E-Mail zugeschickt. Es sind recht großzügige Angebote, die auf dieser und anderen Seiten gemacht werden. Das Paket Bronze umfasst 50 000 Quadratmeter für nur 29,90 Euro. Paket Silber bietet für 49,90 Euro stolze 75 000 Quadratmeter, und wer sich für Paket Gold entscheidet, beweist, dass er mit den Grundrechenarten nicht viel am Hut hat. 100 000 Quadratmeter im Gold-Paket sind nämlich für 69,90 Euro zu haben, während zwei Bronze-Pakete auf die gleiche Größe kommen und nur 59,80 Euro kosten – vielleicht lässt sich aus dieser Tatsache aber auch folgern, dass der im Gold-Paket enthaltene »Gratis 28 mm Swarovski Stern« doch nicht so gratis ist.

Nach dem Kauf wird die Urkunde auf »sehr hochwertigem Papier« laminiert, was »lebenslange Farbtreue und Dokumentenechtheit« garantiert. Außerdem wird eine Mondkarte mit dem Hinweis geliefert: »Anhand dieser können Sie Ihr Grundstück in kürzester Zeit finden«[10] – was natürlich praktisch ist für den Fall, dass man sich da oben mal verläuft. Das alles klingt jedenfalls deutlich realistischer als der Handel mit Adelstiteln, schließlich wurden auch im Wilden Westen große Grundstücke verteilt. Vielleicht haben die meisten Menschen den Mond schlicht noch nicht als finanzielles Kapital erkannt. Ich kann mir schon vorstellen, dass mit dem Erdtrabanten Geld zu machen ist, und schreibe an die Anbieter der Grundstücke eine E-Mail:

> Sehr geehrte Damen und Herren,
>
> ich bin interessiert am Erwerb eines Mondgrundstücks, da ich davon ausgehe, dass die Menschheit in den nächsten Jahrzehnten mit der Besiedlung des Erdtrabanten beginnen wird, und ich darum frühzeitig ein dann massiv im Wert steigendes Grundstück besitzen möchte. Bitte stellen Sie mir eine Auswahl der attraktivsten Lagen zusammen, auch schon im Hinblick auf eine spätere touristische Nutzung des Areals. Mir wäre es wichtig, dass die Hotels (Zukunftsmusik, ich weiß) auf meinem Grundstück einen

Blick auf die Erde bieten. Das sollte bei der Auswahl der potenziellen Lage unbedingt berücksichtigt werden.

Ich freue mich, von Ihnen zu hören, und verbleibe mit visionären Grüßen

Gideon Böss

Ich warte eine Woche vergeblich auf eine Antwort. Also mache ich mich vor lauter Langeweile daran, mir die AGB durchzulesen. Das hätte ich entweder schon vor Beginn unserer Aktivitäten machen sollen oder nie. Die Ernüchterung beim Lesen ist jedenfalls in etwa die, die Michael Collins bei der ersten Mondlandung verspürt haben dürfte, als er im Raumschiff bleiben musste, während Neil Armstrong und Buzz Aldrin über den Erdtrabanten hüpften. In seiner sternenklaren Eindeutigkeit lässt »Punkt 4. Gewährleistung / Mondgrundstück« jedenfalls keine Zweifel. Jeder Satz liest sich wie ein weiterer K.-o.-Schlag durch Wladimir Klitschko, während man längst am Boden liegt:

»Der Besitz eines Mondgrundstücks ist eine symbolische Geschenkidee ohne derzeit rechtsgültigen Besitzanspruch des erworbenen Grundstücks. Sie erwerben hiermit kein echtes Grundstück. Gegenstand des Kaufs ist ein virtuelles Grundstück mit symbolischem Wert. Mondgrundstücke können nicht offiziell gekauft werden, jedoch kann jeder Mensch auf dieser Welt ein virtuelles Grundstück erwerben.

Der Verkäufer verkauft lediglich das Zertifikat und die Mondkarte […] als Geschenkartikel. Der Käufer hat nach dem Kauf keine Rechte oder sonstige Ansprüche auf ein Grundstück auf dem Mond.«[10]

Es ist also praktisch die gleiche Geschenkartikel-Masche wie bei den Adelstiteln. Allerdings gibt es eine kleine Hintertür, die den Mond vom Adel unterscheiden könnte. Zugegeben, die Hintertür ist wirklich sehr klein, aber immerhin gibt es eine. Sie hat etwas mit dem Namen Dennis M. Hope zu tun. Hope ist eigentlich ein ganz gewöhnlicher Amerikaner, allerdings mit der Besonderheit, dass ihm der Mond gehört (und u. a. Mars, Venus und Merkur – aber das nur nebenbei).

Tatsächlich gibt es seit 1980 im Registrierungsamt von San Francisco einen Eintrag, laut dem Dennis M. Hope der Erdtrabant gehört. Zwar existierten damals schon internationale Vereinbarungen, laut denen sich kein Staat den Mond aneignen darf, aber Hope erkannte eine Gesetzeslücke, da dieses Verbot nicht für Privatpersonen gilt. »Es gab nie jemanden, der mein Eigentumsrecht angefochten hat«, erklärt Hope, »auch keine Regierung, Punkt. Viele Leute haben mir gesagt, ich hätte kein Recht, das zu tun, aber das ist nur deren Meinung.«[11] Dass seine Besitzrechte juristisch haltbar sein werden, sobald wirklich Menschen auf dem Mond leben, gilt als sehr unwahrscheinlich. Experten sagen, dass nach dieser Logik auch Privatpersonen Atomwaffen besitzen dürften, weil der Atomwaffensperrvertrag nur Staaten betrifft. Außerdem fühlen sich US-Gerichte bislang nicht für den Mond zuständig, womit auch das amerikanische Gesetz, auf das sich Hope bei der Inbesitznahme beruft, nicht auf ihn angewendet werden kann. Erschwerend kommt noch hinzu, dass es keine Institutionen oder gar Staaten gibt, die Hopes Sicht bezüglich seiner außerirdischen Aktivitäten teilen. Unterm Strich spricht also fast gar nichts dafür, dass sich aus einem Mondgrundstück irgendwann etwas finanziell Lohnendes machen lässt – mal abgesehen von Hope selbst, für den es sich finanziell sehr wohl lohnt, und zwar so sehr, dass er seit zwanzig Jahren hauptberuflich so etwas wie ein »Mondmakler« ist. Während also der Adelstitel in etwa so viel wert ist wie eine Währung, die ich selbst herausgebe, besteht in Sachen Mond zumindest eine verschwindend geringe Chance, dass die Grundstücksurkunden nicht komplett wertlos sind. Hope ist ein guter Geschäftsmann, womöglich könnte er am Ende einen Deal aushandeln, der alle Mondbesitzer entschädigt, wenn die große Gentrifizierung da oben beginnt.

Also legen wir uns dennoch ein Grundstück zu, und zwar direkt beim Branchenriesen aus San Francisco.

Wer weiß schließlich, ob unsere Urenkel nicht doch irgendwann in der Regenbogenbucht liegen, zur Erde hinaufschauen und schließlich mit drei großen Sätzen die achthundert Meter hinüber zum Kiosk springen, um Moon-Pommes zu essen, während sie die Millionen zählen, die sie besitzen, da ihre adeligen Großeltern (Pfalzgraf und Pfalzgräfin von Burgund) noch vor dem großen Mondboom dieses lukrative Stück Land gekauft haben. Für lächerliche 29,90 Euro.

Fazit: Vielleicht ist der Mann im Mond bald unser Nachbar – sehr wahrscheinlich aber nicht.

Geldmuseum der Deutschen Bundesbank

Als die Geldmünzen irgendwann zwanzig Kilo wogen, wurde den Leuten in Schweden langsam klar, dass das so nicht weitergehen konnte. Also dachte der Banker Johan Palmstruch nach und kam auf die Idee, seinen Kunden statt schwerer Geldmünzen einfach federleichte Quittungen zu geben. Das war nicht nur eine enorme Erleichterung für die Rücken seiner Kunden, sondern stellt auch einen Meilenstein in der Finanzgeschichte dar. Quittungen gab es bis dahin nicht. Diese Neuerung fand im Jahr 1661 statt, und Palmstruch wurde damit zu einem Pionier des modernen Geldwesens. Nur fünf Jahre später war er dann sogar noch an einer zweiten Premiere beteiligt: Der schwedische Staat übernahm eine bankrotte Bank und machte daraus die erste Zentralbank der Welt. Bei dem bankrotten Geldhaus handelte es sich um das von Palmstruch, der damit nacheinander zuerst strahlender und dann tragischer Held wurde, letztlich aber wohl ein eher unglückliches Leben führte, da er nach der Pleite zum Tode verurteilt wurde. Zwar wurde das Urteil später in eine Haftstrafe umgewandelt, wovon er aber nicht mehr viel hatte, da er kurz nach seiner Freilassung starb.

Ohne Palmstruch gäbe es womöglich keine Fitnessstudios, weil die Menschen notgedrungen muskelbepackt ihr schweres Münzgeld durch die Gegend schleppen würden. Und ohne das Geldmuseum der Deutschen Bundesbank hätten Christine und ich nie von diesem Schweden erfahren. Seine Geschichte ist nämlich Teil der Dauerausstellung in Frankfurt. Und weil Reichtum und Geld zusammengehören wie Regen und Nässe, gehört ein Besuch hier zum Pflichtprogramm für uns.

Die erste Überraschung gibt es schon vor dem Betreten der Ausstellung: Eintritt frei. Wie bitte? Was ist das für ein fatales museumspädagogisches Signal der Bundesbank? Wie will eine Bank Geld verdienen, wenn sie Leistungen verschenkt? Ein viel besseres Konzept wäre es, den Eintrittspreis dynamisch zu halten und an den Schwankungen des DAX auszurichten. Wenn es mit ihm bergauf geht, kostet ein Ticket weniger, wenn es bergab geht, kostet es mehr. Die Preise ändern sich damit minütlich. Mit uns kam eine Grundschulklasse an, und wenn der kleine Tim 2,46 Euro für sein Ticket bezahlt hätte, aber die kleine Jennifer hinter ihm schon 2,53 Euro, hätten sie beide eine Lektion in Sachen Wertschwankungen gelernt, die sie nie mehr vergessen würden. Und das nicht nur, weil ein überforderter Lehrer eine weinende Schülerin trösten müsste, nachdem Tim sie wegen ihres schlechten Deals gehänselt hätte.

Diese Gelegenheit wurde verpasst, aber dafür nutzt die Bundesbank das Museum, um sich mit einem imposanten Namen vorzustellen: Auf Erklärtafeln nennt sie sich selbstbewusst die »Bank der Banken«, was sie sprachbildlich in eine Liga mit »König der Könige« befördert, aber trotzdem wohl nicht ganz richtig ist. Immerhin gibt es auch die Europäische Zentralbank. Wer ist nun also die wahre Bank der Banken? Christine fragt nach unserem Besuch bei der Bundesbank an und erhält folgende Antwort, die in ihrer nüchternen Entschlossenheit zeigt, dass sich die Frankfurter diesen Ehrentitel nicht nehmen lassen wollen: »Der Terminus wird im Kontext der EZB nicht verwendet, da Geschäftsbanken bei ihr keine Konten unterhalten und auch nicht direkt das Bargeld von ihr bekommen.«

Das Geldmuseum selbst nimmt uns mit auf eine Reise durch die Geschichte. Es beginnt in grauer Vorzeit, als Menschen noch nicht mit Kreditkarten bezahlten, sondern mit Tauschhandel beschäftigt waren. Muscheln für Salz, Eier für Holz, Pilze für Stein. Im siebten Jahrhundert vor Christus stellte man dann in Kleinasien fest, dass es den Handel erheblich vereinfacht, wenn es einen Wert gibt, an dem alle Waren gemessen werden können: Damit war die Münze geboren. Wann ihr das Papiergeld folgte, ist übrigens unklar. Die älteste Erwähnung stammt jedoch aus dem Jahr 1024 nach Christus, was dafür spricht, dass die Menschheit viele Jahrhunderte lang nur mit Münzgeld im Portemonnaie durchs Leben ging.

Wobei es aber bis in unsere Zeit noch alternative Zahlungsweisen gibt; auf Neuguinea etwa gehörten bis ins zwanzigste Jahrhundert hinein getrocknete Paradiesvögel dazu.

»Ich hatte ja mal einen Papagei«, erinnert sich Christine beim Blick auf das Foto eines dieser gefiederten Zahlungsmittel.

»Mit Papageien hättest du aber nichts kaufen können, die haben nur Paradiesvögel akzeptiert«, erinnere ich an die Währungsrealitäten, die auf der pazifischen Insel galten.

»Ja, das wäre bestimmt wie Falschgeld gewesen, wenn ich da mit einem Ara gezahlt hätte«, stimmt sie zu, wobei das Wort Ara tatsächlich nach einer Währung klingt.

In einem weiteren Raum stehen wir vor der einzigen noch erhaltenen Goldmünze, die Brutus nach dem Attentat auf Cäsar prägen ließ. Sie zeigt eine Freiheitskappe zwischen zwei Dolchen und darunter den Satz »An den Iden des März«. Wäre diese Münze eine Zeitungsschlagzeile, würde sie lauten: Freut euch, der Tyrann ist tot! Sollte er sich also wirklich geschämt haben, als der sterbende Diktator ihn unter den Attentätern erkannte und seine berühmten Worte »Auch du, Brutus?« hauchte, so hielt diese Beklommenheit offenbar nicht lange an. Es kommt jedenfalls selten vor, dass man sich mit Taten brüstet, die man sich selbst nicht verzeihen kann. Außerdem gibt es hier den ältesten deutschen Geldschein zu bestaunen (1772), den ältesten Geldschein Europas (1666) und den ältesten bekannten Geldschein überhaupt (1368). Wer die am meisten abgebildete Frau der Welt auf Geldscheinen ist, wissen wir nun auch: Elisabeth II. von Großbritannien.

Die Ausstellung beginnt mit dem Bereich *Bargeld,* wo wir lernen, mit welchen Fälschungssicherungen Euromünzen und -scheine ausgestattet sind. Außerdem stoßen wir hier auf den Traumjob für jeden, der leidenschaftlich gern Puzzles löst. Es handelt sich um eine Beschäftigung im Nationalen Analysezentrum der Deutschen Bundesbank in Mainz, die darin besteht, zerrissene, angekokelte, vermoderte oder sonst wie schwerstbeschädigte Euroscheine wieder zusammenzusetzen. Wenn mehr als die Hälfte repariert werden kann, erhält der Besitzer einen druckfrischen Schein dafür zurück. Jedes Jahr landen so Euros im Wert von dreißig Millionen auf den Tischen der professionellen Geldscheinretter. Im Bargeldbereich befindet sich auch ein Labor, das verschiedene Möglichkeiten zeigt, gefälschte Euroscheine zu entdecken. Davon gibt es in Deutschland etwa 95 000 und in der ganzen EU 899 000, was nach viel klingt, aber nicht viel ist, wenn man die Gesamtzahl an Scheinen berücksichtigt, die bei 18 Milliarden liegt. Im Durchschnitt ist also jeder zwanzigtausendste Schein eine Fälschung, da kann man das Risiko durchaus mal eingehen, nicht jeden zurückgegebenen Schein im Supermarkt auf seine Echtheit zu untersuchen.

Im Museumsbereich *Buchgeld* wird danach erklärt, dass italienische Geldwechsler einst an Tischen unter freiem Himmel arbeiteten, und weil Tisch auf Italienisch *banco* heißt, ist unsere Bank so zu ihrem Namen gekommen. Offenbar war das die goldene Ära für Bankräuber, denn weniger geschützt dürften Banken danach nie mehr gewesen sein – wobei die Urteile umgekehrt auch ungleich barbarischer ausfielen, wenn ein Überfall misslang. Vierteilen, Ertränken, Enthaupten, Anzünden – es gab viele mögliche Bestrafungen, denn Justitia war damals wesentlich blutdürstiger als heute, und von Resozialisierung wollte sie schon gar nichts wissen.

Doch man musste der Bank ja nicht gleich auf so grobe Art schaden wollen. Deutlich eleganter oder auch dreister ging König Eduard III. dieses Projekt an. Er trug gern edle Mäntel, teure Kleidung und Stiefel und war König von England und Wales. Auf dem Gemälde von ihm, das im Geldmuseum zu sehen ist, krönt außerdem eine goldene Krone sein Haupt. Er dürfte also durchaus Eindruck gemacht haben, wenn er zum Kundengespräch kam. Als er sich vornahm, gegen Frankreich in den Krieg zu ziehen, lieh er sich bei mehreren Banken Geld für diesen Konflikt. Weil Kriege aber teuer sind (zumal, wenn sie sich zu einem hundertjährigen Krieg entwickeln) und er in Geldnot geriet, kam er auf die ebenso nahe liegende wie fatale Idee, dieses Problem zu beheben, indem er schlicht keine Schulden mehr tilgte. Damit stürzte er mehrere Banken in den Ruin, und bis heute gilt sein Verhalten der Finanzbranche als Warnung, dass unter Umständen schon ein einziger unredlicher Kunde maximalen Schaden anrichten kann. Anders ausgedrückt: Hätte Eduard III. sich damals korrekt verhalten, würde mir die Sparkasse heute viel eher einen Dispokredit gewähren. Hätte er den Hundertjährigen Krieg nicht geführt (beziehungsweise ihn wenigstens ordentlich bezahlt), wäre die Sparkasse mir gegenüber weniger misstrauisch. Dabei habe ich nicht mal vor, mit dem Geld irgendwo einzumarschieren, aber so hängt halt irgendwie alles mit allem zusammen. Außerdem mache ich so ganz ohne blauen Mantel, goldene Krone und Königstitel auch weniger Eindruck auf den Angestellten am Schalter als ein Monarch, wenn der sich Geld »leiht«. Wobei mir da wieder einfällt, dass wir doch Adelstitel erworben haben. Vielleicht sähe die Sache schon wieder anders aus, wenn Gideon Böss, der Pfalzgraf von Burgund, anfragen würde. Mein nächstes Kreditgespräch werde ich jedenfalls auf diese blaublütige Art bestreiten …

Und dann hat kurz die Religion das Sagen. Auf einer Infotafel steht, was der Vatikan im Mittelalter für eine Haltung zum Zins hatte: »Die Kirche unterschied zwischen einem zulässigen Zins und dem Wucher. Dabei galten allgemein Zinsen von bis zu fünf Prozent im Jahr als zulässig, höhere Sätze hingegen als unerlaubter Wucher.« Ein kurzer Blick auf die Zinsen, die heute bei den großen Banken gezahlt werden, genügt, um sie als Feinde der Kirche zu erkennen. Es sind fast überall mehr als zehn Prozent. Wir befinden uns da eigentlich schon nicht mehr im Wucherbereich, sondern eher im Doppelwucher. Im Mittelalter fürchteten die Banker, für diese Wuchersünden von Satan geholt zu werden. Aber irgendwie scheint diese teuflische Drohkulisse im Zuge der Säkularisierung zusammengebrochen zu sein, und vielleicht versteht der Höllenfürst auch selbst nicht mehr genau, wie das Finanzwesen funktioniert. Man könnte es ihm nicht verdenken, denn moderne Großbanken haben tatsächlich ein System entwickelt, bei dem die Frage kaum zu beantworten ist, wer eigentlich überhaupt der Schuldige ist, wenn es schlecht läuft. Die Zeiten des kleinen Geldwechslers sind schließlich vorbei, heute sind Banken Unternehmen mit Tausenden Mitarbeitern und Aktionären, einem Vorstand und einem Aufsichtsrat. Wer blickt da noch durch, der Teufel jedenfalls nicht.

Im Geldmuseum stellt sich die Bundesbank beziehungsweise »Bank der Banken« natürlich auch selbst vor. In einem

Raum schauen nachdenkliche Männer von Schwarz-Weiß-Fotografien auf die Besucher herab. Das sind die früheren und der aktuelle Hüter des Geldes, die sich alle bemüht haben, die Schwere ihrer Aufgabe durch nachdenkliche Gesichter zu unterstreichen, als sei ein besorgter Blick schon eine erste Maßnahme gegen Inflationen und Deflationen.

Gegründet wurde die »Bank der Banken« 1876 als Reichsbank, bevor sie 1948 in Bank deutscher Länder und 1957 schließlich in Bundesbank umbenannt wurde. Während der deutschen Teilung hieß die DDR-Version Deutsche Notenbank und ab 1968 Staatsbank der DDR. Auf ihre Hundertmarkscheine druckte sie Karl Marx, der womöglich nicht ganz glücklich gewesen wäre, ausgerechnet als Währung weiterzuleben.

Während wir die Geschichte des Geldes Zimmer um Zimmer durchwandern, verhalten sich die Schulkinder, die mit uns zusammen das Museum betreten haben, übrigens erstaunlich ruhig. Wenn sich Schulkinder erstaunlich ruhig verhalten, heißt das meistens, dass sie sich sehr langweilen. In der Tat kommt erst Leben in die Gruppe, als einem Jungen ein Eis auffällt, in dem eine türkische Fahne steckt. In der gleichen Vitrine stehen zwar auch Eisspezialitäten mit den Fähnchen von Großbritannien, der Schweiz, Japan und den USA, weil sie zeigen sollen, wie kompliziert das Umrechnen von Euro in Fremdwährungen ist, aber die Kinder interessieren sich nur für die Türkei. Der Entdecker erzählt von einem Verwandten in Istanbul, und ein Mädchen meint, dass ihre Mutter Türkin sei, woraufhin diskutiert wird, ob sie selbst dann auch Türkin ist oder nicht. Mehrere Kinder nehmen an der Debatte teil, die in ihren besten Momenten eine erstaunliche philosophische Tiefe erreicht. So bricht ein Mädchen das Identitätsthema auf die schlichte Aussage herunter: »Ich bin ich«, worauf aber niemand eingeht, was jedoch auch daran liegen kann, dass sie ihre

Meinung fast sofort korrigiert und nun verkündet: »Ich bin ein Elefant.« Am Ende bricht die Debatte ab, aber immerhin haben sich die Schüler zumindest für ein Ausstellungsstück begeistern können.

Allerdings bleibt das Eis nicht der einzige gastronomische Verweis in der Ausstellung. Den anderen gibt es in Bezug auf den Big Mac. Auch in ihm stecken Fähnchen, allerdings »nur« die von Deutschland, den USA, der Schweiz und Indien, was vielleicht erklärt, warum sich die Türkei-Eis-Schüler nicht für ihn interessieren, obwohl der sogenannte Big-Mac-Index wirklich interessant ist. Weil dieser Burger nämlich in fast allen Ländern verkauft und überall gleich hergestellt wird, dient er als vereinfachter Maßstab für die Kaufkraft eines Staates. So kostet er in der Schweiz umgerechnet 5,99 Euro, während es in Indien nur 1,77 Euro sind. Wenn wir das nächste Mal ins Ausland reisen, schauen wir also besser gar nicht auf die Wechselkurse, sondern gehen direkt nach der Ankunft zu McDonald's, bestellen einen Big Mac und wissen dann schon Bescheid, während wir gleichzeitig satt werden.

Und dann ist es so weit. Zum Abschluss der Ausstellung zeigt die Bank der Banken noch mal, was sie hat. In einem abgedunkelten Bereich leuchtet unter Glas ein Goldbarren! Wer das Gold berühren will, muss nur seine Hand durch eine tunnelförmige Öffnung schieben und spürt dann, wie sich der metallische Gegenwert von 400 000 Euro anfühlt. Der zwölfeinhalb Kilo schwere Barren fühlt sich massiv und kühl an. Wobei das hier wohl nichts für Menschen mit Mysophobie ist, also der gesteigerten Angst vor Keimen, schließlich schieben unzählige der jährlich 40 000 Besucher ihre Hände in diese Panzerglasvitrine.

Nach einem Besuch im Geldmuseum kann die Geschichte des Geldes grob so zusammengefasst werden: von Steinen über Kupfer zu Gold und schließlich zur Girokarte. Geld wurde im Verlauf der Geschichte immer kleiner und leichter und ist im

Moment dabei, seinen Körper vollständig aufzulösen, um nur noch als Datensatz in den Computersystemen zu existieren. Heute schleppt jedenfalls niemand mehr Zwanzig-Kilogramm-Münzen durch die Gegend, und wenn doch, dürfte es sich mit großer Wahrscheinlichkeit um einen Dieb handeln, der diese Münze aus einem Museum gestohlen hat. Wir jedenfalls machen uns erst mal auf den Weg zum nächsten Fast-Food-Restaurant, die Informationen über den Big-Mac-Index haben hungrig gemacht.

Fazit: Die besten Kaufkraftindikatoren sind die, die man essen kann.

Binäre Optionen

Es gibt diesen nigerianischen Prinzen, der seit Jahren Hilfeschreie in Form von Spam-Nachrichten in die Welt sendet. Er hat etwas geerbt und kommt an das Geld nur heran, wenn ihm davor jemand fünfhundert Euro überweist. Warum dieser Zwischenschritt nötig ist, ist nicht ganz klar, aber im Hochadel gibt es ja viele Regeln, die aus der Zeit gefallen wirken. Fest steht jedenfalls, dass dieser Monarch seinen Helfer mit mehreren Millionen Euro entlohnen will. Aber nicht nur aus Afrika kommen attraktive Angebote. Auch Australien hat in dieser Hinsicht einiges zu bieten. Mich erreichte gerade diese Nachricht:

> Mein Name ist Sean H, Direktor und CIO der AMP Capital Multi-Asset Group.
>
> Ich schreibe heimlich, um Sie wissen zu lassen, dass ein Kunde bei meiner Bank, Andrew, gestorben ist und eine Anzahlung von 18 Millionen Dollar auf seinem Konto bei meiner Bank hinterließ, ohne dass ein überlebender Verwandter das Geld erbte. Jetzt will meine Bank die

nicht beanspruchten 18 Millionen US-Dollar bis Ende nächsten Monats in die Schatzkammer der australischen Regierung zurückgeben. Ich bin Leiter der Abteilung meiner Bank, die nach einem überlebenden Verwandten des toten Kunden gesucht hat, um das Geld für über 10 Jahre ohne Erfolg zu erben. Ich habe entdeckt, dass ihr beide einen ähnlichen Nachnamen habt. Also, ich möchte dem Gesetz von Australien und dem Bankwesen folgen und dich zum einzigen überlebenden Verwandten des toten Kunden machen.

Sean

Auch wenn ein Todesfall in der Familie natürlich traurig ist, freue ich mich über die dadurch entstandenen Möglichkeiten. Toll, dass es in Australien so engagierte Banker gibt und dass es vor den australischen Gesetzen reicht, »einen ähnlichen Nachnamen« zu haben, um das Geld eines Verstorbenen zu erben. Trotzdem ist mir noch nicht alles klar, weswegen ich Sean, der ganz jovial nur seinen Vornamen unter die Mail gesetzt hat, eine Antwort schreibe:

Hallo Sean, mit großer Betroffenheit lese ich vom Tod meines Verwandten Andrew – oder zumindest von einem Andrew, der einen ähnlichen Nachnamen hat wie ich. Von seiner (nun ja auch schon nicht mehr) Existenz habe ich erst durch deine freundliche Nachricht erfahren. Wie alt war er denn, wie kam er zu so viel Geld, hatte er eine Familie, kannst du mir Fotos von ihm schicken? Wie auch immer: Ich denke, es wäre in seinem Sinne gewesen, dass ich das Erbe antrete. Was soll ich nun also tun?

Viele Grüße

Gideon

Offenbar war die Hektik rund um den Tod des einsamen Mannes, der über keinerlei nahe Verwandte, aber viele Millionen Dollar verfügte, zu viel für Sean. In all dem Trubel hat er jedenfalls auch auf mehrere Nachfragen hin nicht mehr geantwortet. Aber ich rechne es ihm natürlich trotzdem hoch an, dass er sich überhaupt die Mühe gemacht und nach Menschen gesucht hat, die einen ähnlichen Nachnamen wie Andrew haben. (Übrigens hat er keinem meiner Brüder geschrieben, obwohl die ja auch alle den gleichen ähnlichen Nachnamen wie Andrew haben.)

Nun, es gibt unterm Strich aber auch gute Gründe, davon auszugehen, dass es diesen tapferen Sean gar nicht gibt. Auch vom nigerianischen Prinzen halten wir uns lieber fern. Die Wahrscheinlichkeit, dass er existiert, ist in etwa so hoch wie die, dass das Alien aus Area 51 der unbekannte Erfinder von Bitcoins ist. Was es aber mit Sicherheit gibt, sind Betrüger, die sich als nigerianische Prinzen ausgeben und meistens ziemlich weiß und ziemlich US-amerikanisch aussehen und deswegen von US-Gerichten wegen Betrugs zu Gefängnisstrafen verurteilt werden.

»Eigentlich irre, dass Menschen auf so was reinfallen«, denke ich laut, als ich mit Christine am Frühstückstisch sitze.

»Die Sache wird noch irrer«, meint sie mit der Kraft ihrer Autorität als Online-Marketingmanagerin, »die Leute fallen darauf herein, weil diese Geschichten so irre sind.«

»Warum?«

»Die Spam-Autoren schreiben absichtlich so, dass jeder Leser, der noch einen Funken Misstrauen im Leib hat, die offensichtliche Gaunerei bemerkt und abwinkt«, erklärt Christine, unterbricht dann effektvoll, um sich Kaffee einzuschenken, und fährt fort: »Das trifft auf 99,98 Prozent zu, aber dann bleiben ja immer noch 0,02 Prozent übrig, die das alles glauben und helfen wollen. Diese 0,02 Prozent sind es, um die es geht, und die reichen auch, wenn so eine Nachricht an Millionen von Empfängern rausgeht.«

»Warum ist es da wichtig, dass die Nachrichten so irre sind?«

»Weil die Betrüger keine Nachfragen wollen. Wer nachfragt, fällt nicht auf diesen Betrug rein.«

»Die wollen unter sich bleiben mit den ganz Naiven?«

»Genau. Die 0,02 Prozent reichen.«

Was der Erfolg dieser Spam-Abzocke wiederum über unseren Anspruch als Spezies aussagt, die intelligenteste auf diesem Planeten zu sein, weiß ich nicht. Nur so viel: Bis heute sind kein Meerschweinchen, keine Forelle und keine Giraffe auf Briefe nigerianischer Prinzen reingefallen.

Christine und ich lassen also die Welt der nigerianischen Blaublüter und australischen Banker hinter uns und richten unser Augenmerk auf eine Szene, die mit hohen täglichen Gewinnen im Internet wirbt. Ihre Vertreter ähneln sich allesamt stark im Auftreten und posieren bevorzugt vor teuren Autos, Villen und Jachten. Das Produkt, um das sich bei ihnen alles dreht, nennt sich: binäre Optionen.

»So wurde Martin H. durch binäre Optionen zum Millionär«, heißt es auf einer dieser Seiten, die aussieht wie eine Magazin-Homepage mit Unterkategorien wie Politik, Finanzen, Automobile und Gesundheit, wobei keine dieser Kategorien wirklich existiert. Wenn man draufklickt, passiert nichts. Alles hier hat nur den Zweck, auf eine Homepage zu verweisen, auf der mit binären Optionen gehandelt wird.

Die meisten anderen Seiten sind ganz ähnlich aufgebaut, doch es gibt auch Ausnahmen. Deutlich mehr Mühe macht sich etwa ein junger Mann, der seine Homepage mit privaten Fotos und biografischen Details füllt. Er habe in München gelebt und schon immer den Wunsch gehegt, reich zu werden, schreibt er über sich. Umso erstaunlicher, dass er sich beruflich erst mal als Lkw-Fahrer versuchte, bevor er »zufällig herausgefunden« hat, »wie jeder reich werden kann«, und prompt nach Neuseeland zog – was durchaus riskant war, denn die Jobperspektiven für Fernfahrer auf abgelegenen Inselstaaten im Pazifik sind möglicherweise nicht immer rosig. Allerdings musste er bald schon nicht mehr ins Führerhaus steigen, denn er hat mit binären Optionen so viel Geld gemacht, dass er nicht weiß, wie viel genau. »Aber glauben Sie mir, es ist eine ganze Menge«, stellt er auf seiner Homepage recht allgemein fest.

Übrigens ist der Lkw-fahrende Bayer trotz seiner Auswahl von Privatfotos an Stränden, auf Hochzeiten und auf dem Motorrad nie zu erreichen. Dabei lassen wir nichts unversucht, um Kontakt mit ihm aufzunehmen. Doch im Grunde stellt sich seine Seite nur als aufwendigere Variante der Weiterleitungshomepages der anderen Anbieter heraus. Auch bei ihm funktioniert nur ein Link: der zu einem Broker, bei dem interessierte Leser ihr Glück mit den binären Optionen versuchen sollen.

Christine gibt sich viel Mühe zu eruieren, ob der bajuwarische Lastkraftwagenfahrer wirklich existiert oder komplett ausgedacht ist. Dafür schreibt sie ihn auch über das Kontaktformular an. Eine ihrer Fragen lautet: »Wie sind Sie auf die Methode gekommen, von der Sie selbst sagen, dass Sie diese ›zufällig herausgefunden‹ haben? War das während der langen und einsamen Fahrten im Lkw?«

Vermutlich hätte diese Frage diplomatischer formuliert werden können, aber auch mich interessiert die Antwort – die bis heute nicht gekommen ist. Stattdessen erscheint Christines Nachricht im Kommentarbereich der Homepage. Das ist zwar nicht der übliche Weg, den eine E-Mail nimmt, die über ein Kontaktformular verschickt wird, aber offenbar sorgt der Mann mit Truckerhintergrund (oder der Bruder des Amerikaners, der jetzt als falscher nigerianischer Prinz im Gefängnis sitzt – wir wissen es nicht) auf diese Weise dafür, dass auf der Seite immer aktuelle Beiträge stehen. Ich wiederum versuche es danach über die Live-Chat-Funktion, die aber nur die eingefrorene Frage stellt: *How can I help you?* Ich schreibe, wie, bekomme aber weder Hilfe noch Antwort.

Nachdem wir auch in den nächsten Tagen niemanden aus dieser Branche zu einem Telefonat, einem Live-Chat oder einer E-Mail-Antwort animieren können, fragen wir uns schon, ob der ganze Bereich binäre Optionen womöglich längst von künstlicher Intelligenz autonom verwaltet wird und es keine Menschen mehr gibt, auf die man hier stoßen kann. Als wir schon beinahe an diese Theorie glauben, passiert es eines Nachmittags doch noch: Mein Handy klingelt, ich nehme den Anruf an und höre die Stimme eines echten Menschen. Am anderen Ende der Leitung ist ein Mann, und ich unterhalte mich mit ihm, so von Mensch zu Mensch.

Bevor ich aber genauer über den Inhalt unseres Gesprächs berichte, geht es einen Schritt zurück zur nicht ganz unwichtigen Frage, was binäre Optionen eigentlich sind. Im Grunde sind es simple Wetten, bei denen es nur zwei mögliche Ergebnisse gibt: Ich liege komplett richtig oder komplett falsch, es gibt nichts dazwischen. Es kann auf alles gewettet werden, was an der Börse gehandelt wird, wobei immer nur darauf gesetzt wird, ob der Kurs in einer bestimmten Zeit fallen oder steigen wird. Das klingt erst mal nach einer Fünfzig-Prozent-Chance, aber nicht nur das Auftreten der »Ich verdiene 12 000 Euro am Tag und hab nicht mal Ahnung von der Börse«-Männer (es sind übrigens immer nur Männer – falls wir mit binären Optionen Geld machen sollten, wäre Christine eine Pionierin des Feminismus) lässt uns etwas skeptisch zurück, sondern auch die Haltung von, ähm, nun ja, eigentlich allen Menschen und Institutionen, die wir in dieser Sache um ihre Einschätzung bitten. Unabhängige Finanzexperten warnen jedenfalls ebenso vor diesem Geschäftsmodell wie die Bundesanstalt für Finanzdienstaufsicht, weil das Betrugspotenzial zu hoch sei. Das liegt vor allem daran, dass binäre Optionen nicht am freien Markt gehandelt werden, sondern direkt von den jeweiligen Brokern, die dementsprechend willkürlich die Quote festlegen können. Dadurch fallen die möglichen Gewinne trotz einer Fünfzig-Prozent-Chance niedriger aus als die möglichen Verluste.

Impressum und Kontaktdaten der meisten Homepages führen entweder in Sackgassen oder fehlen gleich komplett. Auch bei unserem mysteriösen Ex-Lkw-Fahrer sprudeln die harten Fakten nur sehr spärlich beziehungsweise gar nicht. Dafür stellt er sich aber als selbstloser Helfer vor, der den Menschen in der alten Heimat sein Wissen kostenlos überlassen will, weil die wirtschaftliche Lage in Deutschland ja momentan so angespannt sei. So viel Patriotismus ist selten bei Leuten, die auf die andere Seite der Welt auswandern. Ob er die Staatsbürgerschaft von Neuseeland angenommen hat, will Christine in ihrer Mail übrigens auch erfahren, auf die keine Antwort kommt.

Die Welt der binären Optionen ist offenbar eine Welt des Schweigens. Obwohl – das stimmt nicht ganz, womit ich zum Anrufer zurückkomme, der sich überraschend bei uns meldet. Er heißt Achmed und klingelt mich nur Sekunden, nachdem ich mich auf einem Handelsplatz für binäre Optionen angemeldet habe, an.

»Wie geht es dir?«, will er wissen, während gleichzeitig eine E-Mail von ihm bei mir ankommt. Ich lese:

> Gern hätte ich Sie persönlich gesprochen, da ich Ihr persönlicher Account-Manager bin, doch leider konnte ich Sie telefonisch nicht erreichen. Ich schlage vor, wir vereinbaren einen Termin, wann Sie am besten erreichbar sind, und ich melde mich bei Ihnen noch mal telefonisch, um alles ausführlich zu besprechen. Bitte geben Sie mir zeitnah Bescheid.

Zeit ist zwar relativ, aber zwischen seiner E-Mail und seinem Anruf sind vermutlich eher Sekunden als Minuten vergangen. Achmed will wissen, warum ich mich angemeldet habe und was ich für Ziele verfolge. Ich berichte vom Lkw-Fahrer und dass sein Erfolg mich inspiriert habe, auch wenn ich von seiner Existenz noch nicht ganz überzeugt sei.

»Von der Existenz seines Erfolgs?«

»Nein, von seiner Existenz.«

»Doch, das klingt glaubwürdig, wir haben viele Kunden, die hier viel Geld machen«, legt Achmed seine Hand für jemanden ins Feuer, den es vermutlich gar nicht gibt.

»Wie viel willst du denn investieren?«, kommt er wieder auf den real existierenden Kunden am Telefon zurück.

»Ich weiß es noch nicht, vielleicht zweihundertfünfzig Euro.« Das ist die Summe, die der Lkw-Fahrer auf seiner Homepage empfohlen hat.

»Zweihundertfünfzig Euro?« Achmed spricht es wie einen Vorwurf aus.

»Ja. Erst mal.«

»Ich sage dir etwas«, meint er nun mit seiner rauen Stimme, die irgendwo zwischen Gebrauchtwagenhändler und Synchronstimme eines Mafiabosses angesiedelt ist, »du bist ein sympathischer Kerl, man wird hier am Telefon ja auch Psychologe. Viele Anrufer sind nicht sympathisch, aber du bist es, das merke ich dir an. Deswegen mein Vorschlag: Investiere tausend Euro, dann kann ich dich an einen unserer Broker vermitteln, der dir weiterhelfen wird.«

»Tausend Euro ist viel zu viel.«

»Du bist mir sympathisch, deswegen mein Angebot, du zahlst fünfhundert Euro ein.«

»Das ist auch zu viel.«

»Wir machen es so, du zahlst jetzt deine zweihundertfünfzig Euro und dann im nächsten Monat die anderen zweihundertfünfzig Euro, und dafür bekommst du die Beratung durch einen Experten. Ich würde dich ja gern selbst beraten, weil du sympathisch bist, aber ich bin kein Offizier, ich bin nur ein Fußsoldat.«

»Ich denke darüber nach.«

»Gut, denk darüber nach. Aber verpass diese Chance nicht, die biete ich nur dir.«

Danach legt der Fußsoldat auf, dessen Charmeoffensive für meinen Geschmack zu sehr die Grenze zur Aufdringlichkeit gestreift hat, als dass ich ihm wirklich vertrauen würde. Ich google die Firma, für die er arbeitet, und stoße auf eine Bewertungsseite mit acht Kommentaren. Vier entscheiden sich in einer fünfstufigen Skala für die Bewertung »gefährlich«, drei für »unerträglich« und einer für »neutral«, wobei der dazugehörige Kommentar nur aus einem Wort besteht: »Verbrecher.«

Auch die Kommentare der anderen lesen sich kaum freundlicher:

»Ruft mehrmals pro Minute an.«

»Ruft fast täglich an.«

»Unerwartete Anrufe mit unerwarteten Behauptungen.«

»Droht mit Brief.«

»Sehr suspekt.«

»Bloß keine Fragen mit Ja beantworten.«

Kurzum: Vermutlich sollte man einen Bogen um Unternehmen machen, deren freundlichste Bewertung lautet: »*E*infach nur nervig.«

Auch ein Telefonat mit der Deutschen Bank lässt das Vertrauen nicht wachsen. Auf meine E-Mail-Anfrage bezüglich der binären Optionen hin ruft mich am Tag darauf ein Mitarbeiter der Pressestelle an. Er hat eine gemütliche und tiefe Stimme, zu der man sich automatisch ein Märchenbuch denkt, aus dem er vorliest, während das Kind im Bett einschläft.

»Herr Böss, guten Morgen und nachträglich noch alles Gute zum Geburtstag!«

»Woher wissen Sie das denn?«

»Tja … ich weiß es eben«, meint er geheimnisvoll.

»Und dass Sie aus Mannheim sind, weiß ich auch«, schiebt er noch nach.

»Sie haben meinen Wikipedia-Artikel gelesen!«

Statt einem »Ja« oder einem »Nein« kommt nur wieder ein vielsagendes »Tja«.

Dahinter kann sich alles verbergen, also hoffe ich einfach, dass meine nahe liegende Vermutung stimmt, weil alle anderen eher verstörend wären.

»Mannheim finde ich auch toll, dort habe ich als junger Mann gelebt«, fügt er noch hinzu.

»Dann haben Sie es ja von Frankfurt aus nicht weit, wenn Sie die Nostalgie packt.«

»Da haben Sie recht, dann kann ich in den Zug steigen und nach Mannheim fahren.«

Er wirkt zufrieden mit sich und seinen Möglichkeiten. Ein Zug und ein Zielbahnhof, manchmal braucht der Mensch nicht viel, um glücklich zu sein.

»Aber lassen Sie uns nun über binäre Optionen sprechen«, wechselt er das Thema. »Ich habe mich intern erkundigt, und in diesem Geschäftsfeld machen wir nichts.«

»Warum nicht?«

»Da kann ich selbst nur raten – entweder weil es zu unseriös ist oder weil sich dieses Geschäftsfeld für uns nicht rentiert.«

»Alles klar, dann bedanke ich mich für –«

»Sie könnten auch mal beim Verbraucherschutz nachfragen, was man dort von binären Optionen hält.«

»Ja, stimmt, das wäre interessant. Vielen Dank auch für diesen Tipp und noch einen schönen –«

»Wichtig wäre, dass Sie auch erfahren, ob binäre Optionen generell als zwielichtig gelten oder nur einzelne Märkte beziehungsweise Marktteilnehmer! Ich empfehle da die Verbraucherzentrale Hamburg.«

War der Pressesprecher zufällig früher Lektor oder Redakteur? Ich google heimlich parallel zum Gespräch, aber finde keinen Wikipedia-Eintrag zu ihm, wodurch er seinen Informationsvorteil behält. Er setzt wieder an.

»Auch würde ich Ihnen empfehlen, zu prüfen, wo die Anbieter binärer Optionen ihren Sitz haben.«

»Das habe ich schon, die sind fast alle auf Zypern angesiedelt.«

»Das überrascht mich nicht. Das spricht dafür, dass Ihr Verdacht nicht unberechtigt ist, dass das mitunter sehr zwielichtige Unternehmen sind.«

»Prima, damit haben Sie mir sehr geholfen, ich wünsche Ihnen –«

»Deswegen habe ich vorgeschlagen, zu telefonieren, statt Ihre Anfrage schriftlich zu beantworten, weil im Gespräch dann eben auch immer mehr Möglichkeiten bestehen, ins Detail zu gehen.«

»Das stimmt auf jeden Fall. Dann wünsche ich noch einen schönen Tag, und vielleicht laufen wir uns ja mal in Mannheim über den Weg und –«

»In Mannheim sollten Sie unbedingt das Gasthaus Zentrale besuchen, das ist in der Nähe des Wasserturms!«

Vielleicht war er auch nie Lektor oder Redakteur, sondern bei der Telefonauskunft. Sein Mitteilungsbedürfnis ist ebenso enorm wie seine Bereitschaft, einen mit Tipps zu versorgen – ich bin mir sicher, dass er mich auch bei Beziehungsproblemen oder der Frage, ob ich nun in Kroatien oder auf Mallorca Urlaub machen soll, kompetent beraten würde. Übertroffen wird das alles nur von seiner Hartnäckigkeit, das Telefonat am Laufen zu halten. Irgendwann aber legen wir doch auf, wobei ihn wohl die Aussicht milde gestimmt hat, dass ich bei weiteren Fragen jederzeit wieder anrufen werde.

Durch unsere Erkundigungen und Telefonate kommen wir zum Entschluss, dass wir unsere zweihundertfünfzig Euro keinem Broker oder Leuten, die sich selbst als Fußsoldaten bezeichnen oder Offizier nennen, in die Hand drücken werden. Offenbar hat die EU ganz ähnliche Eindrücke wie wir gewonnen, denn sie verbietet kurz darauf den Verkauf binärer Optionen an Privatkunden. Wer trotzdem noch zocken will, muss sich auf Firmen einlassen, die auf karibischen Inseln oder an anderen Orten angesiedelt sind, die ein ziemlich entspanntes Verhältnis zu Gesetzen aller Art haben. Vielleicht machen wir stattdessen jetzt den Lkw-Führerschein und wandern nach Neuseeland aus. Da muss doch irgendwo ein Ex-Münchner leben, der uns beim Einleben helfen kann – und außerdem dabei, ganz locker ein paar Tausend Euro pro Tag mit binären Optionen zu verdienen. Unsere zweihundertfünfzig Euro Startkapital hätten wir dann ja noch zur Verfügung.

Nachtrag: Einige Monate später lerne ich auf einer Geburtstagsfeier einen jungen Banker kennen und erzähle ihm von unseren Versuchen mit den binären Optionen. Er meint, dass er sehr wohl Menschen kenne, die mit binären Optionen reich geworden seien. Als ich erstaunt nachfrage, was das für Leute seien, meint er: »Leute, die binäre Optionen anbieten.«

Fazit: Binäre Optionen sind so fair wie ein Diktator, der mit lauter Damen ins Schachspiel gegen einen Gegner mit lauter Bauern geht.

Bitcoin und Co.

Im Vergleich dazu, wie bei den Kryptowährungen die Stimmung beziehungsweise der Kurs rauf- und runtergeht, sind Aktienkurse stoisch und entspannt. Die berühmteste Kryptowährung heißt Bitcoin und wirbelt immer dann durch die Medien, wenn sie gerade wieder neue Rekorde gebrochen oder freie Fälle hinter sich hat. Wie gesagt, innere Ruhe ist nicht die Stärke dieser Währungen.

Weil ich Bitcoins noch nie verstanden habe, wende ich mich an einen Experten. Es handelt sich um einen Analysten der Medienplattform BTC-ECHO, einem Dienstleister rund um Kryptowährungen. Unter anderem bringt er mit dem *Kryptokompass* den »ersten Börsenbrief für digitale Währungen«[12] heraus, wie es auf der Homepage heißt. Wir treffen uns in einem Restaurant in Prenzlauer Berg. Bei meinem Analysten handelt es sich um einen angenehmen und unterhaltsamen Mann, der etwas untersetzt ist und dem ich nie zutrauen würde, mich zu beschimpfen. Aber genau das hat er getan. Nicht bei diesem Treffen, aber zwei Jahre zuvor im Internet, wie er mir gleich zu Beginn beichtet. Anlass war mein Buch über Religionen, in dem ihm etwas nicht gefiel, weswegen er sich vor seine Tastatur gesetzt und mich in einem Artikel übel beleidigt hat. Wie man das eben so macht im Internet, wenn man wütend ist. Wie heftig er mich beschimpft haben muss, wird daran deutlich, dass er sich angeblich nicht mehr an sein damaliges Pseudonym erinnern kann. Nun, wie auch immer, Gottes Wege sind unergründlich, und so hat er ausgerechnet uns beide nun hier zusammengeführt, was womöglich als Gottesbeweis durchgehen kann.

»Wo sollen wir anfangen beim Thema Bitcoin?«, möchte mein Experte wissen, während wir beide überlegen, was wir zum Essen bestellen wollen. Die Speisekarte ist für die nächste halbe Stunde dann auch erst mal das Letzte, was ich halbwegs verstehe. Ich bestelle nur eine Portion Pommes, mein Gegenüber lässt sich einen Salat und einen Tee bringen. Während der Dampf aus der Tasse aufsteigt, wirft er mir Fachbegriffe um die Ohren, die sich allesamt wie ein Geheimcode anhören: Miner, Wallet, Blockchain, Clients, Ledger. Er klingt dabei wie jemand, der weiß, wovon er spricht, während ich nicht wirke wie jemand, der versteht, was er da hört. Doch nach und nach bleibt etwas hängen, auch wenn es sich um Fakten auf Small-Talk-Niveau handelt. Etwa, dass der Bitcoinmarkt mittlerweile ein Volumen von knapp 117 Milliarden Euro hat, dass Bitcoins aktuell wertvoller sind als Gold und dass nur etwa eine Million Menschen, von denen die meisten in Asien und den USA leben, über Bitcoins verfügen.

Der Analyst erklärt weiterhin hartnäckig-geduldig die Grundzüge der Kryptowährung: So wie die Bundesdruckerei Geldscheine druckt, braucht es auch für Bitcoins einen Ort, wo die Währung entsteht. In diesem Fall heißt die Bundesdruckerei Miner, womit die Computer bezeichnet werden, die die Bitcoins produzieren. Für diese Produktion ist im Wesentlichen sehr viel Rechenleistung notwendig, die wiederum sehr viel Strom kostet.

Und sehr viel Strom heißt in diesem Fall wirklich sehr viel Strom. Aktuell entfallen darauf 0,5 Prozent des weltweiten

Stromverbrauchs beziehungsweise die Menge, die jährlich in Argentinien verbraucht wird.[13] Wobei die Vergleiche zum Teil variieren, auch die gesamte Volkswirtschaft der Schweiz wurde schon herangezogen oder der Hinweis, dass eine einzige Bitcoin-Transaktion mehr Strom verbraucht als ein durchschnittlicher deutscher Vierpersonenhaushalt im Monat. Welchen Vergleich auch immer man verwendet, sie alle laufen darauf hinaus, dass es wirklich ein gigantischer Verbrauch ist, der umso mehr zunimmt, je lukrativer das Schürfen nach Bitcoins wird.

Miner und Bundesdruckerei unterscheidet noch etwas sehr Grundlegendes: Während die Bundesdruckerei jederzeit mehr oder weniger Geld drucken kann, ist die Produktion von Bitcoins festgelegt. Niemand kann daran etwas ändern. Es steht genau fest, wie viele Bitcoins es gibt und je geben wird. Seit die Währung 2009 startete, halbiert sich im Vierjahresrhythmus die Zahl der neu dazukommenden Bitcoins, bis im Jahr 2140 der Zahlenwert null erreicht sein wird. Das heißt nicht nur, dass es niemals mehr als die bis dahin produzierten einundzwanzig Millionen Bitcoins geben wird, sondern auch, dass der Wirtschaftszweig Miner als einziger ein genaues Datum dafür kennt, wann er aufhört zu existieren. Als Beruf, der eine Familientradition einläutet, ist er darum nur bedingt geeignet.

»Was für Vorteile hat Bitcoin eigentlich?«, will ich wissen, während der Pommes-Teller längst leer vor mir steht.

»Der Missbrauch durch Institutionen ist nicht möglich, so wie das zum Beispiel bei Banken der Fall ist. In Venezuela etwa ist die Kryptowährung Petro mittlerweile stabiler als die staatliche Währung.«

»Aber Venezuela ist sicherlich keine gute Werbung.«

»Werbung für was?«

»Für egal was. Sind Zigaretten eine Kryptowährung, wenn sie im Gefängnis als Zahlungsmittel genutzt werden?«

Mein Experte nickt dazu nachdenklich mit dem Kopf. »Das ist eine interessante Überlegung«, meint er, um dann trotzdem kein gutes Haar an ihr zu lassen, »wobei der Unterschied der ist, dass so ein Zigarettentausch eben auch nur zwischen zwei Menschen abläuft. Da gibt es keine neutrale Kontrollinstanz, die sicherstellt, dass der Handel auch wirklich so stattgefunden und niemand den anderen betrogen hat. Das dezentrale System hinter Bitcoin garantiert genau das.«

Der Experte und ich verabschieden uns schließlich, ohne dass er mich auch nur einmal persönlich beleidigt hat – wobei das vielleicht ja auch erst kommt, wenn er das Buch gelesen hat und in einem Kommentarbereich seiner Wut freien Lauf lässt.

Christine hatte keine Zeit für das Gespräch, hat dafür aber schon mal etwas mehr zum Thema Kryptowährung recherchiert.

»Es gibt richtig viele Bitcoin-Klone«, fasst sie ihre Ergebnisse zusammen, nachdem ich von meinem Treffen erzählt habe. »An den Kryptobörsen werden die hundert erfolgreichsten gelistet, und die haben zum Teil sehr skurrile Namen: Iconomi, TenX, Particl, SALT, Ethos, Dragonchain oder Electroneum.«

»Electroneum klingt wie etwas, das im Stromkraftwerk Blitze erzeugt.«

»Willst du in Electroneum investieren?«, erkundigt sich Christine.

»Nein, in Bitcoin.«

Christine nickt wie jemand, der eigentlich nicht zustimmt und nur darauf wartet, dass man ihn auf seine Einwände anspricht.

»Warum nicht?«

»Weil es Bitcoin schon gibt und es besser wäre –«

»Du willst also wieder aufs nächste Apple setzen?«

»Nein!«, widerspricht sie entschlossen, was mich überrascht.

»Sondern?«

»Ich will, dass wir in etwas investieren, was sich erst noch zu einem Erfolg entwickelt.«

»Das ist doch deine Apple-Taktik!«

»Ja, aber es hat mich gestört, dass du mir da ins Wort gefallen bist.«

»Ich wusste aber doch, was du sagen würdest.«

»Wenn das so ist, würdest du gar nicht mehr dazu kommen, ganze Sätze auszusprechen. Ich weiß immer, was du als Nächstes sagen wirst!«

»Immer?«

»Ja!«

»Was werde ich als Nächstes sagen?«

»Etwas Überflüssiges.«

»Auf dem Mars gibt es keine Fastfood-Restaurants!«

»Siehst du, ich hatte recht.«

Wie so oft entscheiden wir uns auch in diesem Fall für eine salomonische Lösung. Während ich den Kryptoklassiker Bitcoin kaufen werde, wird Christine sich für einen möglichst attraktiven Verfolger entscheiden. Meine Aufgabe erscheint ziemlich einfach. An den Computer setzen, eine Bitcoin-Börse besuchen und Bitcoins kaufen.

»Sollen wir das zusammen machen?«, fragt Christine noch, während ich mich ins Büro begebe.

»Was muss man denn da zusammen machen?«

»Bitcoin ist ja ein bisschen nerdig, vielleicht kommst du da nicht so klar«, erklärt die Frau, die im Flur lehnt und mich anschaut, als sei ich ein Fahranfänger und sie Sebastian Vettel.

»Kein Problem, das schaffe ich schon.«

»Wenn du doch Hilfe brauchst, ruf mich einfach.«

Sie verschwindet, und ich bleibe mit dem Internet allein.

Ehrlich gesagt habe ich schon ziemlich schnell das Gefühl, dass etwas Unterstützung helfen könnte. Dabei wollte ich streng nach Lehrbuch vorgehen. Auf YouTube gibt es unzählige

Anleitungen, wie der Erwerb von Bitcoins schnell, leicht und entspannt funktioniert. Die erste Hürde habe ich auch noch genommen, nämlich das Eröffnen eines Wallets, was so etwas wie ein Bankkonto für Kryptowährungen ist.

»Klappt alles?«, ruft Christine rüber, aber statt den Rettungsanker zu ergreifen, ignoriere ich ihn.

»Na klar.«

Mein erstes Problem besteht darin, dass meine Hausbank nicht mit der Kryptohandelsbörse kooperiert, auf der ich mich mit Bitcoins eindecken will. Sooft ich es auch versuche – die Kreditkarte wird abgelehnt. Plan B führt danach ins Desaster. Ich entscheide, dann eben über die Girokarte zum Bitcoin-Besitzer zu werden, was im ersten Versuch wieder verweigert wird, im zweiten ebenfalls und im dritten eine Sperrung meiner Karte aus Sicherheitsgründen zur Folge hat. Mittlerweile sitze ich schon eine Stunde am PC und erkläre Christine, dass ich einen Film schaue, als sie sich wundert, warum das so lange dauert. Zwar hat mein Versuch, Bitcoins zu erwerben, mich temporär die Girokarte gekostet, aber noch will ich nicht aufgeben. Auf YouTube sieht doch alles so einfach aus! Ein Video später begebe ich mich in etwas schummrigere Gebiete. Wenn die Hausbank sich querstellt, erfahre ich, hilft es, bei einer Onlinebank ein Konto zu eröffnen, über das die Kryptogelder gekauft werden können. Also versuche ich mein Glück bei einer Bank, deren Kundenbewertungen sich ähnlich freundlich lesen wie die Erfahrungsberichte der *Tour-Life-Touristik*-Nebenpreisgewinner. Die Kontoeröffnung scheitert letztlich aber daran, dass ich mich beim Eingeben meiner Handynummer vertippe und so nie den nötigen Freischaltcode erhalte. Vermutlich ist das in diesem Kontext sogar ein Glücksfall. Doch all das ändert nichts an der deprimierenden Tatsache, dass ich nach zwei Stunden immer noch keine Bitcoins habe, dafür aber ein gesperrtes Bankkonto.

»Das hat jetzt sogar mich überrascht«, gibt Christine erstaunt zu, als sie von den Dimensionen meines Scheiterns erfährt. »Und jetzt?«

»Ich versuche es weiter.«

»Soll ich helfen?«

»Nein, ich wollte dich nur informieren. Also auch darüber, dass du mir Geld leihen musst, weil meine Karte gesperrt ist.«

Während ich darauf warte, dass die Bank mein Konto wieder freigibt, fängt Christine mit ihrer Suche nach dem nächsten Kryptohype an. Ihr Ansatz ist eigentlich nicht falsch, denn wer rechtzeitig einsteigt, kann richtig reich werden. Hätten wir direkt nach der Gründung 2009 fünfzig Dollar in Bitcoins gesteckt, wären wir heute Millionäre. Genau genommen wäre die Investition mittlerweile 1,8 Millionen Dollar wert. Christine sitzt da und studiert die verschiedenen Währungen, die an den Kryptobörsen gehandelt werden. Offenbar geht sie ganz ähnlich vor wie auf der Pferderennbahn: Sie vertraut ihrem Gefühl. Ich beobachte sie dabei, wie sie die Liste der Namen durchgeht und dabei mit den Augen hin und her springt, als würde sie Muster verbinden, die nur sie erkennen kann. Schließlich hat sie eine Entscheidung getroffen.

»Dogecoin!«

»Was ist das?«

»Dogecoin hat als Parodie auf Kryptowährungen begonnen, wurde dann aber selbst eine reguläre Kryptowährung, weil sie so erfolgreich war.«

»Weil die Parodie erfolgreich war, wurde sie zu dem, was sie parodiert hat?«

»Ja. Ganz viele Leute fanden das witzig und kauften sich Dogecoins, und plötzlich war es selbst eine Kryptowährung.«

»Das ist so, als ob man einen Merkel-Imitator so gut findet, dass man ihn zum Kanzler macht.«

Die Geschichte hinter dieser Kryptowährung ist wirklich ungewöhnlich. Der Hund, auf den sich die Währung bezieht, war schon lange als Meme ein Internetphänomen. Er gehört der japanischen Rasse Shiba Inu an, hat ein delfinhaftes Lachen, weiches Fell und wirkt auch sonst wie ein Wesen, das es nur gibt, damit die Menschen einen Grund haben, die Worte »Ach, wie süß!« zu sagen. Nun ja, dieses Hundemotiv hatte es also schon zu einer gewissen Berühmtheit im Netz gebracht, bevor es zum Namens- und Motivgeber einer Bitcoin-Parodie wurde. Daraufhin passierte eine Reihe von Dingen, die viel mit Spaßgesellschaft, Postmoderne und Netzkultur zu tun haben, denn es entwickelte sich ein Hype, an dessen Ende aus einer Parodie eine Kryptowährung wurde, die heute zu den hundert erfolgreichsten gehört.

Das alles klingt einerseits witzig und andererseits so seriös, als würde man einem Hütchenspieler in der Fußgängerzone sein Geld anvertrauen.

»Willst du wirklich in diese Hundewährung investieren?«, frage ich Christine, nachdem wir die Geschichte zur Währung studiert haben. Christine nickt zufrieden.

»Der Hund kann der nächste Hype werden.«

»Der Hund ist kein Hype mehr, den gibt es schon seit 2013.«

»Der hat jederzeit die Chance, wieder durch die Decke zu gehen.«

»Warum?«

»Er ist erfolgreich, weil die Leute ihn witzig finden, und Humor ist ja immer noch wichtig im Internet. Es braucht nur einen Spaßvogel, der Dogecoin wieder ins Spiel bringt, und schon hebt der Kurs ab.«

»Wir sollen also unser Geld auf den Humor einer anonymen Netzgemeinde setzen und hoffen, dass sie Witze über unsere Währung macht?«

»Wenn du es so sagst, klingt es sehr negativ, aber ja.«

Es hilft alles nichts. Christine erwirbt die zur Kryptowährung gewordene Ex-Parodie einer Kryptowährung und wird durch den Einsatz von fünfzig Euro Besitzerin von 18 810 Dogecoins, wie sie stolz erklärt. Wieder ist sie begeistert von hohen Zahlen, auch wenn die an sich nichts aussagen. Schon bei den Barnes-&-Noble-Aktien empfand sie die schiere Zahl von 39 als Erfolg im Gegensatz zu den zwei mickrigen Boeing-Aktien von mir. Hätte sie in der Weimarer Republik gelebt, würde es heute Schwarz-Weiß-Aufnahmen von Menschen geben, die ihr wertloses Geld (am 2. Dezember 1923 kostete in Berlin ein Liter Milch 360 Milliarden Reichsmark) in Schubkarren zum Einkaufen bringen – und zwischen all den traurigen Gestalten wäre eine Frau zu sehen, die wie eine Lottogewinnerin strahlt und die Arme jubelnd in die Höhe reißt, weil sie über Nacht zur Milliardärin geworden ist.

Immerhin verläuft ihr Kryptokauf reibungslos, wie ich zugeben muss. Einen Tag später kann auch ich endlich einen weiteren Versuch starten, denn mein Konto wurde mittlerweile wieder freigegeben. Erneut ist es ein beschwerlicher Weg, in dessen Verlauf ich mich auf vier verschiedenen Handelsplattformen anmelde, von denen mich drei dem erhofften Bitcoin-Reichtum nicht näherbringen, weil aus irgendwelchen Gründen der Kauf nicht funktioniert. Aber Plattform vier bringt mir schließlich Glück! Auf meinem Smartphone blinkt die Anzahl meiner Bitcoins! Na gut, genau genommen stimmt das nicht. Ein Bitcoin kostet aktuell etwa 6 500 Euro, und ich bin mit fünfzig Euro ins Bitcoingeschäft eingestiegen. Ich bin also offiziell im Besitz von 0,00769230769 Bitcoins! Das klingt auf jeden Fall nach weniger als den 18 810 Dogecoins von Christine, aber ich versuche, mich nicht von der Zahlenpsychologie verunsichern zu lassen.

In den Tagen, Wochen und Monaten danach passiert das, was bei Währungen eben passiert, die so betonfest sind wie ein Trampolinnetz: Es geht rauf und runter, aber meistens runter. Einen Tag nach der Investition haben meine Bitcoins schon vierzehn Prozent an Wert verloren. An der Börse wäre das ein Grund dafür, so langsam einen guten Fensterbankplatz in einer der höheren Etagen zu suchen, denn der Bitcoin-Kurs wirkt wie ein in die Unendlichkeit verlängerter Schwarzer Freitag. Für Bitcoiner hingegen ist das Alltag und kein Grund, nervös zu werden. Beim Anblick einer Riesenwelle geraten ja auch nur die Strandbesucher in Panik, während die Surfer auf ihr reiten wollen. Die Bitcoiner sind die Extremsurfer am Börsenstrand. Zwischenzeitlich kratzen meine Verluste an der Vierzig-Prozent-Marke, doch nach etwa zwei Monaten geschieht etwas Unerwartetes: Mein Kontostand meldet 51,30 Euro! Im Plus! Mit 2,6 Prozent im Plus. Dieses Glücksgefühl hält aber nicht lange an, denn schon am nächsten Tag sackt der Kurs wieder unter die Fünfzig-Euro-Linie und bleibt dort auch dauerhaft. Seitdem habe ich keinen Tag mehr im Plus erlebt. Bitcoin hat mir die eine Chance gegeben, mit Gewinn auszusteigen, und ich habe sie verpasst. Seitdem ist der Kurs nun ziemlich stabil zwischen zwanzig bis dreißig Prozent Verlust. Aber das ist in Ordnung. Ich habe die Geduld, das auszusitzen, und irgendwann kommt bestimmt der nächste Hype. Schließlich ist der letzte erst ein Jahr her, damals schoss der Kurs auf 16 297 Euro pro Bitcoin hinauf.

Mein Experte erzählte bei unserem Mittagessen, dass die Bitcoin-Geschichte seit diesem Hype um das Kapitel »Bitcoin-Verlierer« reicher sei. Erstmals verloren Käufer in relevanter Zahl Geld, weil sie, vom Hype angesteckt, investierten, als der Wert schon sehr hoch war und kurz vor dem Absturz stand. Wer in Höhe des Spitzenwertes zuschlug, musste mit ansehen, wie sein Geld wegschmolz, denn seitdem ist der Kurs wieder auf unter 6 000 Euro gefallen. Wer Pech hatte, machte dabei Verluste im Gegenwert eines Autos. Meine Investitionen haben zwar nur den Gegenwert eines Ersatz-Zigarettenanzünders fürs Auto, aber trotzdem kann auch ich noch nicht zufrieden sein. Also harre ich aus und warte auf bessere Zeiten.

»Meinem Hund geht es auch noch nicht so gut«, meint Christine, nachdem ich sie über den Dauertiefstand meiner Kryptowährung aufgeklärt habe.

»Welchem Hund?«

»Dogecoin!«

»Ach, das nächste Bitcoin. Was heißt das genau?«

»51 Prozent Verlust.«

»Dagegen habe ich ja mit meinen Bitcoins richtig seriös gehaushaltet.«

»Na ja, das ist nur ein Anlaufnehmen, um dann durchzustarten«, erklärt Christine, die beim Blick auf ihre Dogecoin-Daten eigentlich keinen Grund zu diesem Optimismus haben sollte.

»Das ist so eine typische David-gegen-Goliath-Situation«, legt sie nach und schaut mich dabei herausfordernd an.

»Was?«

»Meine Dogecoins gegen deine Bitcoins. Der Höchstwert von Bitcoin lag bei über 16 000 Euro, der von Dogecoin bei 0,02 Euro, damit war Bitcoin achthunderttausend Mal so viel wert.«

Sie erzählt das, als würde es ihre Position stärken.

»0,02?«, wiederhole ich ihre Zahl.

»Ja.«

»Weißt du, woher ich die 0,02 kenne?«

»Woher?«

»Du hast gesagt, dass nur 0,02 Prozent der Menschen auf Spam-Mails reinfallen. Kann es sein, dass das die gleichen 0,02 Prozent sind, die –«

»Nein«, unterbricht sie mich, »das hat nichts zu bedeuten.«

»Das wäre aber ein großer Zufall.«

»Ja, ist es auch. Und im Übrigen geht es hier um 0,02 Euro und nicht um 0,02 Prozent«, meint sie, und tatsächlich ist ihr Hinweis darauf, dass Prozente und Währungen nichts miteinander zu tun haben, schon eine recht wasserdichte Feststellung. Von daher muss ich meine 0,02-Fährte leider aufgeben.

»Ach so«, setzt Christine dann wieder an, als würde sie nun die Steinschleuder betätigen, um in ihrem David-gegen-Goliath-Bild zu bleiben, »und Bitcoin hat seit seinem Höchstwert 68 Prozent verloren, aber meine Dogecoins 86 Prozent.«

Statt mit einem Stein hat David soeben mit einem Bumerang angegriffen und sich damit selbst k. o. geschlagen. Die Bibel muss umgeschrieben werden.

»Glückwunsch, wer will nicht in der Kategorie *Höchste Verluste* führen?«

»Das ist alles unwichtig«, erklärt sie nun, »denn entscheidend ist, wie man für die Zukunft aufgestellt ist.«

»Und wie sind deine Hunde aufgestellt?«

»Mondmission!«

Auf ihrem Computer startet daraufhin ein animiertes Video, das einen süßen Hund zeigt, der mit einer Rakete zum Mond fliegt. Aktuell sammeln die Dogecoin-Anhänger also Geld für den Flug zum Erdtrabanten. Warum sie das machen, wie viel Geld sie schon zusammenhaben, wie viel sie insgesamt brauchen und wofür das alles überhaupt gut sein soll, bleibt unklar. Die NASA hat es jedenfalls 120 Milliarden Dollar gekostet, einen Menschen auf den Mond zu schicken. Selbst wenn man den Höchststand von 0,02 Dollar annimmt, würde die DogMission damit mindestens sechs Billionen Dogecoins kosten (beim aktuellen Wert wären es übrigens knapp 60 Billionen).

»Da wird nichts draus, das wissen wir doch beide«, meine ich.

»Natürlich wird da keine Mondmission draus, aber wenn es die Netzgemeinde witzig findet, hebt zumindest der Börsenwert ab, und darum geht es ja. Diese Aktion ist nur ein Versuch, die Währung anzukurbeln.«

»Ich bleibe skeptisch, ob man auf dem Humor der Netzgemeinde eine funktionierende Währung aufbauen kann, aber mal sehen.«

Und so verbleiben wir. Dass uns die Kryptowährungen Hoffnung auf Reichtum geben, wäre zu viel gesagt. Vermutlich werden sie uns weder zum Mond fliegen noch unsere Miete bezahlen, aber es ist dennoch interessant zu sehen, was sich in den Seitengassen des Kapitalismus so für Währungsalternativen tummeln. Wobei ich vermute, dass das Ganze ein Nischenphänomen bleiben wird, das aber Nerds wie meinem Experten immerhin die Möglichkeit gibt, in Bitcoin-Foren andere Teilnehmer übel zu beleidigen, um so den Frust loszuwerden, den sie sonst an unbescholtenen Autoren abreagieren würden, deren Bücher ihnen nicht gefallen. Und damit hätten die Kryptowährungen doch immerhin schon einen sinnvollen Zweck erfüllt.

Fazit: Virtuelle Zahlungsmittel – so launisch wie Donald Trump.

Kreditanfrage

»Ich würde gern einen Ratenkredit aufnehmen!«, erkläre ich der Sparkassen-Mitarbeiterin, die an einer kleinen Infotheke steht, wie sie auch in Supermärkten für Probierproben von Wurst und Käse verwendet wird. Sie ist blond und Anfang zwanzig und hat soeben mit viel Geduld einem Senior versichert, dass sie sich an sein Anliegen auch in zehn Minuten noch erinnern wird, wenn er nun zu seinem Auto geht und den Personalausweis holt, ohne den sie hier nicht weiterkommen. Schließlich ist das Vertrauen zwischen den Generationen stark genug, und er schlurft aus der Filiale hinaus. Nun bin ich dran. Sie öffnet auf dem Computer mein Konto.

»Was arbeiten Sie?« Offenbar ergeben die Ein- und Ausgaben auf dem Bildschirm kein eindeutiges Bild.

»Ich bin Autor.«

»Also selbstständig?«

»Ja.«

»Okay, dann warten Sie bitte einen Moment, ich muss erst prüfen, ob Sie kreditberechtigt sind.«

Sie verlässt abrupt ihre Theke und läuft in ein Nebenzimmer zu einer etwa zwanzig Jahre älteren Version von sich selbst mit nur noch matten blonden Haaren. Die beiden beraten sich leise.

Instinktiv kommt man sich als Selbstständiger in einer Bank vor wie jemand, der eine ansteckende Krankheit hat. Patient Zero an der Wurst- … äh Geldtheke. Könnte ich einen Arbeitsvertrag vorlegen, wären die beiden vermutlich entspannter. Christine hat einen Arbeitsvertrag, weswegen sie mich an diesem Vormittag auch nicht zur Bank begleiten kann, sondern ins Büro muss.

Die junge Frau kommt zurück.

»Wenden Sie sich doch bitte an meine Kollegin, Sie bespricht alles Weitere mit Ihnen.«

Nun gehe ich also in das Nebenzimmer, das sich vom Besucherraum mit der Theke und den Automaten nur durch eine Treppenstufe abhebt. Die ältere Version der jungen Frau schaut mich unverbindlich an. Ich spüre, dass mein fehlendes Geld hier nicht willkommen ist.

»Sie möchten also einen Kredit aufnehmen?«

»Ja, ich will das Minus auf meinem Girokonto in einen Ratenkredit umwandeln.«

»Um zu wissen, ob Sie dazu berechtigt sind, benötigen wir die letzte Steuererklärung und eine Einnahmen-Ausgaben-Rechnung.«

Sie klingt nicht wie jemand, der darauf wetten würde, dass ich berechtigt bin.

Schließlich erhalte ich einen Termin drei Tage später, zu dem die Unterlagen mitgebracht werden sollen. Wir verabschieden uns, und ich verlasse die Bank, die gleich zwei Mitarbeiter benötigt hat, um mir mitzuteilen, dass mir noch nichts mitgeteilt werden kann.

* * *

Als ich zum vereinbarten Termin eintreffe, geht es durch einen hellen und großen Raum hindurch, in dem Kunden und Mitarbeiter sich gegenübersitzen und über geplante Finanzprojekte beraten, während dünne Sonnenstrahlen sich sanft auf ihre Gesichter legen. Für mich geht der Weg weiter in einen Flur, an dessen Ende sich ein einzelnes isoliertes Zimmer befindet. Wenn Selbstständigkeit wirklich als Krankheit gesehen wird, bin ich nun also in der Quarantänestation angekommen. Dafür ist meine Virologin beziehungsweise Kundenberaterin sehr freundlich. Ich erkläre wieder, dass ich gern einen 2 000-Euro-Ratenkredit aufnehmen würde, statt die 2 000 Euro Minus auf meinem Girokonto abzuzahlen.

»Da müssen wir mal schauen, ob das möglich ist.«

»Müsste es ja eigentlich, denn ich zahle mehr Zinsen auf das Girokonto als auf einen Kredit.«

»Was meinen Sie damit?«

»Wenn die Sparkasse mir zutraut, dass ich den Schuldenberg vom Girokonto zurückzahlen kann, dann müsste sie mir ja noch mehr zutrauen, einen Kredit mit niedrigeren Zinsen zu stemmen.«

»Da gibt es leider noch ein paar weitere Faktoren zu berücksichtigen.«

Vor allem handelt es sich bei diesen Faktoren um die Schufa.

»Das sieht gut aus, doch, ja«, meint die Frau, als sie meine Daten auf dem PC betrachtet, und klingt dabei wie ein Arzt, der ein Röntgenbild studiert.

»Bei der Schufa liegt nichts gegen Sie vor.«

Ich nicke zufrieden. Offenbar gibt es nicht nur das polizeiliche, sondern auch das finanzielle Führungszeugnis. Meines befindet sich nun auf dem Computerbildschirm.

»Schauen Sie«, meint die Beraterin, als machte sie mir mit dem Blick auf eine positive Schufa eine besondere Freude – was sogar der Wahrheit entspricht, denn ich war unsicher, ob es da nicht doch irgendwelche Ratenzahlungsleichen in meinem leeren Geldkeller geben könnte.

In der nächsten halben Stunde werden meine Steuererklärung kopiert, mein Personalausweis gescannt, Unterschriften unter dieses und jenes Dokument gesetzt, eine Selbstauskunft gegeben, Lebenshaltungskosten geschätzt und schließlich ein Antrag für einen Ratenkredit von 2 000 Euro aufgesetzt. 50,72 Euro pro Monat über 48 Monate beziehungsweise vier Jahre.

»Warum sind das eigentlich vier Jahre?«, frage ich nach und werde Zeuge davon, dass die Nullzinswelt nur für das Vermögen der Kunden gilt, aber keineswegs für ihre Schulden, denn die werden in meinem Fall mit einem Jahreszins von selbstbewussten 5,43 Prozent belegt. Über die gesamte Zeit der Rückzahlung hinweg werde ich darum nicht nur die 2 000 Euro abbezahlt haben, sondern immerhin 434,56 Euro an Zinsen. Beinahe ein Dreivierteljahr geht komplett für diese Rückzahlungen drauf. Also ein Zinsen-Frühling, ein Zinsen-Sommer und fast ein ganzer Zinsen-Herbst.

Wenn ich den Kredit überhaupt bekomme, der immerhin eines meiner Konten aus dem chronisch roten Bereich holen würde.

Mehrere Tage später meldet sich die Bankerin bei mir, und sofort fällt mir ihr positiver Grundton auf, der mir Hoffnung macht. Sie überbringt mir jedoch eine etwas widersprüchliche Botschaft. Die Prüfung meiner Kreditwürdigkeit sei auf einem guten Weg, aber die Kreditabteilung habe erst mal ihr Veto eingelegt.

»Was ist daran gut?«

»Sie hätten es auch schon komplett ablehnen können, haben sie aber nicht«, klärt mich die Optimistin am anderen Ende der Leitung auf.

»Und jetzt?«

»Sie müssen noch die Steuererklärung vom vorletzten Jahr einreichen.«

»Warum denn das?«

»Es geht um die Kontinuität Ihrer Einnahmen.«

»Okay, und wird die Kreditabteilung es dann durchwinken?«

»Das kann ich mir sehr gut vorstellen«, meint die Frau, für die vermutlich auch ein leeres Glas immer halb voll ist.

Ich reiche die Steuererklärung nach, und wenige Tage später erhalte ich zwei Briefe von der Bank. In beiden liegen Verträge, mit denen die 2 000 Euro gewährt werden. Warum die Verträge in zwei Ausfertigungen in zwei Briefen ankommen, wundert mich zwar, aber es interessiert mich nicht weiter. Ich unterschreibe und schicke je eine Version an die Bank zurück. Die Sparkasse hat mir also die gewünschten 2 000 Euro bewilligt. Und noch mehr, wie mir ein weiterer Anruf der Bankerin verrät.

»Sie haben jetzt nicht nur die 2 000 Euro Kredit, sondern auch 2 000 Euro auf Ihre Kreditkarte bekommen«, meint sie etwas verlegen. »Da ist etwas schiefgelaufen.«

Statt zu antworten, schweige ich. Das ist also das zweite Vertragsschreiben gewesen.

»Sollen wir diesen zweiten Auftrag wieder zurücknehmen?«, kommt es nun durchs Telefon.

»Nein, nicht nötig«, wehre ich ab.

»Das ist sehr richtig, so würde ich das auch machen. Gerade in der Freiberuflichkeit kann das auch über eine Durststrecke retten«, gratuliert sie mir zu meiner Entscheidung.

»Bekommen Sie da jetzt Probleme, weil da 2 000 Euro mehr vergeben wurden?«

»Das würde mich sehr wundern«, gibt sie erhofft positiv zurück.

Nach diesem Telefonat habe ich das Gefühl, gerade 2 000 Euro reicher geworden zu sein. Es ist ein trügerisches Gefühl – so wie bei der Kreditkarte, die einem auch grenzenlose Möglichkeiten vorgaukelt, weswegen irgendwo in meinem Hinterkopf auch eine Stimme mahnt, dass es sich dabei um weitere Schulden handelt, die … Egal, 2 000 Euro mehr auf dem Konto! In dieser Trugschlussstimmung waren wohl auch die Millionen amerikanischer Hauskäufer, die sich hoffnungslos verschuldeten und so für das Platzen der Immobilienblase 2007 sorgten. Da trifft es sich gut, dass wir als Nächstes unser Glück mit Immobilien versuchen wollen!

Fazit: Wer als Freiberufler eine Bankkauffrau datet, sollte sein dunkles Berufsgeheimnis besser für sich behalten.

Immobilien

Immobilien gelten als eine der sichersten Geldanlagen, gleichzeitig gehören sie aber auch zu denen, die erst möglich sind, wenn schon Geld da ist. Sie können einen nicht aus finanziell schlechten Verhältnissen in finanziell entspannte Verhältnisse führen, wie es beispielsweise frühzeitig gekaufte Aktien eines späteren Börsengiganten schaffen. Immobilien sind eine humorlose Investition, die praktisch immer einen hohen Einstiegspreis fordert. Im Grunde könnten wir damit dieses Thema auch schon abhaken, aber wofür waren wir denn bitteschön auf den Power-Days, wenn wir nicht den Glauben daran hätten, ins Immobiliengeschäft einsteigen zu können?

Als Erstes schreiben wir an mehrere Maklerbüros, um uns über den Markt allgemein und den in Berlin im Besonderen zu informieren. Schon an dieser Stelle trifft uns der Immobilienboom mit seiner ganzen Wucht, denn niemand zeigt Interesse daran, uns zu beraten. Die Zeiten sind einfach zu gut, als dass uns jemand für ein vermutlich fruchtloses Gespräch treffen wollte. Nichts sagt vermutlich mehr über den Zustand einer Branche aus als die Art der Absagen. In diesem Fall spricht die Mischung aus Gleichgültigkeit und Herablassung dafür, dass der Boom offenbar noch eine ganze Weile anhalten wird:

Wir vermitteln Eigentumswohnungen in Prenzlauer Berg, Mitte, Pankow und Friedrichshain. Aufgrund der hohen Nachfrage werden unsere Angebote in der Regel sehr schnell verkauft.

Wenn wir Sie richtig verstanden haben, benötigen Sie eine Beratung hinsichtlich einer möglichen Finanzierung und einer Analyse des Berliner Wohnungsmarktes. Für beides sind wir nicht der richtige Ansprechpartner. Sie sollten zunächst mit Ihrer Bank über den möglichen Finanzierungsrahmen sprechen und anschließend mit dieser Kenntnis den Markt sondieren. Wenn Sie konkret wissen, ob, in was und wo Sie investieren möchten, können wir gern schauen, ob wir mögliche Angebote für Sie im Portfolio haben.

Maklerbüros sind also ausschließlich damit beschäftigt, Geschäfte zu machen, statt Optionen auszuloten. Sie kommen bestens ohne uns aus.

Was gibt es noch für Möglichkeiten? Christine bringt Wohnungsgenossenschaften ins Spiel, aber die meisten verlangen auch einen Umzug in eine genossenschaftliche Bleibe. Dagegen spricht nicht nur, dass wir eigentlich nicht umziehen wollen, sondern auch, dass die Plätze in Genossenschaften ziemlich begehrt sind und wir darum wohl auch dann nicht umziehen könnten, wenn wir wollten. Auch unsere eigene Wohnung schauen wir uns als Investitionsobjekt an, werden aber schon recht früh vom Besitzer in unseren Planungen gedämpft, als er mit einem knappen »Nein« auf die Frage antwortet, ob und zu welchem Preis er sich einen Verkauf vorstellen könnte.

Es ist zum Verrücktwerden. Da ist man sein Leben lang von Immobilien umgeben und bekommt doch keine zu fassen. Wäre es eine Option, unsere eigene Wohnung zu besetzen? Es gibt ja mehrere besetzte Häuser in Berlin, aber wir gehören nicht der Hausbesetzerszene an und kennen auch sonst nicht genug Leute, die uns beim Besetzen helfen würden. Außerdem können Christine und ich WGs nicht leiden, was ebenfalls gegen eine radikalere Art der Immobilienaneignung spricht. Zumal die Wohnung uns dadurch ja weiterhin nicht gehören würde; wir hätten nur unseren Vermieter vor der Tür stehen, der der Polizei liebend gern den Generalschlüssel aushändigen würde. Zwei korpulente Beamte würden uns dann genervt der Wohnung verweisen und fertig. Weit und breit kein SEK und nirgendwo Sympathisanten, nur Eltern im Innenhof, die ihren Kindern die Augen zuhalten, damit sie diese gefallenen Prenzlbewohner nicht sehen müssen.

Offenbar gibt es zu wenige Überschneidungen zwischen unseren finanziellen Spielräumen und denen jener, die sich Immobilien zulegen können, weswegen das Thema wohl erst mal vom Tisch ist und wir …

»Ich hab was!«, unterbricht Christine meine Gedanken. »Lass uns ein Haus ersteigern!«

»Wo geht das denn?«

Es stellt sich heraus, dass das in Berlin-Mitte geht. Einige Minuten vom Zoologischen Garten entfernt und damit auch in der Nähe unserer Kofferauktion. Wobei mit der Nähe zum Zoologischen Garten die Ähnlichkeiten auch schon fast vollständig benannt sind. Anstatt in einem engen Zimmer, das mit Koffern vollgestellt ist, die nur noch schmale Pfade zwischen Wand und Stuhlreihen freilassen, findet die heutige Veranstaltung im Konferenzraum eines Hotels statt. Auch sonst sind die Größenordnungen andere, denn der Staat selbst lädt zum Wettbieten. Es geht nicht um vergessene Reisetaschen an Flughäfen, sondern um verlassene Pförtnerhäuser an Eisenbahngleisen – also, unter anderem. Insgesamt liegt das Volumen der Auktion bei 11,5 Millionen Euro.

»Meinst du, wir sind richtig angezogen?«, fragt Christine, als wir gerade durch Charlottenburg zum Hotel laufen und im Prospekt Objekte sehen, die bei mehr als einer Million Euro Mindestgebot beginnen. Sie hat ein schwarzes Kleid an und ich blaue Jeans und ein blaues Hemd.

»Ich denke schon.«

»Aber du bist dir auch nicht sicher?«

Wir sehen weiter vorn am Ende der Straße schon den Veranstaltungsort, der sich an diesem Vormittag mit seiner grauen Fassade harmonisch dem grauen Himmel anpasst. Schon aus der Ferne ist das Plakat zu lesen: »Immobilien-Auktionen Live«.

»Na ja, es ist eine Versteigerung, keine Filmpremiere; die werden bestimmt niemanden abweisen, nur weil er nicht im Frack kommt«, versuche ich, das Thema zu beenden.

»Aber sicher bist du dir nicht?«, kommt Christine auf ihren Einwand zurück, während uns nur noch eine Ampel von unserem Ziel trennt.

»Nein. Lass uns einfach mal sehen, was passiert.«

Es stellt sich heraus, dass nichts passiert. Wir gehen durch die Drehtür und werden von den Veranstaltern keineswegs wie Leute gemustert, die offensichtlich nicht an diesen Ort passen. Als wir den Saal betreten, fällt uns auch auf, warum. Wir sind nicht nur nicht falsch angezogen, wir gehören sogar zu den besser Angezogenen. Manche Besucher tragen Sandalen, als kämen sie gerade vom Strand, andere Hawaiihosen und wieder andere grellrote Hemden. Die Anwesenden sehen in ihrer modischen Vielfalt so aus, als wären sie auf der Straße, in ihrer Gartenlaube, beim Sport oder beim Wandern angesprochen worden und hätten sich spontan bereit erklärt, mit hierherzukommen. Ganz besonders gilt das für den Herrn, der sich entschlossen hat, ein blaues Hemd in Kombination mit kurzer gelber Hose und schwarzen Sandalen zu tragen.

Vorn im Saal füllt ein Podium die ganze Breite des Raums aus, der deshalb ohne Weiteres auch als Gericht durchgehen könnte. Dort wird man nachher die Objekte der Auktion aufrufen. Bis es so weit ist, können sich die Gäste im Flur noch mit letzten Informationen über die Immobilien versorgen, von denen Fotos an mehreren Pinnwänden befestigt sind. Nicht jedem dieser Gebäude ist das wohl zuträglich, weswegen manche nur mit einem Pfeil markiert sind und von sehr teuren Villen verdeckt werden, mit denen sie sich sicherlich nicht messen können. Während Christine länger vor den mehr oder weniger geschickt in Szene gesetzten Aufnahmen stehen bleibt, schaue ich mich weiter um.

Wer bei dieser Auktion einen Anzug trägt, gehört zu den Veranstaltern. Sie machen einen freundlichen und doch distanzierten Eindruck.

»Wo bekommen wir denn eine Nummer für die Auktion?«, frage ich einen hochgewachsenen Mitarbeiter, der nun die Hand wie zum Eid erhebt.

»Das reicht«, meint er dazu.

»Was reicht?«

»Die Hand zu heben.«

»Oh, das ist ja einfach.«

»Aber achten Sie darauf, Ihre Hand nur zu heben, wenn Sie auch bezahlen können, was Sie ersteigern«, mahnt er nun, weil er fürchtet, dass unser Gespräch eine zu kurzweilige Richtung eingeschlagen hat. »Direkt nach der erfolgreichen Ersteigerung kommen Mitarbeiter und machen die Verträge mit Ihnen fertig.«

Christine kommt nun zu uns und hat im Katalog einen aufgegebenen Gasthof aufgeschlagen, dessen Erstgebot bei 11 000 Euro liegt.

»Das sieht schon spannend aus«, meint sie.

»Willst du den?« – ich warte einen Moment – »dann musst du nur deine Hand heben, man braucht keine Auktionsnummer.«

»Keine Nummer?«, wundert sich Christine.

»Entscheidend ist, dass man liquide genug ist, um den Kauf auch abzuschließen, sonst macht man sich strafbar!«, mahnt der Mitarbeiter, der nun so streng wirkt, als hätte sein ernstes Ich das lustige Ich erwürgt.

Weil Häuser der öffentlichen Hand unter den Hammer kommen, wird die Auktion auch von einem Vertreter des Berliner Senats begleitet. Er spricht über Verbraucherverträge und normale Kaufverträge, über anfallende doppelte Grunderwerbssteuern und darüber, dass es kein vierzehntägiges Rückgaberecht gibt. Er deutet auch zum anderen Ende des Zimmers, wo an der Wand die Urkunden der anwesenden Notare als Beweis ihrer Qualifikation hängen. Außerdem erinnert er daran, dass ungedeckte Schecks weiterhin illegal sind, weswegen nur gedeckte Schecks ausgestellt werden sollen. Schließlich erklärt er in derselben monotonen Stimme, mit der er davor das rechtliche Gelände abgesteckt hat: »Das war es im Wesentlichen, dann fasse ich das Wesentliche nun noch mal zusammen!« Woraufhin eine kurze Version der langen Version folgt, die wiederum mit den gleichen Worten schließen könnte, womit wiederum eine dritte Zusammenfassung starten könnte und danach eine vierte und fünfte. Ein Satz wie ein Perpetuum mobile.

»Wenn Sie einen Übersetzer benötigen, geben Sie uns Bescheid, Herr Meyer kann für Sie ins Englische und Russische übersetzen«, erklärt er, als er tatsächlich zum Ende kommt.

Daraufhin erhebt sich der erwähnte Doppeldolmetscher mit auffallender Würde und steht kerzengerade da, als wäre er das diesem Moment schuldig.

»Fordert er uns jetzt auf, aufzustehen, weil er die Nationalhymnen von England und Russland singen will?«, flüstert Christine, der die Ergriffenheit, die der Dolmetscher ausstrahlt, ebenfalls aufgefallen ist. Am Ende singt er nicht, sondern setzt sich wieder hin und hat damit seinen großen Auftritt für heute auch schon erledigt, weil niemand auf seine Dienste zurückgreift.

Nachdem nun die Formalitäten geklärt sind und die Nationalhymnen doch nicht gesungen wurden, kann es endlich mit den Auktionen losgehen. Auch dabei stellt diese Veranstaltung den maximalen Kontrast zu unseren Koffer-Erlebnissen dar. Statt einfach Objekt Nummer eins aufzurufen und dann die Zwei und die Drei und so weiter, stellt sich eine junge Mitarbeiterin ans Pult und liest die komplette Objektbeschreibung für die Eins vor. Das dauert lange, und sie macht es zusätzlich mit monotoner Stimme, als handelte es sich um den Auftritt einer Poetry-Slammerin, die die Tristesse des Alltags hörbar machen will. Es geht um ein Haus mit einem Grundstück von 57 561 Quadratmetern für 295 000 Euro. Als die Verlesung abgeschlossen ist, stellt sich eine ältere Dame ans Pult und beginnt die Auktion. »Es geht mit 295 000 Euro los und steigert sich in Tausenderschritten. Gibt es Interessenten?«

Die gibt es nicht, und damit dauert die Versteigerung etwa fünfzehn Sekunden, nachdem davor zwei Minuten lang die Hintergrundinformationen verlesen worden sind.

Durch die Schnelligkeit, mit der Objekt eins aus dem Rennen ist, kommt die Poetry-Slammerin kaum dazu, einen Schluck Wasser zu trinken, bevor sie mit ihrer eintönigen Arbeit fortfährt. In der Zeit, in der hier Objekt eins nicht versteigert wurde, hätte man im Auktionshaus Spier schon ein

Dutzend Menschen mit herrenlosem Gepäck zusammengebracht. Auf der Spier-Bühne stand im Wesentlichen nur eine Frau, die stoisch durchs Programm führte, während hier alles in allem fünfzehn Leute für einen korrekten Ablauf sorgen sollen. Auch das Publikum ist weniger bunt und besteht vor allem aus alten Westberlinern, asiatischen Touristen und arabischen Restaurantbesitzern. Direkt neben uns sitzt ein solcher, der schon vormittags seinen Platz eingenommen hat, obwohl er erst bei Objekt 35 mitbieten will – für eine Wohnung in Berlin-Moabit, die er seinen Kindern kaufen möchte.

»Das Problem ist, dass ich nur 50 000 Euro habe«, gibt er zu, was wirklich ein Problem ist, wenn das Mindestgebot bei 75 000 Euro liegt. Aus irgendeinem Grund sieht er das aber nicht als K.-o.-Kriterium an, sondern wartet ab und vertraut auf Gott, Glück und ein Wunder. Wobei er gleichzeitig Realist und Paranoiker ist, denn in jedem anderen Besucher erkennt er jemanden, der auch nur für die 35 hier ist.

»Die wird es auch nicht für 75 000 Euro geben«, fürchtet er darum (und soll recht behalten, denn sie geht schließlich für 125 000 Euro über den Tisch.) Wenn er nicht gerade versucht, seinen Kindern eine Bleibe zu ersteigern, leitet er ein kleines Restaurant und ist dort sicherlich nicht so aufgeregt wie hier und heute, wo er schon Stunden vor »seinem« Gebot nervös gestikuliert, diskutiert und immer wieder seine Umgebung über die finanziellen Probleme seines Plans aufklärt.

Was das Publikum sonst noch von Spier unterscheidet, ist das Fehlen der Schnäppchenjäger und Glücksritter, die sich ganz auf Intuition und Glück verlassen. Wer hierherkommt, hat sich meistens sehr gut vorbereitet und mit den Details der Objekte beschäftigt, die ihn interessieren. Wenn besonders attraktive Objekte aufgerufen werden, gehen »Stell dir das mal vor«-Blicke durch die Reihen und von Paar zu Paar. Für Augenblicke träumt sie sich dann in eine Villa auf Sylt, die nur vierhundert Meter vom Strand entfernt ist, und er in den ehemaligen Gasthof nach Thüringen. Generell ist die Vielfalt an Immobilien groß; neben den üblichen Eigentumswohnungen und Einfamilienhäusern gibt es Pfarrhäuser, Kirchen, Bauernhöfe, Brauhäuser und Fabrikantenvillen im Angebot. Hinzu kommen außerdem Objekte, deren Trostlosigkeit der Fotograf gar nicht erst versucht hat zu verschleiern. Ein Mehrfamilienhaus, das halb verfallen an einer einsamen Kreuzung steht, als wäre sein baldiger Einsturz fester Bestandteil eines Kunstprojekts. Selbst der dazugehörige Garten wirkt so einladend, als ob das Umgraben seines Erdreichs mehrere ungelöste Entführungsfälle aufklären könnte. Nicht mal das Umland kann wirklich punkten. Zwar gibt es Seen, doch diese sind »Tagebau-Restlöcher«, was ein bemerkenswert schlechtes Wort für etwas ist, was man verkaufen möchte. »Verbringen Sie einen wunderbaren Tag an einem unserer schönen Tagebau-Restlöcher« wird jedenfalls kein Touristikunternehmen jemals plakatieren.

Wenn Objekte versteigert werden, die 50 000 Euro oder auch 200 000 Euro kosten, hofft man zudem, dass einen die eigenen Arme nicht im Stich lassen. Sie fühlen sich plötzlich heliumleicht an, und in der Vorstellung sieht und hört man schon, wie sie ganz von allein in die Höhe schweben und die Auktionatorin ruft: »Damit geht die denkmalgeschützte Metzgerei für 800 000 Euro an den Mann mit den Luftballonarmen! Damit haben Sie nun nach dem bröckelnden Fußballstadion in Duisburg, der alten Lungenklinik in Potsdam und dem ehemaligen Schwimmbad im Spessart schon das vierte Objekt erstanden!«

Als es um eine Wohnung in Magdeburg geht, entwickelt sich die ganze Dramatik, die eine digitalisierte Auktion im frühen einundzwanzigsten Jahrhundert auszeichnen kann: Irgendwie wollen alle in dieser Kleinstadt wohnen (vielleicht sind es Schatzsucher, die im eigenen Keller ungestört Grabungen nach versteckten Schätzen des Dreißigjährigen Krieges durchführen wollen), weswegen sich ein episches Wettbieten entwickelt. Los geht es mit 52 000 Euro.

»Am Telefon werden 53 000 genannt!«, teilt die Auktionatorin mit, nachdem der Telefonist ihr ein Handzeichen gegeben hat.

Im Saal hebt nun ein etwa Fünfzigjähriger die Hand, der eine Sonnenbrille ins blaue Hochseehemd gesteckt hat und mit seinen schulterlangen angegrauten Haaren einen Midlife-Crisis-Eindruck macht. Gut möglich, dass er mit den Motorrädern schon durch ist und nun als Beweis seiner ewigen Jugendlichkeit eine Singlewohnung kaufen will. In Magdeburg … wo offenbar die coolen jungen Leute leben.

Wie bei einem Tennismatch geht es nun hin und her zwischen dem Telefon und dem Saalsitzer. Die Auktionatorin gibt den jeweiligen Zwischenstand bekannt.

Kaum ist sie bei »64 000 Euro am Telefon!«, reagiert unser Mann, dann wieder das Telefon, unser Mann, Telefon, Mann, Telefon, Mann, Telefon. Bald schon verkündet die Auktionatorin: »72 000 Euro im Saal.«

Nun schaltet sich eine weitere ältere Frau ein, die vor dem Pult steht und die Hand hebt, woraufhin die Auktionatorin verkündet: »73 000 Euro auf Kundenanfrage im Saal.« Was bedeutet, dass der Käufer nicht selbst anwesend ist, aber jemanden bevollmächtigt hat, für ihn zu bieten.

So treiben sich die drei weiter gegenseitig nach oben, bis die Auktion endgültig im einundzwanzigsten Jahrhundert ankommt: »84 000 Euro von einem Online-Bieter!«

Im Saal greift jetzt ein junger Mann ins Geschehen ein, der von seinem Vater begleitet wird. Der betreut wohl sein Kind bei seinen ersten Auktionsschritten, wie er es zwanzig Jahre zuvor auch bei seinen ersten wackeligen Schritten auf den eigenen Beinen getan hat. Wobei sicherlich nur die wenigsten Bieter ihre Premiere bei 85 000 Euro feiern. Offenbar provoziert von diesem wirklich jungen Konkurrenten, hebt der Midlife-Mann seine Hand, woraufhin auch der Telefonist ein neues Höchstgebot verkündet. Eine zweite Telefonistin führt nun einen weiteren Interessenten ein, während auch der Online-Bieter noch im Rennen ist, aber die Frau im Kundenauftrag ausscheidet. Mittlerweile sind wir bei 95 000 Euro angekommen, und der junge Mann steigt wieder aus, danach auch der ältere Mann. Es bleiben nur noch die zwei Telefonbieter und das Internet, wobei mehrere Runden später der Hammer endgültig drei Mal geschlagen wird und das bisher dramatischste Bieten ein Ende findet. Die Wohnung geht für 101 000 Euro an den unbekannten Bieter, der über den ersten Telefonisten teilgenommen hat.

So vergeht der Tag im Bauch des Hotels. Immobilien wechseln die Besitzer, und wir sitzen da und stellen fest, dass das große Häuserrücken ohne uns stattfindet.

»Höchstens der Harz kommt infrage«, bemerkt Christine beim Blättern und zeigt mir eine Eigentumswohnung, die 7 000 Euro kostet und aus vierzig Quadratmetern sowie dem Zusatz »insgesamt renovierungsbedürftig« besteht. Wobei Christine sich aber in ein Anwesen verliebt hat, das wie eine Mischung aus Villa und Festung wirkt, über fast dreitausend Quadratmeter Grund verfügt und weiträumig um einen Innenhof herum angelegt ist. Es steht in einem kleinen Dorf mit kleinen Häusern, und die Luftaufnahmen zeigen schon, wie wenig dieses Großprojekt in die Beschaulichkeit des Ortes passt. Am Ende geht es für mehr als 100 000 Euro an jemanden, der zum Glück nicht Christine ist.

Wir verlassen die Auktion, als sie sich gerade auf das siebzehnte Bundesland – Mallorca – verlegt. Es geht um eine Villa und 598 000 Euro Mindestgebot.

»Ob die mal Boris Becker gehört hat?«, flüstert Christine, während wir in den Flur hinausgehen.

»Rein von der Wahrscheinlichkeit her sollte man eher von Ja als Nein ausgehen«, gebe ich zurück, während wir auf die Straße treten.

»Ich habe wirklich den Eindruck, dass es bei jedem Zeitungsbericht über Villen in Mallorca um Becker geht«, erklärt Christine.

»Beckers Villa ist eine moderne Version von Schrödingers Katze«, fällt mir dazu ein. »Du musst immer gleichzeitig davon ausgehen, dass er in einer bestimmten Villa auf Mallorca wohnt und dass er da nicht wohnt.«

Wir laufen den Ku'damm entlang. Es ist ein schöner Tag auf einer der teuersten Straßen Berlins, die von einigen der teuersten Immobilien der Stadt gesäumt wird. Für uns geht es aber schließlich zurück in eine kleine Wohnung in Prenzlauer Berg, die, wenn Wohnungen Gefühle hätten, sicherlich gekränkt wäre, wenn sie wüsste, was wir heute gemacht haben.

Fazit: Beton ist eine Währung, die in unserem Geldbeutel nicht vorkommt.

Kunstmarkt

Ich kann nicht malen. Jedes Bild, an dem ich mich versuche, sieht aus, als hätte es ein Kind angefertigt, das nicht malen kann. Es ist mir ein Rätsel, wie man Schatten, Konturen, räumliche Tiefe und echte Emotionen in Bilder hineinbekommt. Ich jedenfalls habe zur Kunstgeschichte nichts beizutragen, was nicht schon die Höhlenmaler vor 30 000 Jahren besser konnten.

Bei Christine sieht es etwas anders aus, wobei die Betonung auf »etwas« liegt; und zwar nicht im gespielt bescheidenen Sinne, sondern im wortwörtlichen. Sie hat bei uns auf dem Prenzlauer Berg an einem Kunstkurs teilgenommen, und was sie von da mit nach Hause brachte, konnte ich nur mit einem gewissen detektivischen Spürsinn zuordnen. Auf einem der Bilder ist der Berliner Fernsehturm das zentrale Motiv, der jedoch so mollig aussieht, als hätte er zu viel Pizza gegessen. Auf einem anderen sollte ein Apfelbaum möglichst detailgetreu gezeichnet werden. Bei Christine hat er sich in ein Geschöpf aus finstersten Albträumen verwandelt. Die Äste erinnerten an Speere und die Äpfel an Handgranaten oder Wasserbomben, aber bestimmt nicht an gesundes Obst. Würde mein Kind mit so einem Bild ankommen, wir hätten am nächsten Tag einen Termin beim Psychologen. Im Fall von Christine ist die Diagnose aber leichter zu stellen: wenig Talent.

Nun ja, ich schicke das voraus, weil wir uns nun in ein Feld vorwagen, das für uns definitiv kein Heimspiel wird: Kunsthandel. Genau genommen wollen wir ein Gemälde kaufen und zu einem besseren Preis weiterverkaufen – immerhin wechseln manche Bilder für Hunderte von Millionen Euro den Besitzer. Der Mann, der in der Steinzeit Höhlenwandmalverbot gehabt hätte, und die Frau, die beim ehrlichen Versuch, einen harmlosen Apfelbaum zu malen, ein surreales Monster erschaffen hat, versuchen sich also als Kunsthändler.

Es heißt ja, dass es manchmal nützlich ist, mit ganz unbedarften Augen auf ein Thema zu schauen, weil Profis oft betriebsblind sind und deswegen Neuerungen nicht sehen können. Unsere Hoffnung ist, dass an dieser Behauptung etwas dran sein könnte.

Die erste Kontaktaufnahme mit der Kunstwelt findet über das Telefon statt. Um uns eine erste Orientierung zu verschaffen, rufen wir bei einem Auktionshaus in Köln an.

»Ja, also«, beginne ich, als die Frau mit jovialer Stimme wissen will, warum wir anrufen, »wir wollen erfahren, wie man mit Kunstwerken reich wird.«

Sie schweigt danach so lange, dass ich Christine zuflüstere: »Sie schweigt.«

»Ich weiß«, meint sie, »der Lautsprecher ist ja an.«

»Hallo?«, frage ich ins Telefon, als es immer noch keinen Laut von der anderen Seite gibt.

»Wie Sie mit Kunstwerken reich werden können …«, kommt es endlich zurück, als könnte unsere Gesprächspartnerin die Ernsthaftigkeit unserer Frage besser prüfen, wenn sie diese selbst nochmals ausspricht.

»Genau.«

»Nun, kennen Sie den Witz, wie man es in Kolumbien zu einem kleinen Vermögen bringt?« Ohne abzuwarten, ob wir ihn kennen, löst sie ihn schon auf: »Indem man mit einem großen

Vermögen startet.« Ich kannte den Witz nicht und verstehe auch den Bezug zu Kolumbien nicht. Ist das ein Land, in das viele Nazis geflüchtet sind und das deswegen einen festen Platz in der deutschen Witzefolklore einnimmt? Auch Christine wirkt zu irritiert, als dass sie den Witz lustig finden könnte.

»Okay, ich verstehe, was Sie sagen wollen«, bleibe ich reserviert, was vermutlich eine noch deprimierendere Reaktion auf einen Witz ist, als einfach zu schweigen.

»Viele Leute, die Kunst kaufen, wollen sie behalten und nicht für mehr Geld weitergeben, das sollte ich vorausschicken«, schickt die Frau aus Köln voraus.

»Zu denen gehören wir nicht, wir wollen mit Gewinn weiterverkaufen!«, mischt sich Christine ein.

»Wer spricht da jetzt?«

»Ach so, meine Frau, ich habe das Telefon auf laut gestellt, damit wir beide mit Ihnen sprechen können.«

»Hören sonst noch Leute mit?« Sie klingt mehr besorgt als verärgert.

»Wenn ja, sind es jedenfalls keine, die wir darum gebeten haben.«

»Wie viel wollen Sie denn für Ihre Kunst bezahlen?«, kehrt sie zum Thema zurück.

»Wir dachten bei der Auktion so an hundert bis dreihundert Euro, es soll ja von einem jungen Künstler sein, dessen Wert noch massiv steigt. Wie bei Aktien, die günstig gekauft werden und dann –«

»Tausendfünfhundert Euro mindestens«, unterbricht sie mich, »eher zwei- oder dreitausend. Aber was Sie offenbar suchen, gibt es ohnehin nicht in Auktionen, denn da wird nur mit Gegenständen gehandelt, die schon einen Wert haben und nicht erst einen Wert bekommen sollen. Am besten wäre es, wenn Sie zu einer Galerie gehen, denn dort gibt es auch manchmal Werke von aufstrebenden Künstlern. Doch auch da werden

Sie wohl vierstellige Summen zahlen müssen, denn die Galerie behält einen Teil des Geldes, weswegen der Preis deutlich steigt. Das sind oft vierzig bis fünfzig Prozent.«

Tausendfünfhundert Euro für das Bild eines Malers, der vielleicht nie erfolgreich sein wird, sind eine ganze Menge. Vor allem, wenn das schon die unterste Preiskategorie ist. So langsam verstehe ich den Kolumbienwitz besser.

»Gibt es jenseits von Auktionen und Galerien noch andere Orte, wo man Kunst kaufen kann?«, frage ich nach.

»An der Kunstakademie«, kommt es zurück, »aber da ist es im Grunde wirklich fast wie Lottospielen, ob man einen Treffer landet oder nicht.«

»Und sonst?«

»Vielleicht« – sie zögert kurz – »Online-Auktionen. Das ist relativ neu, und Sie können davor die Werke nicht besichtigen, aber das scheint in Ihrem Fall ja nicht so entscheidend zu sein.«

»Ganz richtig«, stimme ich zu.

»Ja, dann wäre das vielleicht etwas, was Sie ausprobieren sollten.«

»Macht Ihr Auktionshaus auch Online-Auktionen?«, will Christine wissen.

»Nein!« Man kann sich den empörten Gesichtsausdruck durch die Telefonleitung hindurch vorstellen.

Wir melden uns bei einem Online-Auktionshaus an, und keine dreißig Sekunden später können wir schon zwischen Kunst vor dem Jahr 1900, zwischen 1900 und 1945 und seit 1945 wählen. Christine entwickelt beim Betrachten eine Vorliebe für die Zeit nach 1945, was nicht gut ist, weil keine Kunst im Schnitt so teuer ist wie die moderne. Auch die traditionelle Auktionatorin erwähnte in unserem Telefonat, dass die Jungen den Alten momentan ziemlich den Rang abgelaufen haben. Wobei das natürlich auch eine Gelegenheit sein kann, gerade jetzt in die Alten zu investieren, denn irgendwann werden auch diese wiederentdeckt, und da wäre es praktisch, wenn wir einen der Alten besitzen würden.

»Lass uns hier mitbieten!« Christine zeigt mir etwas, auf dem breite Linien in verschiedenen Blautönen zu sehen sind, die ein bisschen aussehen wie nebeneinander verlaufende Autobahnspuren, die schließlich in einer Rechtskurve das Bild verlassen.

»Wollen wir nicht lieber etwas kaufen, das nach etwas Talent aussieht?«

»Das ist doch schön.«

»Es sieht aus, als ob ein Wassermalkasten ausgelaufen wäre.«

»Hat dein Wasserfarbenkasten nur Blau?«

»Wäre ich ein Künstler, könnte das sein.«

»Mir gefällt es.«

»Aber warum?«

»Wegen des Blaus, es hat etwas Beruhigendes.«

»Okay, dann lass es uns so machen: Wir kaufen dir eine blaue Lavalampe für die Beruhigung und schauen uns jetzt trotzdem mal im neunzehnten Jahrhundert um.«

Christine besteht zwar darauf, dass wir ihr Blau auf den Merkzettel setzen, folgt mir dann aber ins vorletzte Jahrhundert. Mir gefällt die Kunst aus dieser Zeit, wobei es aber auch gern noch ältere sein darf. Wir haben in Berlin die Gemäldegalerie, ein Museum am Potsdamer Platz, das in labyrinthischer Unübersichtlichkeit alte Gemälde präsentiert. Da gibt es Bilder, auf denen so viele Details versteckt sind und so viele Geschichten erzählt werden, dass sie schon fast als gerahmte Romane durchgehen. Einer der begabtesten Gemäldeautoren ist Hieronymus Bosch, dessen Bilder so voller Handlungen und Dramen stecken, dass man sie nicht einfach schnell im Vorbeigehen anschauen kann und fertig. Doch nach 1945 geht der Trend offenbar genau in diese McDrive-Richtung: Man muss nicht mehr stehen bleiben, weil es nun hingekritzelte

Kreise, Muster und Schatten zu sehen gibt, gegen die sogar Strichmännchen wie ausdrucksstarke Malerei wirken. Nach 1945 haben die Künstler offenbar die Geduld verloren und sind nicht mehr bereit, Wochen, Monate oder gar Jahre in ein Werk zu investieren.

Unser Online-Auktionshaus bietet zu den alten Meistern leider nur eine kurze Liste an. Die schwarze Kohlezeichnung einer Windmühle auf einem Hügel hat den Namen »Deutschland« bekommen und ist schon jetzt bei 700 Euro, auch ein weiteres als »Deutschland« deklariertes Bild zeigt viel Natur und dazu mehrere Reiter. Es ist ein Ölgemälde und hängt das Deutschland aus Kohle deutlich ab, hier steht das aktuelle Gebot bei 1 730 Euro. Das Panoramagemälde einer Stadt am Fluss wiederum sieht zwar schön aus, würde momentan aber schon 2 590 Euro kosten. Bleiben also nur noch zwei Bilder: Das eine heißt »Portrait einer Milchkuh« und ist damit schon ziemlich präzise beschrieben (wobei es mit 1 160 Euro ebenfalls außerhalb unserer Geldbeutelreichweite liegt), während das andere ebenfalls ein Porträt ist, allerdings nicht von einem Wiederkäuer, sondern von Napoleon Bonaparte, und bei noch überschaubaren 28 Euro liegt.

»Den will ich!«, lege ich mich fest. Als ich den Kaiser Frankreichs ansehe, scheint es fast, als lächelte er mir verschmitzt zu. So wird er es auch gemacht haben, als er von Elba zurückkehrte und erneut Truppen um sich scharte. Mit einem Lächeln, das noch subtiler ist als das der Mona Lisa, gewann er die Herzen der Menschen zurück.

»Napoleon?«, wundert sich Christine.

»Wenn du willst, kippe ich blaue Farbe über ihn, sobald wir ihn ersteigert haben.«

Letztlich bieten wir also auf Napoleon und auf blaue Farbe und hoffen, am Ende nicht beide Bilder kaufen zu müssen. In den verbleibenden vier Tagen der Auktion müssen wir das blaue

Bild schon früh aufgeben, weil vor einem anderen Computer ein anderer Farbenfan sitzt, der mit humorloser Penetranz jedes unserer Gebote sofort wieder überbietet. Als wir bei 150 Euro angelangt sind, gibt Christine ihren Traum in Blau auf. Um Napoleon kämpfen wir länger, was daran liegt, dass er sehr lange von niemandem sonst begehrt wird. Doch in den letzten zwei Stunden vor Auktionsende kommt Leben in die Angelegenheit. Plötzlich wird versucht, uns Napoleon wegzubieten, was wir mehrmals abwehren können, bevor uns erneut bei der 150-Euro-Grenze die finanziellen Kräfte ausgehen. Und so verlieren wir schließlich in einer Auktion, die so knapp ausgeht, wie es die Schlacht von Waterloo nicht getan hat, auch Napoleon.

Nun stehen wir also weiterhin ohne Kunstwerk da. In unserer Not nehmen wir als Nächstes sogar an der Versteigerung von Gastgeschenken ausländischer Politiker teil, die die Bundesregierung regelmäßig und ganz unsentimental im Internet durchführt. Wir steigern um eine Uhr mit, auf deren Ziffernblatt ein Porträt Gaddafis abgebildet ist, wir versuchen unser Glück auch bei einem Schachbrett mit Terrakottafiguren, und sogar eine Sammlung von Schallplatten zum Norwegisch-Lernen hätten wir genommen. Ja, stimmt, bei nichts davon handelt es sich um ein Gemälde, doch in unserer Verzweiflung hätten wir uns auch mit irgendetwas anderem begnügt, was womöglich als Kunst durchgeht. Aber auch hier gehen wir leer aus. Wir wissen nicht einmal, wie nah wir einem möglichen Erfolg waren, weil die Auktionen der Bundesregierung auf so ziemlich alles verzichten, was Auktionen eigentlich reizvoll macht. Als Erstes wäre da anzumerken, dass nirgendwo angegeben wird, wo das aktuelle Höchstgebot steht. Als wir die Gaddafi-Armbanduhr haben wollten, haben wir fünfzig Euro angegeben. Womöglich lag der Spitzenreiter ja nur bei einundfünfzig Euro, vielleicht aber auch bei 30 000 Euro. Es wird ein ewiges Rätsel bleiben, denn auch nach Ende der Auktion wird nicht enthüllt, für welche Summen die Artikel den Besitzer gewechselt haben. Auktionen der Bundesregierung sind wie Dates unter erschwerten Bedingungen, weil beim Dinner ein Vorhang quer über den Tisch hängt, sodass man nicht weiß, wie dem anderen der Abend gefällt oder ob er überhaupt noch da ist.

* * *

Ein paar Tage später sind all diese Rückschläge aber endlich vergessen, denn wir haben eine kleine Galerie entdeckt, die Kunst auch zu Preisen verkauft, die nicht sofort in die Tausende gehen. Als Verkaufsfläche dienen zwei Räume in der Nähe des Hackeschen Markts, wo es mehr Touristen als Berliner gibt. Auf wenig Platz werden hier unzählige Bilder angeboten. Vor dem Fenster rauscht in regelmäßigen Abständen die Straßenbahn vorbei, und hinter einem kleinen Tisch sitzt die Verkäuferin, die möglichst unbeteiligt tut und ihr schulterlanges braunes Haar offen beziehungsweise als Sichtschutz trägt. Besucher werden nicht begrüßt, und auch auf kurze Blicke, um mögliche Hilfesuchende auszumachen, verzichtet sie. Christine entdeckt im zweiten Raum Bilder, die von der Proportion her in ein Wohnzimmer passen könnten, während die Leinwände im ersten Raum die Ausmaße von Haustüren haben. Es sind noch zwei weitere Kunden in diesem zweiten, besenkammerengen Zimmer. Es ist immer wieder beeindruckend, wie gut Menschen darin sind, andere Menschen selbst auf engstem Raum so zu behandeln, als wären sie gar nicht da. Das ältere Ehepaar fachsimpelt daher konzentriert über die Gemälde, und auch wir beraten uns, während beide Parteien sich bemühen, die Anwesenheit der jeweils anderen zu ignorieren, obwohl man einander fast auf den Füßen steht. Ähnlich steif müssen

Begegnungen zwischen Vertretern der beiden Deutschlands abgelaufen sein, die sich gegenseitig nicht anerkannten. Wer den anderen als Erster grüßt, hat den Kampf zwischen Kapitalismus und Kommunismus verloren.

Christine interessiert sich für mehrere Werke, auf denen in leicht abstrakter Form Städte oder Stadtszenen abgebildet sind – das Brandenburger Tor, eine Menschenmenge, das Panorama einer Metropole. Ich schaue mir die Bilder auch alle an und finde sie in Ordnung. Würde aber auf einem Familienfest mein Neffe mit so was ankommen, würde ich ihn zwar dafür loben, jedoch trotzdem nicht für einen zweiten Picasso halten. Christine ist vor allem von einem Motiv begeistert, auf dem in verschiedenen Rot- und Gelbtönen eine Stadt zu sehen ist, die scheinbar über verschiedene Ebenen in die Höhe wächst. Brücken, Türme, Wege und sogar ein Windrad sind zu erkennen.

»Findest du das auch gut?«, will sie wissen.

Ich nicke unbestimmt und schaue mir einige weitere Motive an, wobei ich ein gelbes Rapsfeld entdecke, hinter dem gerade die Sonne untergeht.

»Nein, das ist nicht gut«, lehnt Christine ab, bevor ich etwas sagen kann, und weil sie im Gegensatz zu mir einen richtigen Favoriten hat, entscheiden wir uns für ihre Stadt in Rot und Gelb, die den Titel »Bunte Häuserwelten« trägt und von der Künstlerin Darshan gemalt wurde.

Wir setzen uns also an den Schreibtisch der Verkäuferin, die sich ihr Haar kurz aus dem Gesicht streicht und den Verkauf mit limitierter Begeisterung über die Bühne bringt.

»Wenn Sie in bar zahlen, kostet das Bild nur hundertsiebzig Euro, statt hundertachtzig«, schlägt sie uns vor, und als Christine sagt, dass wir es trotzdem mit Karte zahlen wollen, erklärt sie ihre Galerie zur kreditkartenfreien Zone. Also müssen wir das Gemälde noch zurücklassen und losziehen, um bei der nächsten Bank hundertsiebzig Euro zu holen. Als wir wieder zurückkommen, sitzt die Verkäuferin unverändert an ihrem kleinen Schreibtisch und betrachtet etwas auf ihrem Computerbildschirm. Wir setzen uns und warten ab, bis sie entscheidet, sich wieder etwas Zeit für ihre Kunden zu nehmen.

Geld und Gemälde wechseln daraufhin endgültig den Besitzer. Wir wollen uns danach noch etwas unterhalten, aber das Gespräch entwickelt sich so locker und entspannt wie das Verhör eines Mafiabosses.

Gideon: »Bieten Ihnen die Künstler ihre Werke an?«

»Nein, so machen wir das nicht.«

Christine: »Wissen die Künstler, zu welchen Preisen ihre Werke verkauft werden?«

»Manche vielleicht.«

Christine zum Zweiten: »Haben Sie auch einen Newsletter?«

»Nein.«

Christine zum Dritten: »Und arbeiten immer die gleichen Künstler mit Ihnen oder –«

»Wir suchen sie aus.«

Sie notiert sich etwas auf einen Zettel, wir sitzen da. Ich sehe, dass Christine noch eine Frage stellen will, aber es schließlich sein lässt.

»Lass uns gehen«, schlage ich vor.

Mit unserer ersten gekauften Kunst unter dem Arm laufen wir die Straße entlang. Viele Touristen kommen uns entgegen, und wir weichen aus, um unsere wertvolle Fracht zu schützen.

»Sie mochte uns wohl nicht«, meine ich.

»Ich glaube eher, dass wir ihr egal waren. Wir sahen zu wenig wie Gemälde aus, deswegen fand sie uns langweilig.«

Zu Hause wird die braune Verpackung entfernt, die die Verkäuferin so großzügig mit Tesafilm verklebt hat, dass wir beim Auspacken fürchten, das Gemälde zu zerstören. Doch dann ist es so weit und wir hängen unser Gemälde an die Wand, den Grundstein unserer Kunstsammlerlaufbahn, die eigentlich eine Kunstspekulantenlaufbahn werden soll. Hundertsiebzig Euro hat es uns gekostet, und nun stellt sich die Frage, ob wir beim Weiterverkauf mehr als das erhalten werden.

Die Realität gibt sich Mühe, unsere Hoffnung sofort mit aller Kraft zu zerschlagen. Eine erste Attacke lässt sie von einer Vertreterin des Bundesverbands Deutscher Galerien und Kunsthändler reiten, die unser Bild nur kurz betrachten muss, um sich festzulegen. »So ein Gemälde werden Sie nie loswerden! Von der Technik her würde ich vermuten, dass die Künstlerin Autodidaktin ist und sich sehr von Paul Klee inspirieren hat lassen, wie es so viele andere auch tun.« Auch dämpft sie unsere Hoffnung auf das große Geld am Kunstmarkt, speziell auf den schnellen Euro, denn »in diesem Bereich muss schon fast in Generationen gedacht werden oder in Jahrhunderten.« Ob »Bunte Häuserwelten« dann vielleicht im Jahr 2119 mehrere Millionen wert sein könnte und unsere Urenkel an uns denken, wenn sie die 10 Millionen Euro auf dem Konto sehen, die sie aufgrund der Versteigerung verdient haben?

»Nein. Kunst ist in gewisser Weise ein Gemeinschaftsprojekt. Für den Wert eines Kunstwerkes sind verschiedene Faktoren verantwortlich, wie etwa die Bekanntheit in der Kunstszene, Ausstellungen, hohe Preise und eine Markenbildung, um nur wenige zu nennen, von denen kein einziger auf diesen Fall zutrifft.« Schließlich entlässt sie uns aber doch noch mit einem, nun ja, Mutmacher: »Wenn Sie viel Glück haben, können Sie dieses Gemälde im Bekanntenkreis verkaufen. Vielleicht gefällt es ja jemandem, der es sich an die Wand hängen will.«

So schnell wollen wir aber nicht aufgeben. Weswegen die Realität zur nächsten Attacke ansetzt, denn wir gelangen mit unserem Gemälde nicht mal über die Schwelle eines Auktionshauses, eines Antiquariats oder einer Galerie. Der Ablehnungsrekord beträgt dabei vier Minuten. Länger braucht ein Kunsthändler aus München nicht, um uns schriftlich mitzuteilen: »Vielen Dank für Ihre Anfrage, leider eher weniger was für uns.« Danach ist es aber immerhin leichter, mit den Absagen umzugehen, die sich alle in ihrer wortkargen Nüchternheit ähneln:

»Fragen Sie bitte woanders nach.«

»Ist leider nicht interessant für uns.«

»Wir nehmen keine Bilder zurück.« (Ja, wir haben auch bei dem Atelier nachgefragt, wo wir es gekauft hatten – so groß war die Not.)

Der dritte Schlag der Realität – das Gespräch mit einer weiteren Kunstexpertin der Universität Berlin – hätte ernüchternd wirken können, wenn bei uns noch Resteuphorie übrig gewesen wäre. Aber nach den bisherigen Erfahrungen haben sich unsere Erwartungen in etwa auf die reduziert, die eine Eintagsfliege an den zweiten Tag ihres Lebens hat. Nämlich gar keine.

»Der Kunstmarkt funktioniert vollkommen anders als etwa die Börse; es gibt keine klaren Maßstäbe, an denen der Preis und der Wert eines Bildes festgemacht werden könnten. Der Kunstmarkt ist ein Unikatemarkt. Jedes Bild gibt es nur einmal, und jedes Bild hat deshalb einen individuellen Wert und ist dabei oft mehr eine ästhetische Investition als eine ökonomische.«

Wie sich die dazugehörigen Preise entwickeln, ist dabei im wahrsten Sinne des Wortes eine Kunst für sich. Da kommt eine Reihe von unbekannten Faktoren zusammen, die kaum zu berechnen sind. »Zeitgeist, politische und ideologische Entwicklungen, Moden und Launen. Mit dieser Frage beschäftigen sich bei den großen Auktionshäusern ganze Abteilungen und kommen dabei kaum voran«, meint unsere Kunstexpertin und schiebt noch nach: »Wenn man so will, ist es ein Risikogeschäft, in Kunst zu investieren.«

Als wären die Chancen, das Bild mit Gewinn (oder überhaupt) zu verkaufen, nicht schon schlecht genug, kommt noch eine weitere Hypothek hinzu. Christine fängt an, sich an das Gemälde zu gewöhnen. Genau genommen sagt sie: »Ich will es behalten.« Für Kunstspekulanten dürfte eine solche emotionale Nähe zum Objekt der Spekulation in etwa so vorteilhaft sein wie Höhenangst für einen Fassadenkletterer. Weil unsere Hoffnungen dahinschwinden, versuchen wir uns durch einen Blick auf die teuersten Gemälde der Welt neu zu motivieren. Auf Wikipedia gibt es eine Liste der 120 Gemälde, die für die höchsten Summen den Besitzer gewechselt haben. Erstaunlich an ihr ist zuerst einmal das Verhältnis 119 zu 1 zwischen männlichen und weiblichen Künstlern (und dass es sich, mit einer Ausnahme aus China, ausschließlich um Werke aus der westlichen Kultur handelt). Nur Georgia O'Keeffe vertritt die weibliche Hälfte der Menschheit, wobei aber auch die männliche hauptsächlich aus Picasso und van Gogh besteht. Über allen thront jedoch ein anderer: Leonardo da Vinci, der Supernerd aus Italien. Sein Werk »Salvator Mundi« wurde für 450 Millionen Dollar versteigert und ist damit deutlich teurer als die Nummer zwei und drei in der Liste zusammen, die auf 180 Millionen beziehungsweise 170 Millionen kommen. Allerdings ist diese Liste unvollständig, denn sie beinhaltet nur die Werke, die auch verkäuflich sind. Das schließt alle aus, die in Museen hängen, womit wir auch schon beim Bild der Bilder wären: der Mona Lisa. Ihr Wert wird auf etwa eine Milliarde Euro geschätzt. Sollte es verkauft werden, müsste da Vinci trotzdem keine Angst um seinen Spitzenplatz haben, denn auch die lächelnde Dame an der Wand im Louvre wurde von ihm gemalt.

Unser Bild »Bunte Häuserwelten« erhält noch eine letzte Gnadenrunde auf eBay, wo es aber auch keinen Käufer findet. Nun hängt es bei uns an der Wand, was zumindest Christine glücklich macht, die ich zunehmend im Verdacht habe, dass sie den Verkauf aktiv sabotiert hätte, wenn es zu einem gekommen wäre.

Im Grunde fallen Kunstwerke in den Bereich Sammelleidenschaft und haben damit mehr mit Briefmarkensets zu tun als mit klassischer Geldanlage. Ihre Bedeutung bemisst sich deswegen vor allem am Interesse an dieser bestimmten Sammelleidenschaft, und wenn dieses abnimmt, verliert auch die wertvollste Briefmarkensammlung der Welt ihren Wert. Auch mit den Gemälden von da Vinci könnte das theoretisch passieren, was im Moment jedoch so unwahrscheinlich ist, dass ich jederzeit bereit wäre, für eines seiner Werke etwas Platz an der Wohnzimmerwand zu machen. Wobei es nicht sicher ist, ob Christine damit einverstanden wäre, »Bunte Häuserwelten« zugunsten von »Salvator Mundi« abzuhängen, denn sie hat immerhin die erste wichtige Regel für den Kunstmarkt verinnerlicht: Liebe und Leidenschaft für die Werke zu empfinden. Von daher haben wir keine hundertsiebzig Euro Verlust gemacht, sondern für hundertsiebzig Euro eine »ästhetische Investition« getätigt.

Fazit: Was für die einen wie ein Fehlkauf aussieht, ist für die anderen eine (ästhetische) Investition in Höhe von hundertsiebzig Euro.

Messe für Finanzen und Geldanlage

Fünfte Deutsche Rohstoffnacht! Was klingt wie ein Maskenball, auf dem sich die Gäste als Ölfass oder Bohrturm verkleiden, ist ein Programmpunkt der *Invest,* der »Leitmesse für Finanzen und Geldanlage« in Stuttgart. An der nehmen wir natürlich teil. Sollte es noch Möglichkeiten geben, sein Geld anzulegen, von denen wir noch nichts gehört haben, werden wir sie hier bestimmt finden.

Es ist ein grauer Frühlingstag, als wir mit dem Zug in der baden-württembergischen Landeshauptstadt ankommen. Sie ist so ungünstig zwischen mehreren Hügeln eingeklemmt, als wäre sie vor langer Zeit vor etwas geflüchtet, hier am Neckar nicht mehr weitergekommen, erschöpft zusammengebrochen und einfach liegen geblieben.

Unweit des Bahnhofs fällt unser Blick auf einen Container, an dem Fahnen und Infotafeln angebracht sind. Immer noch gibt es also Widerstand gegen Stuttgart 21, auch wenn die meisten Bewohner bahnhofstechnisch gesehen längst nicht mehr oben bleiben wollen, sondern schon zufrieden wären, wenn die Kosten für den Umbau nicht in Berliner Größenordnungen eskalierten. Schließlich haben die Schwaben noch einen Ruf zu verlieren, während die Ex-Preußen ihren längst in die brandenburgische Steppe gesetzt haben.

Das Messegelände selbst ist der siamesische Zwilling des Stuttgarter Flughafens, worauf die Messeleitung so stolz ist, dass sie dieses innovative Konzept in jeder Pressemitteilung betont, die sie herausgibt. Wer mit dem Flugzeug kommt, kann tatsächlich direkt vom Gate aus hinüberlaufen und ist nach wenigen hundert Metern auf der *Invest.* Das Gelände ist offen und weiträumig und könnte eine DDR-Anlage sein, wenn der Sozialismus ein bisschen Wert auf Ästhetik gelegt hätte. Wobei aber im Inneren des Gebäudes der Kapitalismus in seiner ganzen Anzughaftigkeit das Sagen hat. Nirgendwo ist die Dichte an Krawatten größer als hier. Wir eilen gemeinsam mit Männern in Anzügen und Frauen in Blazern auf die Drehkreuze zu, und es fühlt sich an, als hätten wir die Einladung zu einer Hochzeit mit der zum gemütlichen Grillen im Park verwechselt, weswegen wir nun dementsprechend salopp gekleidet sind.

Seitdem aber Leute wie Mark Zuckerberg in Jeans und T-Shirt auftreten und damit den Stil einer ganzen Branche prägen, könnte man natürlich auch selbst jederzeit ein Milliardär sein, der sich wie ein C&A-Stammkunde anzieht. Allerdings stellen wir fest, dass die Moderevolution doch noch nicht so weit fortgeschritten ist, denn auf der *Invest* gelten noch immer die alten Statussymbole. Erstaunlich oft werden darum nicht wir, sondern Anzugträger und Blazerträgerinnen um uns herum von den Ausstellern angesprochen.

Bevor es in den eigentlichen Messebereich geht, führt der Weg durch ein Spalier von nachhaltigen Unternehmen, die Windräder und Solaranlagen und Urwälder und Wasserkraft anbieten. Das ist die Messe »Grünes Geld«, die der *Invest* angeschlossen ist und den strategisch besten Platz hat. Jeder muss durch diesen Hohlweg aus Nachhaltigkeit. Auch wer davon träumt, in chinesische Atomkraftwerke zu investieren, muss erst an all diesen Ständen vorbei, die mit dem Versprechen antreten, dass wir zwar ein schlechtes Gewissen haben müssen, aber trotzdem Profite einfahren können. Das eine ergibt sich aus dem anderen. Würde Martin Luther zum Leben erwachen und durch diesen Teil der Messe stolpern, ihm käme die Masche irgendwie bekannt vor, aus dem schlechten Gewissen der Menschen Kapital zu schlagen. Es fehlt nur das Werbeplakat eines modernen Johann Tetzel, der für Wasserkraft in Chile wirbt und dabei verkündet: »Wenn die Aktie im Depot klingt, die Rendite auf das Konto springt!«

Aber auch ohne diese beiden Widersacher gibt es genug Rhetorik, die von Wiedergutmachung für begangene Sünden handelt. Ein Aussteller gibt bekannt, dass sein Unternehmen nur deswegen gegründet wurde, um das klimaschädliche CO_2 auszugleichen, welches durch die Kunden des Reiseunternehmens entsteht, das zur gleichen Unternehmensgruppe gehört. Andere Anbieter werben mit Preisgarantien, die durch staatliche Förderung abgesichert sind, und verkünden jedem CO_2-Sünder, dass es Ausgleichsprogramme im Angebot gibt, die zwar Geld kosten, aber das eigene Klimavergehen tilgen. In diesem Bereich der Messe gibt es außerdem eine Inflation an Wortspielen mit dem Wort fair: Fairzinsung, Fairsicherung, Fairsprechen. Die Botschaft ist klar, alles ist hier fair, weswegen man auch ohne Sorge einen Fairtrag unterschreiben kann. (Fairbrecher gibt es auf dieser Messe natürlich auch, erklärt so mancher Mitarbeiter an den Ständen, aber die sind alle Teil der eigentlichen Messe, zu der man durch dieses Spalier geleitet wird.)

Wir bleiben an einem Stand stehen, und wie eine Spinne, in deren Netz wir uns verfangen haben, springt der dazugehörige Mittelständler sofort auf uns zu. Es ist noch früh am Tag, und er will nicht umsonst auf der *Invest* gewesen sein. Außerdem ist er klein und drahtig, und es würde mich nicht wundern, wenn er in seiner Freizeit an Triathlons teilnimmt. Die Chancen stehen also gut, dass er dieses engagierte Tempo die zwei Messetage über durchhalten kann.

»Euch ist die Umwelt bestimmt auch nicht egal, oder?«, beginnt er, und obwohl er uns noch nie zuvor gesehen hat, liegt er damit richtig. Wie schafft er das nur?

Wir nicken.

»Unsere Windparks sollen die Kohlekraftwerke ersetzen, die die Natur zerstören.«

Wir hören weiter zu.

»Deswegen expandieren wir auf der ganzen Welt und suchen Investoren für unsere Parks. Sie würden die Umwelt schonen und etwas gegen den Klimawandel tun, wenn Sie bei uns investieren. Und dabei sogar noch Geld machen.«

»Können Sie garantieren, dass wir kein Geld verlieren?«, will Christine wissen.

»Garantieren kann man das natürlich nicht, aber auch ein Pilot kann nicht garantieren, dass er nicht abstürzt; verstehen Sie, was ich meine?«

»Weil das eben so klang, als ob es keinerlei Risiken gibt«, meint Christine, und der Mann kommt wieder mit seinem Piloten und schlägt uns dann vor, in eine Windparkanlage im Iran zu investieren.

»Damit die Menschen wenigstens frische Luft atmen, während sie unterdrückt werden?«, werfe ich ein, und der Triathlet gibt zu bedenken, dass er »das alles« ja auch schrecklich findet, aber es nie falsch sein kann, in Windkraft zu investieren. Egal wo.

Wir ziehen weiter, ohne zu Windparkbesitzern im Iran geworden zu sein, und erreichen eine Rolltreppe, die hinauf zur eigentlichen *Invest* führt.

Ein sehr dünner älterer Mann fährt auf der anderen Seite gerade hinunter und wäre durch seine Kleidung auch an Orten aufgefallen, die keine so hohe Krawattendichte haben. Hose und Pullover sehen aus wie ein Leopardenfell. Dazu rote Schuhe und schwarze lange Haare. Ich würde wetten, dass er Millionär ist und sich diesen extravaganten Stil gerade deswegen zugelegt hat – und ich wüsste gern, ob er in diesem Outfit ohne Buhrufe an dem Grüne-Messe-Investmentstand vorbeikommt, der sich für die Rettung von Raubtieren einsetzt.

Wir erreichen die Messehalle. Es ist sehr laut. Aber nicht wegen der Besucher, die stumm und neugierig umherlaufen, sondern wegen der Aussteller. Überall hört man Finanzexperten, die mit ihren Rekorden und Renditen prahlen. Die meisten nur an ihrem Stand und für ein kurzlebiges Publikum aus Menschen, die gerade zufällig vorbeilaufen. Andere haben ein Mikrofon und offizielle Termine, zu denen sie an ihrem Stand zu wichtigen Finanzfragen ihre Meinung kundtun, und die Stars der Szene stehen auf den großen Bühnen, vor denen alle Stuhlreihen besetzt sind. Egal wohin man schaut, überall beraten Finanzmenschen ihr Publikum mit Verschwörermiene, als würden sie nur ihnen verraten, wie man ohne Risiko das große Geld macht. Eine konspirative Unverbindlichkeit liegt in der Luft.

Keine zwanzig Schritte müssen wir gehen, bevor sich auch schon die Frage klärt, ob Finanzwelt und Humor zusammenpassen. Eine Hostess verteilt Flyer für eine Investmentbank, wobei sie ein weißes T-Shirt trägt, auf dem in Brusthöhe das Versprechen zu lesen ist: »Pralle Rendite!« Ein Humor, irgendwo zwischen Ballermann und Brüderle. Aber weil jedes T-Shirt auch noch eine Rückseite hat, muss sich die Frau nur umdrehen, damit dort zu lesen ist: »Folgen Sie mir für eine Abkühlung.« Womöglich ist dieser ganze Auftritt aber auch nur eine bemerkenswert subtile Warnung vor diesem Finanzdienstleister, denn die Hostess mit den »prallen Renditen« hat kaum Oberweite.

Dafür wird Christine kurz danach gefragt, ob sie in ein Hotel in Münster investieren will. Der Anzugmann verspricht ihr im Gegenzug ein Modellflugzeug und die Teilnahme an einem Gewinnspiel, bei dem es um ein iPhone geht. (Kann es sein, dass iPhones nur deswegen so ein Verkaufserfolg sind, weil sie massenhaft für Gewinnspiele geordert werden?)

»Möchten Sie ein Modellflugzeug oder zwei?«

»Zwei.«

Schon verschwindet der Verkäufer hinter einem Vorhang und greift sich aus einem Stapel mit Flugzeugmodellen zwei Stück.

»Warum zwei?«, wundere ich mich.

»Weil er mir zwei angeboten hat.«

»Aber du brauchst doch nur eins.«

»Ich brauche gar keines.«

»Dann nimm doch keines oder nur eins.«

Sie nimmt zwei. Die Gier, dieser Schmierstoff des Kapitalismus, hat sie schon nach wenigen Minuten auf der *Invest* voll erfasst.

Nun kommt der Verkäufer wieder auf die Hotelbeteiligung zurück.

Auf dem Plakat am Stand steht: *Ab 20 Euro sind Sie dabei.*

»Wenn ich mich mit zwanzig Euro beteilige, wie viele Zusatzkosten gibt es dann noch?«, fragt die Besitzerin zweier Airbus A380 im Maßstab 1:400.

»Dazu kommen noch die Gebühren, die Ihre Bank nimmt. Wobei Direktbanken günstiger sind.«

»Aber diese Kosten sind überschaubar?«, will Christine wissen, deren Investitionsvorhaben sich ja nun auch nicht gerade in atemberaubenden Höhen abspielt.

Der Mann nickt.

»Und wenn es schiefgeht, wie hoch kann dann mein Verlust werden? Kann ich alles Geld verlieren, das ich investiert habe?«

»Nein«, kommt es mit jovialem Lachen zurück, »natürlich nicht, Sie sind abgesichert. Ihre Risiken sind auf einen Euro reduziert.«

»Ich würde nur einen Euro verlieren?«

»Danach greift die Versicherung. Das ist eine Neuerung, die seit diesem Jahr bei solchen Investments vorgeschrieben ist.«

Christine zögert kurz. »Das glaube ich nicht.«

Wieder dieses joviale Lachen. »Das können Sie ruhig glauben, das hat der Gesetzgeber durchgesetzt.«

»Okay«, meint sie schließlich, »können Sie mir die nötigen Unterlagen bitte geben, ich überlege es mir dann.« Christine ist offensichtlich nicht abgeneigt, ins Hotelbusiness einzusteigen.

»Gern«, sagt er und schiebt dann nach, als würde er über das Wetter reden: »Wir haben aktuell eine Mindestbeteiligung von eintausend Einheiten zu je zwanzig Euro.«

Das klingt für mich nach viel Geld und für Christine auch: »Zwanzigtausend Euro?«

»Ja, wir arbeiten im Moment an Finanzmodellen, bei denen auch schon eintausend Euro reichen, aber da müssen wir erst noch die Zustimmung der Finanzaufsicht bekommen.«

»Okay, und was ist mit den zwanzig Euro?«, kommt Christine auf die ursprüngliche Summe zurück.

»Wir benötigen natürlich eine gewisse finanzielle Tiefe, die wir mit zu kleinteiligen Investments nicht erreichen können.«

Um es kurz zu machen: Christine gehört jetzt doch kein Hotel in Münster, aber immerhin durfte sie ihre Flugzeugflotte behalten. Ach ja, und in Bezug auf die Kosten, die im schlimmsten Fall auf sie hätten zukommen können, weichen die Informationen im Hotelprospekt ein bisschen von denen ab, die der joviale Verkäufer verbreitet. Dort ist plötzlich von individuellen Vermögensnachteilen die Rede, womit das Risiko eines finanziellen Totalverlustes gemeint ist, der bis zur Privatinsolvenz führen könnte. Das klingt für den Laien nach etwas mehr als einem Euro. Dafür haben wir aber einen neuen Ausdruck für Pleite gelernt: Vermögensnachteile erleiden.

Um eine der großen Messebühnen hat sich mittlerweile eine Menschentraube gebildet. Wir hören kurz zu, und was der Experte auf der Bühne mit zitternder Stimme erzählt, als müsste er die Welt über eine bevorstehende Alien-Invasion informieren, hat mit Aktien und Finanzen wenig zu tun. »Die Russen werden eingekreist, und alle machen mit. Die USA, Frankreich, Großbritannien, die Saudis und die Israelis, sie alle wollen Putin stürzen in der Hoffnung, dass nach ihm ein proamerikanischer Präsident in Russland an die Macht kommt.« Er spricht noch eine Weile weiter, sehr schnell und aufgeregt, und klingt mehr wie ein Vater, der seine Familie am Esstisch an seinen geostrategischen Überlegungen teilhaben lässt, und weniger wie der Finanzexperte, als der er eingeladen wurde. Neben ihm sind noch zwei weitere Experten auf dem Podium, die sich schweigend seinen Monolog anhören. Irgendwann unterbricht ihn die Moderatorin sanft und doch bestimmt und wendet sich an den kahlköpfigen Experten der Runde. Sie möchte von ihm wissen, wie er die Zukunft von Tesla einschätzt.

Danach erläutert auch der dritte Diskussionsteilnehmer, was er von diesem Unternehmen hält.

Niemand geht auf den Dritten Weltkrieg ein, der ihren Mitdiskutanten so sehr beschäftigt und auf den er offenbar in wilder Assoziation selbst gekommen ist. Die Moderatorin jedenfalls wirkt nicht so, als ob sie das Gespräch in diese Richtung gelenkt hätte.

Als wir weitergehen, fragt sie gerade: »Und ein Wort zu Uber?« Wenn sie Pech hat, versteht ihr Welterklärer: »Und ein Wort zum Nordkoreakonflikt?«

Wir kommen an einer iranischen Bank vorbei, deren Mitarbeiter alle vier Plätze des Tisches selbst besetzen, als würden sie sich gegenseitig beraten. Vielleicht sollte man sie und den Triathleten miteinander bekannt machen. Je länger ich darüber nachdenke, umso rührender finde ich eigentlich sein Bekenntnis: »Es kann nie falsch sein, in Windkraft zu investieren.« Und es wäre ja tatsächlich besser für die Welt, wenn der Iran sich zur Wind- statt zur Atommacht erklären würde. Ich nehme mir einen Bleistift der Iraner mit, womit meine Ausbeute immer noch deutlich hinter der von Christine liegt. Aber die Finanzwelt geizt ohnehin mit Geschenken. Die meisten legen nur Süßigkeiten aus, denen sich die Besucher nähern wie die Maus dem Käse in der Falle. Kaum greift die Hand nach dem Teller mit der Schokolade, wird der dazugehörige Mensch auch schon angesprochen, ob er nicht in Öl investieren will, seinen Schmuck zu Geld machen möchte oder Interesse an Wandelanleihen hat. Die Chinesen sind ähnlich zurückhaltend wie die Iraner, stehen aber immerhin an ihrem Stand, an dem zugleich auch ein Plakat von ihnen hängt, wie sie nebeneinanderstehen.

Stand reiht sich an Stand. In jedem sitzt ein Experte, der einem erklären kann, warum ein Investment in diesen oder jenen Bereich lukrativ wäre. Eine Messe, die Chancen und Möglichkeiten feiert und gleichzeitig die dazugehörigen Risiken ignoriert wie den peinlichen Onkel, der auf der Familienfeier an den Rand gesetzt wird. Wozu unter anderem gehört, dass finanzielle Risiken in einem Nebeldeutsch versteckt werden, das Laien nur schwer verstehen können. So umfassen etwa die Unterlagen zu einer Investition in einen Neubau

Formulierungen wie: »Drei indexfreie Jahre nach Übergabe der Immobilie, danach Pachtanpassung in Höhe von 75 % der Änderung des Verbraucherpreisindex, wenn sich dieser um 5 % oder mehr ändert. Ausgangsmonat für die Wertsicherung ist der Indexstand im 37. Pachtmonat.«[14] Auch stellen wir bald fest, dass die meisten Prospekte einen Warnhinweis enthalten, der an die Todesdrohungen auf Zigarettenverpackungen erinnert: »Alle hier vorgestellten Produkte tragen ein hohes Maß an Risiko für Ihr Kapital und sind nicht für alle Investoren geeignet.«

Sogar ein Start-up ist da, das eine neue Handelsplattform im Internet etablieren will und mir nur deswegen in Erinnerung bleibt, weil der junge Mann konsequent davon spricht, dass sie schon 0,2 Millionen Euro eingenommen haben. Mich beeindruckt das aber nicht, schließlich hätte Christine kurz davor fast für 0,00002 Millionen ein Hotel (mit-)gekauft. Große Summen sind uns also nicht fremd.

An einem Stand tummeln sich die ganze Zeit ungewöhnlich viele Besucher. In einer gelösten Stimmung stehen die Leute zusammen und trinken Wein. Auf Plakaten sind zwei lachende Männer zu sehen, die an ein Kabarettduo erinnern, sich aber als regionale Börsengurus herausstellen. (Auch in der Stadt selbst hängen große Werbeplakate von ihnen, wie wir später feststellen.) Gerade erläutert einer von ihnen ein Finanzprodukt, das sie bewerben. Ein Tortendiagramm dröselt auf, aus welchen Ländern die Unternehmen kommen, in die investiert wird. Dass die Mehrheit davon in den USA sitzt, ist offenbar erklärungsbedürftig, weswegen die Börsengurus mikrofonverstärkt mitteilen, dass sie keine USA-Fans sind, sondern Fans dieser lukrativen und erfolgreichen Unternehmen. Mich wundert es, mit welchem Nachdruck sie betonen, dass es wirklich nur um den Wert der Unternehmen gehe und nicht um eine grundsätzliche Begeisterung für Uncle Sam. Allerdings verstehe ich später etwas besser, was der Hintergrund dieser Klarstellung war. Auf den Tischen liegt ein Börsenbuch der Lokalmatadore aus, und ich nehme eins mit. Darin findet sich ein ganzes Kapitel mit dem erstaunlichen Titel »Keine Angst vor Auslandsaktien«:

»Viele Anleger glauben, heimische Aktien seien besonders sicher und lukrativ. Das ist falsch. Der Standort eines Unternehmens ist nicht grundsätzlich für dessen Erfolg oder Qualität entscheidend. Entscheidend für die Qualität sind in erster Linie Zahlen und Fakten (...) Die grundsätzliche Annahme, deutsche Aktien seien besonders lukrativ und sicher, ist falsch.«[15]

Es überrascht etwas, dass in einem so globalen Geschäft wie dem Aktienhandel eine solche klarstellende Mahnung notwendig ist, aber offenbar ist sie es wohl. Schließlich gibt es noch ein weiteres Kapitel mit dem Namen »Auslandsaktien sind wichtig«, das sich ebenfalls klar gegen Ausländeraktienfeindlichkeit ausspricht: »Übertriebener Patriotismus ist im Aktiengeschäft fehl am Platz. Hier kommt es darauf an, auf die besten Firmen der Welt zu setzen – egal, wo diese ihren Sitz haben.«[15]

Neben der eigentlichen Ausstellerhalle gibt es einen weiteren Trakt auf dem Messegelände, wo ebenfalls Veranstaltungen stattfinden. In Seminarräumen sitzen Interessierte und lassen sich über Aktienhandel und Bitcoins und Jobs im Finanzwesen informieren. Wir gelangen in einen großen Raum voller leerer Stühle, die vor einem Podium aufgestellt sind, auf dem fünf Nachwuchshoffnungen (drei männlich, zwei weiblich) der Bankenszene darüber diskutieren, warum es so wenige Frauen in diesem Bereich gibt – ein Fakt, den auch der Messekatalog bestätigt. Nur drei der dreißig aufgelisteten Experten sind weiblich. Da wir beide aber fast die Hälfte der Zuschauer ausmachen und nach wenigen Minuten weiterziehen, scheint diese Geschlechterfrage die Kunden nicht so sehr zu beschäftigen.

Als wir wieder durch das Spalier der grünen Anbieter gehen, fordert gerade die Sprecherin einer Bank, dass es keine Rüstungsmesse in Stuttgart geben dürfe. Vor allem, weil die Stadt Stuttgart sich verpflichtet habe, nicht in Unternehmen zu investieren, die ihr Geld mit Waffengeschäften machen. Kurzer Applaus, bevor ein Zuschauer wissen will, ob dann auch nicht in Fonds investiert werde, in denen zum Beispiel Airbus enthalten ist. Die Sprecherin weiß es nicht, bedankt sich aber für den Hinweis. »Das ist ja immer ein Problem, wie schnell man indirekt doch jemanden unterstützt, ohne es zu ahnen!« Sie geht zurück an ihren Stand, wir laufen hinter ihr her und schauen uns um. Auf Plakaten prangert sie den Klimawandel an. Gleichzeitig ist es der einzige Stand, der seine Prospekte nicht kostenlos abgibt, sondern Geld dafür verlangt. Weltrettung ist eben eine teure Angelegenheit, die ist nicht umsonst zu haben.

Wir schauen uns einen weiteren Stand an, dessen Wände einen Urwald zeigen. Bäume und Wiesen und Tiere im Blattwerk. Wäre der Mann in der Leopardenkleidung jetzt hier, es würde wirken, als sei es sein natürlicher Lebensraum. Christine wird von einer jungen Frau angesprochen, die ebenso gut in der Fußgängerzone für Greenpeace werben könnte, und bekommt schon wieder ein Investment vorgeschlagen. Nachdem es mit dem Hotel nichts geworden ist, könnte sie es nun mit Kakaobohnen versuchen.

»Die Arbeiter werden fair bezahlt und auch Sie würden jedes Jahr eine Dividende von etwa –« Weil Zeit Geld ist, unterbricht Christine die junge Frau schnell: »Wie viel muss ich mindestens einzahlen?«

»Wir haben als Mindesteinstieg fünftausend Euro.«

Wir ziehen weiter.

Es gibt nicht mal einen Modellurwaldbaum, der die Flugzeugflotte in Christines Tasche ergänzen würde. Die grünen

Stände haben ohnehin nichts zu verschenken. Wie sehr das zur Grundphilosophie gehört, erlebe ich kurz darauf selbst.

»Junger Mann, wollen Sie an unserem Event teilnehmen?«, möchte eine ältere Dame mit Pferdeschwanz wissen. Sie ist in wallende Gewänder gehüllt, die in starkem Kontrast zu all den Anzügen stehen. Sie greift sich einen Flyer von einem Stapel und will ihn mir gerade mit den Worten »Sind Sie aus Stuttgart?« überreichen.

»Nein, Berlin.«

Sofort zuckt sie zurück. »Dann passt das leider nicht, die Veranstaltung ist in zwei Wochen in Stuttgart«, meint sie bedauernd.

»Um was würde es denn gehen?«, will ich mich noch erkundigen, aber sie hat schon das Interesse an mir verloren. Auch den Flyer gibt sie mir nicht, sondern legt ihn auf den großen Stapel zurück. Verschwendung beginnt schon im Kleinen, und jemandem den Flyer zu einer Veranstaltung zu geben, an der er nicht teilnehmen kann, wäre genau das. Sie schaut sicher voller Verachtung auf die Hostessen, die am Messeeingang wahllos Tüten eines Edelmetallhändlers an die Besucher verteilen.

Eine Finanzmesse hat eine ganz andere Atmosphäre als eine Buchmesse. Während Buchverlage zurückhaltend sind und sogar beim Diebstahl von Büchern lieber ein anderes Exemplar an die verwaiste Stelle im Regal stellen, als den Dieb zu verfolgen, wirkt eine Finanzmesse übergriffig. Jedes Gespräch fühlt sich an wie der Versuch, einem die Hand zu lösen, mit der man seinen Geldbeutel festhält.

Als wir am Abend das Gelände verlassen, haben wir reichlich Broschüren dabei, aber an hochwertigeren Geschenken nur Christines Flugzeuge und meinen iranischen Bleistift. Weitere Investitionsmöglichkeiten haben sich nicht aufgetan.

»Gibst du mir eines der beiden Flugzeuge?«, frage ich Christine.

»Nein.«

»Und wenn ich dir dafür meinen Bleistift gebe?«

»Okay.«

Zumindest Christine hat also einen guten Deal gemacht.

Fazit: Was auf der Ü40-Party die grauen Haare und Falten der anderen Gäste sind, sind auf der Invest mögliche Risiken wie Wirtschafts- und Finanzkrise: bloß nicht erwähnen, um die Stimmung nicht zu ruinieren.

Lotto und Co.

»Willst du auch eine Cola?«, ruft Christine aus der Küche herüber, wobei ich sie kaum verstehe, weil ich gerade eine Schale mit Chips fülle.

»Ja, und beeil dich, es geht gleich los.«

»Wie lang noch?«

»Grad ist noch Werbung, vielleicht eine Minute.«

Christine kommt mit den Getränken mehr ins Zimmer gerannt als gelaufen.

Wir setzen uns aufs Sofa, vor uns stehen auf zwei Stühlen, die heute als kleine Tische dienen, die Chips und die Colagläser. Alles wirkt wie bei einem improvisierten Kinoabend. Ein sehr kurzer improvisierter Kinoabend, der schon nach 121 Sekunden vorbei sein wird. Länger dauert die Präsentation der Lottozahlen im Fernsehen nicht mehr, seit nur noch die Zahlen gezeigt werden und nicht mehr die Trommel mit den Kugeln, auf denen die Ziffern stehen.

»Guten Abend, herzlich willkommen bei uns im Lottostudio«, spricht uns eine blonde Frau im Fernsehen an, die ganz in Blau gekleidet ist.

»Die Lottofee!«, murmelt Christine, als handelte es sich dabei um den Weihnachtsmann für Erwachsene. Wir halten unsere Lottoscheine fest, während die Fee schnell zur Sache kommt. Ebenso freundlich im Ton wie zügig in der Handlung, ist sie nach zwei einleitenden Sätzen schon dabei, die richtigen Zahlen des Spiels 77 sowie die Super 6 zu verlesen. Es folgt 6 aus 49 sowie auch dort die Superzahl, bevor sie sich auch schon wieder verabschiedet.

Das olympische Sprintfinale geht in etwa ebenso schnell vorüber. Wir nehmen uns noch mal Chips aus der Schale, während im Fernsehen die Tagesschau nur noch einen Werbeblock entfernt ist.

»Und?«, frage ich Christine. Wir haben uns die Arbeit aufgeteilt, sie prüft das erste Spiel, ich das zweite.

»Nichts, kein Treffer«, kommt es ernüchternd zurück.

»Ich habe zwei«, vermelde ich, was fast so schlecht ist wie kein Treffer.

Damit löst sich die Feierlichkeit vor dem Fernseher auch schon wieder auf. Erneut haben wir deutlich mehr verloren als gewonnen, obwohl wir seit vier Wochen ziemlich intensiv wetten und seit drei Wochen jeden Samstag diesen Glücksaltar aus Chips und Getränken aufbauen und vor dem Fernseher mitzittern.

Weil die Wartezeiten zwischen den kurzen Wettentscheidungen lang sind, informieren wir uns etwas über die Geschichte des Glücksspiels und stellen fest, dass der Satz »Die Bank gewinnt immer« so nicht stimmt. Korrekt müsste es heißen: »Die Bank gewinnt fast immer, immer gewinnt nur der Gesetzgeber!« Seit jeher sind die Einnahmen aus dem Glücksspiel jedenfalls eine praktische Art, die Staatskassen aufzufüllen. Im alten China wurde schon gespielt, in der Bibel wird um das Leichentuch Christi gewürfelt, und im Mittelalter entschied sich die Kirche für den Profit und gegen die Moral. Dabei gilt Glücksspiel vielen Frommen seit jeher als unchristlich, wobei es für diese Sichtweise durchaus auch ein paar gute Argumente gibt, schließlich steht es mit mindestens zwei der zehn Gebote in Konflikt. »Du sollst nicht falsch Zeugnis reden wider deinen Nächsten« (Stichwort Pokern) und »Du sollst nicht begehren deines Nächsten Haus« sind Forderungen, die nicht unbedingt mit den Zuständen in einer Spielbank harmonieren. Auch in Bezug auf das Begehen von Todsünden ist das Eis dünn, auf dem sich Zocker bewegen. Hochmut, Jähzorn und vor allem Neid stehen hierbei besonders im Mittelpunkt.

Für mich ist das alles egal, aber Christine ist getauft, weswegen sie ein höheres persönliches Risiko für das Leben nach dem Tod eingeht. Wenn sie nicht aufpasst, steht sie eines Tages mit einem Zeugnis vor dem Jüngsten Gericht, das sich als schwere Hypothek für den Start ins ewige Leben erweist. Gott wird dann kopfschüttelnd auf all die Verfehlungen schauen und schließlich entscheiden: »Du hast allein beim Glücksspiel einen Haufen von Geboten missachtet, deswegen geht es für dich erst mal für fünftausend Jahre runter in die Hölle!«

Woraufhin Christine vermutlich antworten wird: »Kann ich die fünftausend Jahre in Raten absitzen?«

Um den Glücksspielbereich möglichst vollständig auszuschöpfen, entscheiden wir uns, erst mal den traditionellen Weg zu gehen. Und Tradition ist es, Lotto zu spielen, wobei zu Lotto sämtliche geläufigen Lotterien gehören und nicht nur das eine Lotto, so wie mit Tempos auch nicht nur die eine bestimmte Taschentuchmarke gemeint ist, sondern Papiertaschentücher allgemein. Es stellt sich bald heraus, dass es eine ganze Menge traditionelle Lotterien gibt. Hier eine unvollständige Liste der Wettscheine, mit denen wir es versucht haben:

6aus49
Eurojackpot
EuroMillions
WorldMillions
PowerBall
MegaMillions
KENO
SonntagsLotto
MiniLotto

Die Gewinnsummen liegen dabei zwischen einer Million und 120 Millionen Euro (bei EuroMillions), wobei der Geldtopf der spanischen Sommerlotterie mit einer Gesamtausschüttung von 1,2 Milliarden am größten ist – auch wenn dabei ein einzelnes Los nie mehr als »nur« zwei Millionen gewinnen kann.

»Was würdest du mit 120 Millionen machen?«, will ich von Christine wissen, die offenbar schon einen genauen Plan hat.

»Ein Haus an einem See in Brandenburg kaufen, wo wir dann am Wochenende hinfahren.«

»Okay, und was machst du mit den anderen 119 Millionen Euro?«

»Ein Auto kaufen.«

»Und weiter?«

»Bahncard 100.«

»Erste Klasse?«

Sie zögert einen irritierend langen Moment, als müsste sie abwägen, ob das bei 119 Millionen Euro noch drin ist, nachdem sie schon ein Haus und ein Auto gekauft hat.

»Ganz schön ausgefallen, was du da vorhast!«, meine ich.

»Und du?«

»Ich würde Messi 100 Millionen dafür zahlen, dass er nur noch bei uns im Garten Fußball spielt. Vielleicht würde ich eine Livecam installieren und von Zuschauern Geld verlangen, damit sie ihm zugucken dürfen. Und vielleicht könnte man auch Eintritt für den Garten nehmen, wo man dann drei Minuten mit ihm spielen darf und wir –«

»Vielleicht wäre es gar nicht so schlecht, wenn wir die 120 Millionen nicht gewinnen«, unterbricht mich Christine. Und so kommt es schließlich überraschenderweise auch.

Ob jemand anderes das Geld gewonnen hat und mit einem ähnlichen Angebot an Messi herangetreten ist, weiß ich nicht. Wenn doch, hat er aber einen Korb bekommen, denn der Argentinier ist weiterhin im Fernsehen zu sehen – auf wechselnden Fußballplätzen in Spanien statt auf einem privaten Rasen an einem See in Brandenburg.

Nun, wir gewinnen aber nicht nur bei den EuroMillions nicht, sondern wir gewinnen eigentlich nirgendwo. Bei etwa hundert Euro Einsatz kommen wir mehrmals auf zwei oder drei Richtige und erzielen Gewinne von etwa vierzig Euro, die wir aber reinvestieren, um mindestens unsere Ausgaben wieder reinzuholen, was nicht gelingt.

Christine versucht es noch eine Weile mit Rubbellosen, die sie immer nach der Arbeit beim immer gleichen Kiosk kauft und dann auf unserem Küchentisch mit der immer gleichen Eincentmünze bearbeitet.

»Das bringt Glück«, meint sie, »solche Traditionen zu haben.«

»Sie bringen Glück, wenn sie Glück bringen. Wenn nicht, sind es einfach nur Traditionen, aber keine Glücksbringer«, werfe ich ein, nachdem sie auch am vierten Tag winzige bis gar keine Beträge gewonnen hat, obwohl sie immer alles gleich macht.

Wir lassen es bald ganz sein und ignorieren fortan wieder die Glücksfee im Fernsehen und all die anderen Spiele, die mit Millionensummen als Gegenleistung dafür werben, ein paar

Kreuze an die richtigen Stellen zu setzen. Außerdem stellt sich heraus, dass Glücksspiel von allen Möglichkeiten, sein Geld zu verlieren, eine der frustrierendsten ist. Im Grunde ist ja jedem klar, dass die Chancen, zu gewinnen, absurd gering sind, weswegen im Nachhinein der Ärger umso größer ist, es überhaupt probiert zu haben. Die Fallhöhe ist dabei enorm, schließlich tanzt ja doch die Hoffnung durch den Kopf, nach Ziehung der Lottozahlen Millionär zu sein. Wenn dann aber nichts draus wird, sind die Selbstvorwürfe umso heftiger, weil keine Illusion mehr verdecken kann, wie unvernünftig diese Investition war.

»Überhaupt gibt es ja nichts weniger Berechenbares als das Glücksspiel«, meint Christine, nachdem sie mit ihrem letzten Rubbellos auch unsere Lottoaktivitäten offiziell in den Mülleimer geworfen hat.

»Das stimmt so nicht«, widerspreche ich, »nichts ist berechenbarer als das Glücksspiel im Casino. Da kennt man nämlich alle Faktoren, die es zur Berechnung braucht.«

»Alle Faktoren«, kommt es zu spöttisch zurück. »Seit wann kennst du dich da aus?«

»Ich hab dazu was gelesen«, erkläre ich und gehe zum Bücherregal, um »Der schwarze Schwan – Die Macht höchst unwahrscheinlicher Ereignisse« herauszuziehen. Nach einigem Blättern finde ich die entscheidende Stelle: »Im Kasino kennt man die Regeln, man kann die Chancen berechnen; die Ungewissheit, der man dort begegnet, ist [...] *mild* und gehört zu Mediokristan. [...] Kasinos sind die einzige mir bekannte menschliche Unternehmung, wo die Wahrscheinlichkeiten bekannt, gaußsch [...] und fast berechenbar sind.«[16]

Ich klappe das Buch zu und hoffe, dass Christine einfach zustimmen wird, statt die eine Frage zu stellen, auf die ich keine richtige Antwort habe. Nämlich, was Mediokristan ist. Wie zum Hohn entscheidet der Zufall, dass sie nach genau diesem Wort fragt.

Zufall, wo warst du eigentlich, als wir an all den Samstagen vor dem Fernseher saßen und auf unsere Lottoscheine geschaut haben?

Fazit: Das Leben als Lottospieler ist so frustrierend wie die spontane Einladung ins Edelrestaurant, nachdem man sich gerade bei McDonald's satt gegessen hat.

Rohstoffe

Die Welt der Rohstoffe ist eine Welt der verschlossenen Türen, unbeantworteten E-Mails und abgewimmelten Telefonate. Zumindest wenn es sich bei diesem Rohstoff um Öl handelt. Nirgendwo sonst begegnet man uns mit so viel Distanz wie in dieser Branche. Deutschlands Ölbarone scheinen schweigsam und misstrauisch zu sein. Womöglich aus der Erfahrung heraus, dass ihre Konzerne bei der Bevölkerung keinen guten Ruf genießen, weil sie mit Diktaturen, Umweltzerstörung und brennenden Ölplattformen verbunden werden. Ölkonzerne rangieren in Sachen Beliebtheit tatsächlich irgendwo zwischen der Atomkraft und Bayern München. Aber ist es dann die richtige Entscheidung, sich wie ein verdächtiger Wirtschaftsboss aus einem ARD-Krimi abzuschotten? Ja, findet man in der Ölindustrie.

Wir jedenfalls haben das Ziel, uns vorurteilsfrei mit dem schwarzen Gold zu beschäftigen. Um uns diesem Rohstoff professionell zu nähern, wollen wir eine Förderanlage besuchen und schreiben alle Konzerne an, die in Deutschland aktiv sind. Es gibt auch eine deutsche Ölplattform in der Nordsee (»Offshore«-Förderung), die zwar nicht schön, aber effektiv ist. Wir kennen sie jedoch nur aus Videos, denn die Betreiber legen keinen Wert darauf, dass wir uns ihr auch in der Realität nähern. Aber auch alle, die an Land (»onshore«) fördern, geben uns einen Korb. Am nächsten kommen wir unserem Ziel noch, als eine Pressesprecherin am Telefon zuerst sehr offen scheint – nach interner Rücksprache aber doch ablehnt.

Womöglich ist es das Öl selbst, das die Leute so misstrauisch und scheu macht, denn es ist eine seltsame Flüssigkeit. Zuerst einmal deswegen, weil Öl nicht schon immer Öl war. Vor sehr langer Zeit lebte das Öl; es hatte eine andere Form und hieß Plankton. Jeder Tropfen Öl geht darauf zurück, dass diese winzigen Lebewesen gestorben sind, auf den Meeresgrund sanken und im Verlauf von Millionen Jahren zum schwarzen Gold wurden. Würde man die Weltgeschichte also rückwärtslaufen lassen, würde es so aussehen, als ob sich immer mehr Plankton aus dem schwarzen Öl erhebt und der Meeresoberfläche entgegenschwebt. Als barockes Gemälde sähe eine solche Szene sicherlich beeindruckend aus. Wenn wir an der Tankstelle stehen, tanken wir also flüssige Planktonleichen. Mit diesem Wissen im Kopf bekommt dieser profane Akt am Zapfhahn eine ganz andere emotionale Tiefe.

Menschen werden übrigens nach ihrem Tod nicht zu Öl. Wir werden entweder von Würmern bis auf das letzte Gehörknöchelchen verspeist oder haben das seltene Glück und überleben als mumifizierte Leiche lange genug, um von irgendwem gefunden und ins Museum gestellt zu werden. Doch zurück zum Öl – dieses hat nämlich noch eine interessante Eigenheit. Es bildet sich mit Vorliebe im Erdboden unter korrupten Regimen und Diktaturen.

Nachdem uns die versammelte Ölindustrie des Landes auf Abstand hält, müssen wir überlegen, wie wir in Sachen Rohstoffe trotzdem vorankommen. Immerhin ist Öl ja nur einer neben anderen, und so kommen wir zum Gold. Ursprünglich hatten wir den Plan, selbst nach Gold zu suchen, aber unsere

Erfahrungen mit der Deutschen Schatzsucher-Meisterschaft haben uns in dieser Hinsicht doch ein wenig entmutigt.

Also wollen wir uns von einem Bankberater in die Welt des Goldhandels einführen lassen und gleichzeitig dem Öl eine letzte Chance geben. Das Gespräch findet in einer Filiale der Deutschen Bank statt, genauer in einem fensterlosen Büro in Prenzlauer Berg, das den Charme eines alten Stasiverhörraums verströmt. Weiße Wände und eine übergroße Lampe mit ebenfalls weißem Plastikaufsatz sorgen für eine sterile Kälte, zu der ideal ein rauschendes Diktiergerät passen würde, auf das ein Geständnis gesprochen wird.

Dabei wirkt unser angegrautes Gegenüber gar nicht wie ein Verhörexperte, dafür redet er selbst zu gern, zu viel und zu lange. Er würde jedes Geständnis schlicht überhören, weil er selbst ständig am Fabulieren ist. Optisch macht er den Eindruck einer gelungenen Kreuzung aus Hans Meiser und Peter Zwegat und geizt auch nicht mit Bankersprüchen, die wohl die Bauernweisheiten ersetzt haben. Jedes Zeitalter hat offenbar die ihm entsprechenden Sprücheklopfer. In der Agrargesellschaft fiel diese Aufgabe den Landwirten zu, und in der modernen Industriegesellschaft den Bankern, weswegen unser Berater zufrieden erklärt: »Auch wir haben leider nicht die große Glaskugel« oder »Geld ist nie weg, es hat nur jemand anderes« oder »Geld soll tanzen, nicht rosten«.

Unser Gespräch mit ihm zieht sich in die Länge, weil er die Beratung zu einer Art Rückblick auf sein Leben macht. Als er uns die Wertentwicklung eines Rohstofffonds durch die letzten zehn Jahre zeigt, hält er sich nur kurz mit den nackten Zahlen auf und hebt stattdessen wie ein lebenssatter Großvater an: »Ja, das Jahr 2011, das war ein ganz besonderes Jahr«, um dann zu erläutern, wie er damals seinen ersten Enkel in die Arme nehmen durfte. Er klingt dabei oft wie jemand, der über

Rotweinjahrgänge oder die Erfolge seiner Lieblingsmannschaft berichtet.

»Was ist denn mit Öl und Gold, würden Sie uns die empfehlen?«, durchbricht Christine irgendwann den Wall aus Anekdoten, den er zwischen sich und einer professionellen Beratung errichtet hat.

»Da komme ich nun hin«, behauptet er etwas, was sich in keiner Weise angedeutet hat. »Also Gold und Öl gehören in die höchste Risikogruppe für Anleger und lohnen sich auf Ihrem Niveau nicht.«

»Warum nicht?«

»Weil sie kaum Gewinn abwerfen, oft im Gegenteil. Sie sind auch sehr schwer einzuschätzen, denn wir haben eine Phase, in der klassischerweise die Preise wieder steigen sollten, und doch ist Gold immer noch sehr billig. Beim Öl wiederum ist die alte Sicherheit durch die OPEC dahin, da geht es auch ungewisser zu als je zuvor.«

»Also würden Sie uns abraten?«, frage ich.

»Wir geben Empfehlungen ab, und da sehe ich weder Öl noch Gold, aber natürlich kann der Kunde selbst entscheiden.«

»Ich dachte, gerade Gold wäre eine sehr stabile Anlage, weswegen sie in Krisenzeiten beliebt ist«, meine ich.

»Das war mal so und wird vielleicht irgendwann auch wieder so sein, aber aktuell und schon seit einiger Zeit trifft es nicht zu.«

»Sie sind also gegen Rohstoffe in unserem Fall«, hakt Christine mit fast der gleichen Frage nach, die ich kurz zuvor gestellt habe.

»Ich würde mir das mit den Rohstoffen nicht antun«, kommt es nun noch deutlicher zurück.

Auf dem Heimweg machen wir uns Gedanken darüber, wie es zwischen uns und den Rohstoffen weitergehen soll. Wir stoßen nicht auf viel Gegenliebe. Auf der einen Seite Ölkonzerne, die uns mit der Offenheit begegnen, die einem Besucher in Ku-Klux-Klan-Kluft auf dem antirassistischen Sommerfest entgegengebracht wird, und redselige Anlageberater auf der anderen, die uns mit deutlichen Worten vor Gold warnen.

»Vielleicht wird das nichts zwischen uns und dem Gold und dem Öl«, meine ich, während wir die Straße entlanglaufen.

»Öl ist definitiv durch, aber mit Gold sollten wir schon noch was versuchen«, findet Christine.

»Aber was?«

Sie bleibt vor einem Laden stehen.

»Das hier!«, meint sie, als wäre der Laden gerade wie eine göttliche Offenbarung an dieser Stelle erschienen. Eine moderne Version des brennenden Dornbuschs, nur dass das Geschäft nicht brennt.

»Gold An- und Verkauf« steht da in genau den großen goldenen Lettern, die von der Ästhetik her auch die Reichtumsbücher von Trump und Co. zieren.

»Lass uns selbst Gold kaufen«, schlägt Christine vor, »und dann gehen wir zu so einem Goldladen und schauen, ob wir einen Gewinn machen können!«

Gold ist das Maß aller Dinge. Alles wird mit ihm verglichen, nicht umgekehrt. Deswegen heißt es auch nicht goldenes Öl, wenn man von Gold spricht, sondern schwarzes Gold, wenn es ums Öl geht. Das zeigt die Machtverhältnisse schon recht deutlich an. Es gibt noch unzählige weitere Gegenstände, Emotionen und Orte, die sich auf Gold beziehen. Weißes, blaues, grünes Gold für Elfenbein, Wasser und Smaragde. Es gibt flüssiges Gold, das Gold der Meere, das des Nordens und Betongold. Ein goldener Oktober ist angenehmer als ein rostiger Oktober, und wenn etwas goldrichtig ist, gilt es als in jeder Hinsicht gelungen, was bei plutoniumrichtig wohl niemand vermuten würde. Eine goldene Nase ist mehr wert als eine aus Blech, und ein Herz aus Gold würde jeder einem aus Schwefel vorziehen. Außerdem sind goldene Hände immer besser als Arme aus Arsen, und ob die Israeliten auch so ekstatisch um ein Kalb aus Zink getanzt hätten, darf bezweifelt werden. Egal wohin man schaut und geht, Gold ist immer schon als ultimativer Vergleich da.

Weil die Menschen seit jeher von Gold fasziniert waren und die legendäre Goldstadt Eldorado trotz intensiver Suche nie gefunden wurde, blieben Versuche nicht aus, es auf künstlichem Weg herzustellen. Vor allem die mittelalterlichen Alchemisten versuchten sich daran, wobei im Augenblick ihres Erfolgs der Wert von Gold auf null gefallen wäre. Sobald Gold nämlich ganz einfach im Hexenkessel zubereitet werden könnte (oder im Labor), wäre es eine Massenware und damit nicht mehr selten und nicht mehr teuer. Es gelang ihnen aber ohnehin nicht, obwohl es schon seit Urzeiten eine Gebrauchsanweisung dafür gibt, wie Gold hergestellt werden kann. Es braucht dafür nur zwei Neutronensterne, die gezielt zusammenstoßen. Bei dieser Kollision, vor der man sich am besten irgendwo in Deckung bringt, wird eine solche Energiemenge freigesetzt, dass dadurch das im Weltall eigentlich nicht vorkommende Gold entsteht.

Aus all diesen Gründen entscheiden wir uns für das Original, für das Element, das der ultimative Vergleichswert für alles ist: Gold. Womit wir von den Kernfusionen sterbender Neutronensterne in das Prospekt der Degussa kommen, denn dort sind die Ergebnisse dieser Milliarden Jahre alten Kollisionen fein säuberlich abgebildet. (Nichts gegen das Plankton, das zu Öl wird, aber ein Stück explodiertes Universum in den Händen zu halten, ist da schon eine andere Sache.)

Auf unserem Weg zum Reichtum haben wir schon vieles ausprobiert, aber in keinem Bereich spielten Ästhetik und Eleganz eine solche Rolle wie in diesem. Der Vergleich zwischen Gold und allen anderen Investitionsfeldern ist wie der zwischen Sonnendeck und Maschinenraum. Die Prospekte der Goldanbieter vermitteln sofort ein gutes Gefühl, als würde man durch ein Urlaubsprospekt blättern und sich zwischen den Malediven und der Karibik entscheiden. Gold sieht einfach schön aus, vor allem, wenn es zu Barren gegossen ist.

»Schau mal.« Christine hat ein Angebot entdeckt, das aus Goldbarren besteht, die in Grußkarten für verschiedenste Anlässe eingelassen sind.

Alles Gute und dazu ein Goldbarren.

Frohe Weihnachten, Goldbarren.

Zur Taufe, Goldbarren.

Einschulung, Goldbarren.

In Liebe, Goldbarren.

Die vorhandene Auswahl ist so umfangreich, dass man von der Geburt bis zum Tod auf jede Eventualität eines Menschenlebens vorbereitet ist.

»Da wäre man wohl der wunderliche Onkel, wenn man mit seiner Verwandtschaft nur noch über Goldbarren kommunizieren würde«, meine ich. Christine gibt mir recht und zeigt auf den *Zum Bestehen der Prüfung*-Goldbarren.

»Wenn, dann würde man wohl eher mit so was gut ankommen«, erwidere ich, als wir uns die Sammelmünzen ansehen, die erstaunlicherweise nicht nur aus Otto-von-Bismarck-Gedenktalern bestehen, sondern auch popkulturelle Ereignisse aufgreifen. Es gibt unter anderem sogar Star-Wars- und Micky-Maus-Goldmünzen.

»Oder einfach mit größeren Goldbarren«, wirft Christine ein. »Diese Grußbarren sind ja winzig.«

Wir bestellen am Ende aber keine Sammelmünzen und auch keinen vergoldeten *Prosit Neujahr*-Gruß, sondern einen Ein-Gramm-Goldbarren für 37,32 Euro.

Zwei Wochen später klingelt es bei uns, und der Postbote überreicht mir die Lieferung des Goldhändlers. Doch schon an dieser Stelle gibt es eine erste Irritation. Das Paket ist federleicht.

»Vielleicht haben sie vergessen, die Ware hineinzulegen«, überlegt Christine laut, während wir das Paket auf den Tisch stellen und öffnen. Als Erstes ziehen wir Zeitungspapier heraus, das die Leere des Pakets füllen soll, dann folgt das Gold. Es wurde nicht vergessen, es ist einfach nur winzig und steckt in einer Art Plastikhülle, die ich mit dem Messer aufschneide, um an den Schatz zu kommen.

»Wow«, meint Christine, während wir irritiert auf das schauen, was da vor uns liegt. »Das sieht auf dem Bildschirm aber anders aus.«

Wir klicken das Vorschaubild auf der Homepage an, das uns einen stattlichen Barren präsentiert, der zu beeindrucken weiß. Auf der *Invest*-Messe in Stuttgart hat Christine die beiden Flugzeugmodelle bekommen, die im Maßstab 1:400 gefertigt sind. Eigentlich müsste der Händler sein Bild vom Gold mit dem Hinweis versehen: 400:1. Das würde die Ernüchterung bei den Käufern dämpfen. So aber liegt nun ein »Goldbarren« vor uns, der in etwa die Größe einer Handy-Simkarte hat.

»Als würde er noch wachsen«, fällt Christine dazu ein.

Ein Gramm Gold ist wirklich wenig Gold. Es stellt schon eine Herausforderung dar, es in die Hand zu nehmen, weil es dafür erst mit den Fingernägeln gegriffen werden muss. Vor allem darf es nicht auf den Boden fallen. Wenn es wegspringt, finden wir es vielleicht nie wieder.

»Und damit willst du zum Goldankauf?«, frage ich Christine.

»Ja«, bleibt sie entschlossen, obwohl sie ebenso ernüchtert ist wie ich.

Unser Goldankauf befindet sich an einer belebten Kreuzung der Friedrichstraße, die sich mit dem Ku'damm und dem nur eine Querstraße entfernten Unter den Linden darum streitet, der Berliner Prachtboulevard zu sein. (Wobei die Friedrichstraße dabei die Rolle des Außenseiters innehat, denn Unter den

Linden kann mit dem Brandenburger Tor punkten und der Ku'damm damit, dass er der Ku'damm ist.) Es ist ein kleiner Laden, der zwischen den Touristenshops, Schuhgeschäften und Hotellobbys nicht sonderlich auffällt. Im Inneren gibt es in Vitrinen Schmuck zu bestaunen, und ein junger Mitarbeiter beugt sich gerade mit einem älteren Ehepaar über einen Ohrring und betrachtet ihn durch eine Lupe, die er sich ins Auge geklemmt hat. Gegenüber der Fensterfront befinden sich außerdem drei wuchtige Schalter, wo man Geld wechseln kann, was die ansonsten überraschend vornehme Atmosphäre in diesem Funkelladen so zuverlässig ruiniert wie ein Mann ein Date, wenn er zum teuren Anzug grüne Gummistiefel trägt.

»Kann ich Ihnen helfen?«, will eine blonde Mitarbeiterin wissen, die hier sicherlich schon gearbeitet hat, als noch in D-Mark getauscht wurde.

»Wir würden gern wissen, wie viel unser Gold wert ist«, erkläre ich und zeige ihr unseren Goldbestand, wobei ich aufpasse, dass er nicht auf den Boden fällt und verloren geht.

»Gehen Sie damit doch bitte zu meiner Kollegin am Schalter, sie kann den Wert bestimmen«, meint sie und bleibt dabei aufrichtig unbeeindruckt von dem, was wir ihr gezeigt haben.

»Schade, ich hatte gehofft, dass der Mann mit der Lupe die Schätzung vornimmt«, flüstert Christine mir zu, weil uns bei Zimmerlautstärke in diesem Raum jeder Anwesende hören würde.

»Ich auch. Bei der Größe unseres Schatzes wäre die Lupe auch angebracht.«

Jetzt stehen wir vor dem Schalter. Von uns getrennt durch eine Scheibe sitzt eine ebenfalls blonde Frau da, die mit ihrem grünen Hemd gekleidet ist wie jemand, der in seinem Urlaub nicht mehr ganz so streng auf die Garderobe achtet. Offenbar wird an den Rändern der Finanzbranche kein so großer Wert auf elegante Kleidung gelegt. Tatsächlich ist das hier so etwas wie ein Wühltisch der Möglichkeiten, weswegen der Laden selbst damit wirbt, Pfandleihhaus, Goldankauf, Schmuckankauf, Geldwechsel und Juwelier in einem zu sein. Wenn man einen Flohmarkt und eine Bank miteinander mischt, kommt eine solche Wechselstube dabei heraus.

»Können Sie uns sagen, wie viel das wert ist?« Ich halte der Schalterfrau unser Gold hin.

»Zeigen Sie es mir mal«, fordert sie mich auf, und einen langen Moment fürchte ich, dass sie es in meiner Hand nicht sieht.

»Du sollst es ihr geben«, zischt Christine dann aber, und ich schiebe ihr den Barren zu.

»Das ist Schmelzgold«, kommt es sofort hinter dem Panzerglas zurück.

Ich weiß nicht, was Schmelzgold ist und wie das offenbar attraktivere Gegenstück dazu heißt, aber es klingt nicht gut.

»Sie haben das Gold doch als Zertifikat erhalten?«, möchte die Mitarbeiterin wissen.

Ich nicke.

»Das hätten Sie nicht aufbrechen dürfen, jetzt ist es Schmelzgold.«

»Was ist das denn?«

»Gold, das eingeschmolzen wird. Deswegen ja das Zertifikat.«

»Ich dachte, das sei einfach nur für den Transport«, meine ich erstaunt.

Es hat mich sogar einiges an Mühe gekostet, das Goldstück aus diesem mit Plastik verschlossenen Ort zu befreien, der die Größe einer Kreditkarte hatte.

»Das mindert den Verkaufswert«, warnt die andere Seite des Panzerglases schon mal vor und kommt schließlich auf: »Dreißig Euro. Wäre es kein Schmelzgold, wären es vierunddreißig Euro.«

»Vier Euro für die Plastikkarte? Kann ich Ihnen die auch noch verkaufen?«

»Die ist doch zerstört worden, nehme ich an.«

»Ja, deswegen würde ich sie Ihnen ermäßigt für drei Euro anbieten.«

Mit den Worten »Ohne das Gold ist das wirklich nur eine wertlose Plastikhülle« wehrt die Pfandhäuslerin dieses Angebot ab. Dreißig Euro also für unser Gold, eigentlich sogar vierunddreißig Euro. Wir haben es für siebenunddreißig Euro gekauft. Selbst unter idealen Bedingungen wäre das ein Verlust von drei Euro.

Zu Hause sehen wir uns die Karte noch mal genauer an.

»Die war ja praktisch versiegelt, da ist sogar eine Unterschrift vom Edelmetallprüfer«, stellt Christine fest, während sie in der Küche sitzt und die Karte von allen Seiten betrachtet. »Und da steht auch, dass eine Rücknahme nach Öffnen der Verpackung ausgeschlossen ist. Du hast quasi unseren eigenen Safe aufgebrochen.«

»Ja, war auch gar nicht so leicht«, fällt mir dazu ein.

»Hat es dich nicht gewundert, warum es keinen leichteren Weg gab als den, alles kaputt machen zu müssen?«

»Wie meinst du das?«

»Na ja, wenn man alles kaputtmachen muss, stimmt vielleicht was nicht mit dem Plan, den man verfolgt.«

»Du klingst jetzt wie einer der Fußballexperten, die sich pünktlich nach dem WM-Aus zu Wort melden und alles besser wissen.«

»Dass man versiegelte Zertifikate nicht mit einem Küchenmesser aufbricht, wusste ich schon vor der WM.«

Wir drehen das Stück Plastik noch ein wenig hin und her. Als Motto steht auf der Vorderseite: *Die Sicherheit für eine glanzende Zukunft.*

Irgendwie bin ich mir nicht sicher, ob unsere glänzende Zukunft wirklich etwas mit Gold oder Öl zu tun haben wird.

Fazit: Siegel, die nicht grundlos angebracht wurden, sollten nicht ohne Grund zerstört werden.

Mikrokredit

»Die meisten Unternehmen sind ja im Grunde Verbrecher, nur dass es bei den einen rauskommt und bei den anderen nicht. Volkswagen hat da offenbar nicht genug aufgepasst.« So einen Satz erwartet man vielleicht auf einer Gewerkschaftsdemonstration zum 1. Mai, aber nicht im Rahmen eines Beratungsgesprächs für Finanzprodukte – und da aus dem Mund des Bankberaters.

Wir informieren uns gerade telefonisch bei einer Bank, die ethische und nachhaltige Investments anbietet. Das Versprechen ist, reich zu werden, ohne dass andere deswegen auf der Strecke bleiben müssen. Während gemeinhin angenommen wird, dass der Weg zum Reichtum mit Skrupellosigkeit erkauft werden muss, wird von diesen Ethikbanken eine Nische bedient, die gutes Gewissen und gute Rendite zusammenbringen will.

»Gibt es ein Spezialgebiet Ihrer Bank?«, frage ich, während Christine und ich den Hörer anschauen, als wäre er unser Gesprächspartner.

»Mikrokredite«, kommt es zurück wie ein Zauberwort.

Ich schaue Christine an, die mit den Schultern zuckt.

»Was ist das genau?«, hake ich darum nach.

»Wir vergeben kleine Kredite an Menschen in Entwicklungsländern, für die schon solche Summen sehr viel Geld sind.«

»Sie vergeben Kredite, die für die Leute viel Geld sind.«

»Korrekt.«

»Also vergeben Sie große Kredite und keine kleinen, oder?«

Das Telefon lacht nachsichtig auf.

»Wenn Sie so wollen, haben Sie natürlich recht, denn aus der Perspektive der Kreditnehmer ist es viel Geld. Aber wir müssen ja die Perspektive westlicher Geldgeber im Auge haben, und für die sind das kleine Summen. Mikrokredite.«

Christine nickt mir zu wie eine gütige Königin, der die Geschichte gefällt, die ihr gerade erzählt wird.

»Das klingt gut«, übernehme ich die Aufgabe, ihre Gesten in Worte zu übersetzen.

»Und es kommt noch besser, Sie können damit der Nullzinspolitik entgehen, die wir im Euroraum haben und die aufgrund der Inflation faktisch einer Kapitalvernichtung gleichkommt«, meint der Banker mit freundlicher Stimme, als würde er gerade einen Kinofilm empfehlen. »Und Sie helfen damit gleichzeitig Menschen, sich ein eigenständiges Leben in Würde und Selbstbestimmung aufzubauen.«

Wir lassen uns von ihm schließlich alle notwendigen Unterlagen zuschicken. Zumal der Köder, anderen zu helfen und daran zu verdienen, erst mal attraktiv klingt.

»Das ist, als würde einem der Ernährungsberater sagen, dass man Cola, Eis und Pizza essen sollte, weil das gesund ist«, meine ich zu Christine, die nickt, während sie durch ein Magazin unserer Bank blättert, das Mikrokredit-Erfolgsgeschichten aus Asien und Südamerika enthält.

»Glaubst du, die freuen sich, in die Kamera zu blicken und den Leuten im Westen ihre kleine Existenz zu zeigen?«, fragt sie mit Blick auf eine Bäuerin, die vor einer Hütte sitzt und ein Moped berührt, das sie sich zugelegt hat, um schneller zum Markt zu gelangen.

»Die freuen sich bestimmt über das Geld«, meine ich.

»Natürlich, aber auch über diese Fotostorys?«

»Wenn es hilft, dass mehr Leute solche Kredite möglich machen …«

»Würdest du dich auch bei uns zu Hause fotografieren lassen, wenn die Sparkasse dir einen Kredit gewährt? Vor dem Notebook, das du dir dafür leisten konntest?«

»Wenn das die Bedingung der Bank wäre und keine andere Bank mir den Kredit ohne Foto geben würde, würde ich es machen.«

»Aber schön wäre es nicht.«

»Na ja, es gibt doch genug Fotos, die man selbst auf Facebook und Instagram stellt.«

»Aber nicht von dieser Bäuerin.«

Sie deutet wieder auf die Frau mit dem wettergegerbten Gesicht, das auf seltsame Weise müde und entschlossen zugleich wirkt.

»Sie hat bestimmt schon Schlimmeres erlebt als so ein Fotoshooting.«

»Ja, und wenn ein Einbeiniger seinen Geldbeutel verliert, hat er auch schon Schlimmeres erlebt. Man ist doch fast nie gerade in der Situation, in der man noch niemals Schlimmeres erlebt hat.«

»Vielleicht freut sie sich aber auch, in einem Prospekt zu sehen zu sein.«

»Na, hoffentlich. Aber ich bin mir da nicht sicher.«

»Ich auch nicht, aber es könnte ja sein.«

Bevor wir übrigens über diese Bäuerin reden konnten und über Investitionen im Mikrokreditbereich, gab es eine

Hürde, die wir sonst nirgendwo hatten. Eine Hürde, die auch schon erklärt, warum wir letztlich bei der Steyler Bank landeten. Insgesamt stellen sich die Banken in diesem ethischen Investmentbereich nämlich als strenge Türsteher heraus, die längst nicht jeden Kunden akzeptieren. Sie legen einen gewissen Wert auf Exklusivität, und weil im Mikrokreditbereich viele Banken einen religiösen Hintergrund haben, hat diese Exklusivität auch etwas mit dem Glauben zu tun.

Die Beraterin der ersten Bank, die ich kontaktiere, antwortet mir, dass ihr Finanzinstitut »gern alle Christen mit aktivem Bezug zur Kirche« bei ihren Anlagezielen unterstützt.

»Ich bin aber kein Christ«, gebe ich zu, »und auch nicht getauft. Darf ich den Menschen auf der Welt jetzt nicht helfen?«

»Unsere Angebote richten sich an Menschen, die getauft sind, das tut mir leid«, verweist sie auf die Richtlinien ihres Arbeitgebers.

»Und wenn ich von meiner Frau eine Vollmacht bekomme, dass ich in ihrem getauften Namen handeln darf?«

»Ihre Frau ist getauft?«

»Ja.«

»Dann wäre es leichter, wenn ich sie beraten darf.«

»Aber meine Frau würde danach doch ohnehin noch mit mir besprechen, was wir machen«, werfe ich ein.

»Wir haben ja auch kein Problem damit, dass Menschen, die dem Christentum nicht angehören, Entscheidungen mittragen.«

»Hätte denn Jesus bei Ihnen investieren dürfen?«

»Er war doch getauft.«

»Aber kein Christ.«

»Ich bin mir sicher, dass er sehr gern bei uns investiert hätte, und wenn sich Ihre Frau bei uns melden würde, würde mich das sehr freuen.«

So nah sind sich Christine und Jesus noch nie gekommen. Beide vereint in einem Satz. Danach bringt die Beraterin das Gespräch schnell zu einem Ende, und weil die Bank bei ihrer Politik gegenüber Ungetauften bleibt und ich nicht bereit bin, mich für einen Mikrokredit taufen zu lassen, retten wir nicht zusammen die Welt.

Bei einer anderen Bank spiele ich direkt mit offenen Karten: »Ich bin nicht getauft und auch kein Christ, aber ich möchte unseren Planeten schützen, weswegen ich auf nachhaltige Investments setzen will. Unterstützt mich Ihre Bank in diesem Unterfangen trotz meiner biografischen Defizite?« Doch auch diese weist mich kühl ab: »Vielen Dank für Ihre Ausführung. Eine Geschäftsbeziehung ist leider nicht möglich.«

»Siehst du, wie gut es ist, dass ich noch nicht aus der Kirche ausgetreten bin?«, meint Christine, nachdem mir das nicht vorhandene Taufbecken erneut zum Verhängnis geworden ist.

»Willst du etwa jetzt bei denen investieren?«

»Ja, ich bringe doch alles mit, was sie wollen.«

»Aber ich nicht.«

»Na und?«

»Ich will mein Geld nirgendwo investieren, wo man mich nicht will.«

Das Argument akzeptiert Christine und schlägt mir darum einen Kompromiss vor: »Wenn du eine andere Bank findest, die im Mikrokreditbereich aktiv ist, gehen wir zu der. Wenn du aber keine findest, musst du eben damit leben, dass wir Getauften die Geschäfte ohne dich abwickeln.«

Getaufte und Ungetaufte werden schließlich gleichermaßen von der Steyler Bank willkommen geheißen, die zwar auch »christlich« ist, aber nicht exklusiv christlich. Was jedoch nicht heißt, dass sie nicht auch wählerisch ist. Allerdings nicht bei ihren Kunden, sondern bei den Unternehmen, in die investiert wird. Die müssen nämlich einer ganzen Reihe von ethischen

Ansprüchen genügen, die es in sich haben. Nicht investiert wird etwa in Atomkraftwerke, Urangewinnung, Rüstungsgüter, Chlorwasserstoff, Gentechnik, Kohle, Pornografie, Tabakwaren, Glücksspiel, Tierversuche und Alkohol (ab 15 Prozent). Auch jeder, der die Arbeits- und Menschenrechte (schwer) verletzt, Umweltgesetze missachtet, korrupt ist oder Medikamente zum Schwangerschaftsabbruch produziert, ist außen vor. Auf Länderebene sind alle ausgeschlossen, die »nicht frei« oder nur »teilweise frei« sind, die Kinderarbeit zulassen, Atomwaffen besitzen, dem Pariser Klimaschutzabkommen nicht beigetreten sind, viel Geld ins Militär investieren, die Todesstrafe vollstrecken oder den Atomausstieg nicht mindestens schon angekündigt haben.

»Bleibt da überhaupt noch was übrig, in das investiert werden kann?«, denkt Christine laut nach und kommt schließlich zu dem Ergebnis: »Vielleicht ja in Ökolandwirtschaft und in Bibeln aus Recyclingpapier.«

»Sie sieben auf jeden Fall massiv aus«, stimme ich zu und werfe dann ein, was ich zum Thema gelesen habe: »Ethik ist ja in der Wirtschaft im Kommen, der kalifornische Pensionsfonds investiert seine 330 Milliarden Dollar nur in nachhaltige Unternehmen, und auch der japanische Pensionsfonds legt da Wert drauf und bringt es sogar auf 1,3 Billionen Dollar.«

»Bei solchen Summen würde ich auch lieber Recyclingbibeln verkaufen statt welche mit Kunststoffumschlag«, verrät Christine.

»Die Kunden sind mittlerweile so kritisch, was Umweltzerstörung angeht, dass viele Unternehmen ohnehin viel in diese Richtung investieren. Deswegen hat Boeing heute eine bessere CO_2-Bilanz als viele Hersteller von Solarmodulen«, bringe ich mein angelesenes Wissen weiter ein.

Weil wir wissen wollen, wie die Prüfung der Kooperationswürdigkeit im Einzelfall aussehen kann, bitten wir die Steyler Bank, uns ihre Prüfungsdokumente am Beispiel der Fusion von Bayer mit Monsanto vorzulegen. Nach wenigen Tagen erhalten wir die *Stellungnahme der Stabsstelle Ethik & Nachhaltigkeit*, die auf drei Seiten über die beiden Unternehmen informiert. Wie zu erwarten, arbeitet die Steyler Bank nicht mit Bayer zusammen, weil der Pharmariese nur auf eine Bewertung von C+ kommt, während eine Kooperation erst ab B- möglich ist. »Somit schließen wir Bayer aus dem Anlageuniversum aus«, heißt es im Fazit. Wobei sich an dieser Haltung auch nichts geändert hätte, wenn die Bewertung B- oder besser gelautet hätte. Zum Verhängnis wird Bayer nämlich ein »Verstoß gegen Ausschlusskriterien«, konkret die Verwendung von »grüner Gentechnik und Pestiziden«. Noch schlimmer fällt das Zeugnis für den Konzern Monsanto aus, dessen Name schon nach Bösewicht in der Tradition von Goldfinger, Darth Vader oder Moriarty (der ja bereits orthografisch an Monsanto erinnert) klingt und der natürlich auch gegen Ausschlusskriterien verstößt beziehungsweise aus Sicht der Steyler Bank wohl ein einziges großes und börsennotiertes Ausschlusskriterium ist.

Nachdem Christine und ich nun wissen, aus welchen Gründen Unternehmen aus dem »Anlageuniversum« ausgeschlossen werden, schauen wir uns an, was eigentlich so alles im Anlageuniversum geboten wird. Dafür blättern wir die Prospekte durch, in denen die verschiedenen Anlagemöglichkeiten vorgestellt werden. Zumindest in dieser Hinsicht unterscheidet sich die Steyler Bank nicht von anderen Geldhäusern, weswegen die Prospekte aussehen, als gäbe es eine gesetzliche Layoutverordnung, die eine Ästhetik irgendwo zwischen Hautarztpraxis-Homepage und Umweltministerium vorschreibt.

Eine Konstante der Finanzwelt ist das »magische Dreieck«, das wie eine mathematische Formel die Unvereinbarkeit der drei Ziele Rendite, Verfügbarkeit und Sicherheit illustriert.

Egal, welcher dieser Werte einem besonders wichtig ist, er geht immer mindestens auf Kosten eines der beiden anderen. Jeder Finanzberater macht seine Kunden eher früher als später mit diesem »magischen Dreieck« bekannt. Bei der Steyler Bank kommt zum »magischen Dreieck« aber noch ein »positiver Kreislauf des Geldes«[17] hinzu, der wiederum der in Deutschland populären »Kuchenlogik« widerspricht, laut der immer jemandem etwas weggenommen wird, wenn jemand anderes etwas bekommt. Der »positive Kreislauf des Geldes« geht so: Wer für eine Näherin in Kambodscha oder einen Obsthändler in El Salvador einen Mikrokredit finanziert, erhält Rendite und profitiert deswegen von seinem Investment. Gleichzeitig können die Näherin oder der Obsthändler wegen des Kredits ihre Lebensqualität steigern. Auch die Bank, die sich selbstbewusste Zinssätze von achtzehn bis dreißig Prozent für die Kredite geben lässt, profitiert. Eine Win-win-win-Situation, falls die Welt wirklich so funktionieren sollte, wie es die Modellrechnungen in den Prospekten darstellen.

Letztlich entscheiden auch wir uns für einen Mikrofinanzfonds, der eine Mindestanlagesumme von einhundert Euro verlangt. Unser Fonds fokussiert sich dabei auf »Afrika, Asien, Europa, Karibik, Lateinamerika, Naher Osten und Pazifischer Raum«. Präziser wäre also gewesen: »Wir investieren überall, nur nicht in den USA und Kanada.« Wer unsere Tandempartner beim »positiven Kreislauf des Geldes« sind, erfahren wir dabei nicht, uns muss das Gefühl genügen, dass da irgendwo auf anderen Kontinenten oder sogar in Europa (nur eben nicht in Nordamerika) Menschen wegen unserer Beteiligung die frohe Kunde erhalten, dass die Finanzierung ihres Lkws, ihres Computers oder ihres Saatgutes gesichert ist.

Nach den ersten sechs Monaten sieht das Ergebnis so aus: -0,9 Prozent. Aber selbst wenn wir im Plus wären, würde es sich um eher bescheidene Gewinne handeln. Sie schwankten in den letzten Jahren zwischen 1,2 und 3,7 Prozent. Offenbar ist diese Finanzsparte nicht diejenige, die für Renditejäger am lukrativsten ist.

Fazit: Mikrokredite sind etwas für Menschen, die die Welt ein bisschen besser machen wollen und ein schlechtes Gewissen hätten, davon finanziell zu sehr zu profitieren.

Börsengehandelter Fonds (ETF)

Oliver Kahn, früher Torwart, jetzt TV-Fußballexperte und damals wie heute schlicht »Der Titan« genannt, zog in den Nullerjahren sein Geld rechtzeitig ab, bevor die Dotcom-Blase platzte. Wie kam er darauf? Durch Intuition und etwas, was er »Mannschaftsindikator« nannte. Als plötzlich seine Mitspieler anfingen zu investieren, war das für ihn ein klarer Wink: Nur raus, ab jetzt geht es bergab![18]

Warum erzähle ich das? Weil die Lehre daraus ist, dass man seiner Intuition folgen soll. Vor einigen Wochen berichtete ich einem älteren Freund von unserem Buch, und er wollte sofort wissen, ob wir auch in TDFs investieren würden. Er konnte mir nicht erklären, was das ist, wiederholte aber mehrmals, dass er davon zuletzt ständig in den Medien und im Freundeskreis gehört habe, was er wohl irgendwie für einen akzeptablen Beschreibungsersatz hielt. Schließlich fiel ihm ein, dass es vermutlich nicht mal TDF heiße, aber auf jeden Fall so ähnlich. Dieser Freund ist intelligent, gebildet und hat keinerlei Ahnung von Finanzdingen. Spricht es also für TDFs (oder so ähnlich), dass er sie kennt, oder spricht es gerade gegen sie? Das ist unser

Mannschaftsindikator-Moment, noch bevor wir investiert haben.

Letztlich entscheiden wir uns, diese Anlagemöglichkeit auszuprobieren, die übrigens ETF heißt, was tatsächlich nicht so weit weg ist von TDF. Dafür gehen wir erstmals unter die Direktbanker. Eine Direktbank ist wie ein Online-Casino; es fehlen der Stil und die Ausstrahlung der echten Spielbank, aber dafür muss auch keine Anzughose gekauft werden, was die Drumherumkosten auf ein Minimum reduziert. Direktbanken bieten keine Beratung an, sondern stellen nur das Konto zur Verfügung. Weil dieses Konzept ziemlich vielen Leuten gefällt, sind sie längst eine ernsthafte Konkurrenz zu den Banken aus Stein und mit festen Öffnungszeiten.

Für das Eröffnen eines Direktbankkontos muss die eigene Identität nachgewiesen werden. Eine Aufgabe, die einen Philosophiestudenten sicherlich über Monate und Jahre beschäftigen könnte, weil die Identität beziehungsweise die Seele beziehungsweise das Ich ein ziemlich fragiles Konstrukt ist. Wer bin ich und wenn ja, wie viele Konten kann ich eröffnen? Wer diese Frage schneller beantwortet haben will, sollte sich nicht an Platons Erben wenden, sondern zum Postschalter gehen. Die Frau mit der rosa Haarsträhne hinterm Schalter hat nämlich eine sehr pragmatische Sicht auf das Ich. »Personalausweis bitte«, murmelt sie, kneift die Augen zusammen, schaut sich das Bild an, schaut mich an und murmelt: »Ja, das sind Sie.«

So einfach geht das! Hätte René Descartes dreihundert Jahre später gelebt, hätte er festgestellt: »Ich habe einen Personalausweis, also bin ich!«

Danach gibt es noch eine Verzögerung, weil die Direktbank meine Unterschrift auf den Dokumenten nicht für die gleiche hält wie auf dem Ausweis, weswegen ich auf einem weiteren Formular meine Unterschrift so abmalen muss, wie sie auf dem Ausweis zu sehen ist.

Aber schließlich haben wir auch diese Hürde genommen und können uns nun ganz auf die ETFs konzentrieren. Was direkt zur Frage führt: Was sind ETFs?

Sich in die ETF-Materie einzulesen, wirkt streckenweise wie die Berichterstattung über einen Alienkampf, bei dem »Swap-basierte« ETFs gegen »physisch replizierte« ETFs antreten, wobei Ereignisse eintreten können wie das »Thesaurieren«, was vom Klang her nichts ist, was man beim Arzt als Diagnose hören will: »Ihr linker Fuß ist thesauriert, es tut mir leid!«

ETFs sind Aktien- und Rentenindexfonds, die deswegen mit ETF abgekürzt werden, weil das im Englischen für Exchange Traded Fund steht. Im Wesentlichen kopieren diese Fonds schlicht den Verlauf eines Index; das kann der Dax sein oder ein für den Fonds selbst erstellter Index aus verschiedenen Aktien und/oder Anleihen. Wenn der jeweilige Index steigt, macht der ETF-Fonds Gewinn, wenn er sinkt, macht er Verlust. Kleinanleger können schon mit geringen Summen in solche Fonds einsteigen, und wer die relative Sicherheit, die ein Aktien-ETF mit sich bringt, noch immer zu gering findet, kann auch in Anleihen-ETFs investieren oder beide Anlageformen mischen. Der Größe der Fonds ist dabei keine Grenze gesetzt. Es gibt welche, die mehr als 1 000 Aktien abbilden; der bekannteste ist der MSCI World, der sogar auf über 1 600 Aktien kommt.

ETFs haben den Börsenhandel demokratisiert. Makler und Berater sind nicht mehr die Türsteher, ohne die nichts geht; stattdessen kann jeder Laie nun selbst investieren. Wobei es auch Fonds gibt, für die noch echte Menschen den Markt beobachten und entscheiden, in was investiert wird. Diese Fonds haben aber das Glaubwürdigkeitsproblem, dass sie nur selten erfolgreicher sind als die computergesteuerten ETFs, dafür aber immer teurer. Wobei es eigentlich nicht überraschen sollte, dass die künstliche Intelligenz besser abschneidet, schließlich hat der Computer Deep Blue den besten menschlichen Schachspieler Garri Kasparow schon 1996 geschlagen, und heutige Spitzencomputer halten Deep Blue für schwachsinnig, so bescheiden kommt ihnen seine Rechenleistung vor.

Außerdem gibt es da noch ein Experiment aus dem Jahr 1967. Damals klebten Redakteure des Finanzmagazins »Forbes« das Kursblatt der Börse auf eine Dartscheibe und warfen mit Pfeilen darauf. Aus den Unternehmen, die sie zufällig trafen, bauten sie einen Fonds und stellten neun Jahre später fest, dass ihr Dartfonds überdurchschnittlich erfolgreich abschnitt. Offenbar sind Computer und Dartpfeile bessere Börsenspekulanten als der Mensch.

Da der Einstieg also einfach ist, wollen wir erst mal mit einer kleinen Summe in eine womöglich ETF-erfüllte Zukunft starten. Nachdem ich bereits die Aufgabe übernommen habe, ein Konto zu eröffnen, übernimmt Christine die Rolle der ETF-Jägerin, die entscheidet, in was wir investieren wollen. Und das macht sie sehr gewissenhaft. Unser Drucker steht in meinem Büro, und wenn Christine an ihrem PC einen Druckauftrag erteilt, fängt der Drucker neben mir zuverlässig an zu arbeiten. Er beginnt zumeist mit einem Aufheulen, als wäre er ein Wolf, der aus einem Albtraum hochschreckt. Danach wackelt das ganze Gerät so heftig, als würde es von unsichtbaren Kräften hin und her gestoßen, und wenn es schließlich das bedruckte Blatt Papier freigibt, klingt der Vorgang so angenehm wie ein Scheibenwischer, der über ein trockenes Fenster schrammt. Natürlich wackelt mein Tisch während dieses ganzen Prozesses unaufhörlich wie unter einem kleinen Erdbeben. Ich gehe zu Christine rüber und bringe ihr die bislang schon ausgedruckten Unterlagen, während es hinter mir auf dem Tisch schon wieder zu rattern beginnt.

»Willst du alles ausdrucken, was das Internet in Sachen ETF zu bieten hat?«

Ich lege ihr die circa dreißig Seiten auf den Tisch.

»Ich drucke alles aus, was für unsere Entscheidung wichtig sein könnte.«

»Ich kann aber nicht arbeiten, wenn die ganze Zeit der Drucker lärmt.«

»Du arbeitest doch, du hast ja die Unterlagen rübergebracht.«

Christine sendet wieder einen Druckauftrag los, und Sekunden später wird das kompakte Gerät im Nebenzimmer aktiv.

»Hörst du diese Schläge?«, frage ich Christine. »Das ist mein Tisch, der gegen die Wand stößt. Waren die Eltern unseres Druckers ein Haushaltsroboter und ein Presslufthammer, oder warum ist er so laut?«

»Er hilft uns, reich zu werden! Stell dir einfach vor, dass er uns Informationen verschafft, für die man sonst gefährliche Typen in Bars treffen müsste, vor denen bullige Wächter stehen.«

»Na ja, die Informationen, die uns der Drucker zukommen lässt, würde uns auch jeder blasse Azubi in der Bank geben.«

»Sei einfach froh, dass du nicht mit den Typen in der Bar über ETFs reden musst!«

Von meinem Einwand unbeeindruckt, wendet sie sich wieder ganz ihren Recherchen zu.

Weiterhin wackelt mein Schreibtisch unter jedem Druckauftrag, doch irgendwann wird es still, und schließlich verkündet Christine ihre Entscheidung.

Ich bin sehr gespannt und habe leichte Kopfschmerzen durch den Dauerlärm neben mir.

Zu welchem Ergebnis haben all diese Artikel, Bewertungen, Hintergründe und Analysen Christine gebracht? Bei den Aktien ist sie ja eher ihrem Herzen gefolgt und hat sich für eine Buchhandelskette entschieden. Wird es dieses Mal ein Hula-Hoop-Laden sein oder ein Rollschuhunternehmen, weil sie

Hula-Hoop-Reifen und Rollschuhe schon als Kind gemocht und auf den Rollen sogar an Turnieren teilgenommen hat? Nichts davon geschieht, stattdessen heißt es:

»Wir investieren in den MSCI World!«

Ich bin überrascht.

»MSCI World?«

»Genau.«

»Das ist der absolute Klassiker.«

»Er hat weiterhin gute Prognosen, weil der ganze ETF-Handel noch Potenzial hat.«

»Bei den Aktien hast du dich noch geweigert, auf Erfolgsaktien zu setzen, weil du die nächste Erfolgsaktie finden wolltest.«

»Ja, das war der Aktienmarkt, das hier ist der ETF-Markt – zwei verschiedene Märkte, zwei verschiedene Strategien.«

»Ich finde es ja gut, es wundert mich nur. Wenn jemand sonst immer mit gefärbten Haaren und *Fuck the System*-Jacken rumläuft und dann plötzlich im Maßanzug und mit Kurzhaarfrisur als Staatsbeamter beginnt, ist das ja auch einen Moment lang erstaunlich.«

Wir investieren nun also über mein Direktbankkonto in den MSCI-World-ETF-Fonds und vermehren damit die aktuell in solchen Fonds angelegte Summe von mehr als drei Billionen US-Dollar um weitere zweihundert Euro.

* * *

Nach dem ersten Dreivierteljahr hat sich noch nicht viel getan. Der MSCI-World-Index pendelt immer zwischen etwa einem Prozent Gewinn und Verlust und verlebt eine erstaunlich ruhige Zeit dafür, dass parallel Donald Trump mit der Zurückhaltung einer Planierraupe durch das Glashaus internationaler Politik und Wirtschaft rauscht. Aber bei ETFs ist es wie bei allen anderen Börsenwerten: Sie sind Marathonläufer, keine Sprinter.

Fazit: ETFs sind das Ende aller Börsenromantik, denn Menschen braucht es keine mehr, um diese Form des Handels zu organisieren.

Anleihen

Anleihen verhalten sich zu Aktien wie das Klettern mit Seil zum Free-Soloklettern. Sie sind weniger spektakulär, dafür aber sicherer. Im Grunde handelt es sich dabei um Schuldscheine, die ein Unternehmen oder auch ein Staat ausstellt. Wer Anleihen erwirbt, verleiht also Geld, das er idealerweise mit Gewinn zurückerhält. Im Gegensatz zur Aktie macht ein Schuldschein einen aber nicht zum Miteigentümer, sondern eben nur zum Gläubiger.

Weil wir möglichst perfekt betreut werden wollen, wende ich mich an eine große Investmentgesellschaft. Diese lehnt uns aber mit den knappen Worten »Wir beraten keine Privatkunden, bitte sprechen Sie Ihren Anlageberater an!« ab. »Groß« heißt in diesem Fall, dass diese Leute 1,87 Billionen Dollar an Anlagevermögen verwalten. Der Haushalt der Bundesrepublik Deutschland beläuft sich auf 330 Milliarden Euro und damit auf weniger als zwanzig Prozent dieser Summe. Womöglich hat es eine solche Firma wirklich nicht nötig, Zeit in die Frage zu investieren, wo Christine und ich denn nun vierhundert Euro hininvestieren sollen.

Doch die Absage bringt eine ganz andere Frage auf. »Erinnerst du dich dran, wie ich vor dem letzten Urlaub überlegt habe, ob ich einen Impfpass habe?«, frage ich Christine.

»Ja. Was meinst du jetzt damit?«

»Habe ich einen Anlageberater?«

Wir denken beide nach und kommen schließlich zur Überzeugung, dass keiner von uns je einen Anlageberater hatte. Wofür auch? Wer kein Auto hat, hat ja auch keine Autoversicherung.

Also führt unser Weg statt in die Sphäre der VIP-Investoren zurück auf das harte Pflaster des Normalo-Kunden. In unserem Fall handelt es sich bei diesem harten Pflaster um die Frankfurter Allee. Eine Straße in Berlin, die kilometerlang auf den Fernsehturm zuführt und bei jedem Gastspiel von Eintracht Frankfurt mit gewisser Wahrscheinlichkeit für einen Witz gut ist. Als beispielsweise der FC Bayern das DFB-Pokalfinale 2018 mit 3:1 gegen Frankfurt verlor, twitterte der Berliner Verkehrsverbund: »Wir sind besser als die Bayern. Bei uns gibt's nur ein Frankfurt-Tor« – womit auf die S- und U-Bahn-Haltestelle Frankfurter Tor in der Frankfurter Allee angespielt wird.

Wir sind um 17 Uhr in der Volksbank verabredet, wo wir erst mal vor verschlossenen Türen stehen. Ein Zettel am Fenster informiert: »Wegen einer Betriebsversammlung sind unsere Filialen heute nur vormittags geöffnet! Wir bitten um Ihr Verständnis.« Weil auch telefonische Nachfragen bei der Kundenhotline nur dazu führen, dass die Computerstimme ebenfalls von der Betriebsversammlung spricht, wollen wir uns schon wieder auf den Heimweg machen, als uns mit einem Mal ein Berater anruft. Er sei da, und wenn wir auch noch da seien, würde er uns nun gern zum Gespräch empfangen.

Warum ist er da?

Ist er aus der Betriebsversammlung geflogen?

Ist er überhaupt Banker oder ein Hochstapler, der an diesem Tag vorzugsweise Rentnerpaare vor der Volksbank abfängt, die schon wieder enttäuscht weiterziehen wollen? Als wir in den Selbstbedienungsraum mit den Geldautomaten laufen, ist dort erst mal niemand. Und das bleibt auch die nächsten zehn Minuten so. War das womöglich nur ein Scherzanruf aus der Betriebsversammlung heraus, um die Stimmung aufzulockern? Sollen wir wieder gehen? Doch plötzlich öffnet sich eine kleine Tür, und ein jüngerer Mann im Anzug kommt auf uns zu. Grau meliertes Haar, schlank und jederzeit als Statist in einem Wall-Street-Film einsetzbar.

»Haben Sie jetzt die ganze Zeit hier gewartet?«, fragt er ungläubig.

»Ja«, antworte ich.

»Ich dachte, Sie klopfen an, wenn Sie da sind.«

»Das war wohl ein Missverständnis.«

Durch die Tür gelangen wir in den heute eigentlich geschlossenen Privatkundenbereich. Die Tische stehen verwaist und im Halbdunkel da. Außer unserem Mann ist kein weiterer Mitarbeiter hier. Macht ihn das unverdächtiger? Eher nicht. Andererseits wäre es schon eine recht komplexe Betrugsanordnung, wenn man eine ganze Bank kapern, das Büro eines Angestellten übernehmen und an seinem Schreibtisch stundenlange Kundengespräche vortäuschen würde. Wir nehmen also zu seinen Gunsten an, dass er wirklich hierhergehört.

»Dürfen Sie nicht auf die Betriebsversammlung?«, frage ich ihn, als er uns gerade zwei Gläser Wasser auf den Tisch stellt.

Er lacht, gibt aber sonst keine Antwort. Dafür will er wissen, wie wir auf die Volksbank gekommen sind.

»Google«, meint Christine. »Da gab es eine Liste der besten Banken von Berlin.«

»Oh« – er wirkt ein wenig enttäuscht – »also nicht durch Empfehlungen von Kunden?«

»Nein, Google«, wiederholt Christine.

»Nun gut … Sie sind interessiert an Anleihen«, kommt er nach der üblichen Aufnahme der persönlichen Daten auf den Punkt.

»Genau«, bestätige ich.

»Warum ausgerechnet Anleihen?«

»Weil sie beständiger sind als Aktien und wir nicht jeden Tag schauen wollen, wie der Kurs steht.«

»Ich verstehe.« Der Berater nickt und knackt mit den Fingern, als wäre das ein Ritual vor Beginn des eigentlichen Gesprächs. »Haben Sie schon Fragen mitgebracht?«

»Warum sollen wir uns überhaupt von einer Bank beraten lassen und nicht einfach alles über eine Direktbank selbst erledigen?« Christine fragt das aus Neugierde, aber unser Gegenüber scheint es als Angriff aufzufassen und reagiert recht ungeschickt.

»Weil Sie ein solches Beratungsgespräch sonst nicht haben könnten.«

»Das ist alles?«

»Das ist viel.«

»Ja, schon, aber gibt es da nicht noch mehr?«

»Nun, der Markt ist ziemlich unübersichtlich, da braucht es Leute, die sich auskennen. Deswegen eine Bankberatung.«

Christine belässt es dabei, und auf gewisse Weise hat er ja recht. Wobei mich seine Argumente nicht davon überzeugen, warum seinen Job in fünf Jahren nicht ebenso gut ein Algorithmus erledigen könnte. Für eine Computerintelligenz macht es jedenfalls keinen Unterschied, ob sie nun einzelne, Dutzende, Hunderte oder zwei Milliarden mögliche Anlageformen parat haben soll, um sie dem Kunden passgenau vorzuschlagen. Für einen Menschen schon.

Tatsächlich ist die Vielzahl aber außergewöhnlich. Allein bei Anleihen gibt es eine unglaubliche Zahl von Möglichkeiten, zwischen denen gewählt werden kann. Da sind Inhaberschuldverschreibungen und Namensschuldverschreibungen, kurze, mittlere und lange Laufzeiten, Festverzinsungen und variable Zinsen sowie diverse Mischformen – und das alles für Unternehmen und für Staaten, bei denen es wiederum eine große Rolle spielt, an welchen Börsen ihre Anleihen gekauft werden. Die Gesamtzahl an Anleihemöglichkeiten ist potenziell so unendlich wie die Variationen, die ein Legobaukasten beim Erschaffen einer Burg lässt. Jeder kann sich aus den vorhandenen Steinen seine eigene Version bauen. Unser Gespräch nimmt langsam Fahrt auf, wobei eine Präsentation auf dem Beratercomputer den Takt vorgibt und auf verschiedenen Infotafeln das Anleihegeschäft vorstellt.

»Haben Sie denn schon eine Vorstellung davon, welche Art von Anleihen Sie erwerben möchten?«

»Mir wären Staaten lieber, weil ich durch das Lesen des Politikteils in der Zeitung den Eindruck habe, da besser einschätzen zu können, wie es weitergeht.«

»Wie meinen Sie das?«

»Also, um zu wissen, dass Venezuela gerade keine gute Investition ist, muss ich nicht erst den Börsenteil lesen.«

»Nun ja, ich fürchte aber, dass ich Ihnen diesen Zahn gleich ziehen muss, denn Staatsanleihen werden nicht so viel gehandelt. Sie werden vermutlich gar keine bekommen.«

»Warum nicht?«

»Weil Staaten sich an größere Geldgeber wenden, nicht an Sie oder mich.«

»Deutschland will von mir also kein Geld geliehen bekommen?«

»Deutschland leiht es sich lieber in Millionenhöhen und nicht in einer Größenordnung von …« – er unterbricht sich kurz – »… wie viel würden Sie investieren?«

»Vierhundert Euro.«

»Also nicht in der Größenordnung von vierhundert Euro.«

»Gilt für den Staat nicht: Wer den Pfennig nicht ehrt, ist des Talers nicht wert?«

»Ich kann Ihnen nur sagen, dass Sie Schwierigkeiten haben werden, Staatsanleihen zu bekommen. Aber wir würden Ihnen ohnehin zu Unternehmensanleihen raten, weil die mehr Rendite abwerfen.«

»Gut, dann schlagen Sie uns Unternehmensanleihen vor«, meint Christine, die sich nicht lange von der Zurückweisung durch die Staaten aufhalten lassen will.

Damit wir darauf vorbereitet sind, nicht beim ersten Rückschlag die Nerven zu verlieren, gibt es in der Computerpräsentation des Beraters nun erst mal ein entsprechendes Schaubild. Darauf ist der Emotionshaushalt deutscher Anleger zu sehen, der als Aktienkurve dargestellt ist. »Die Leute haben eine falsche Anlagementalität, wie Sie hier sehen.« Er deutet auf den Ausgangspunkt der Grafik, der weit oben angesiedelt ist und *Optimismus* heißt. »Da lesen die Leute in der Zeitung von einer erfolgreichen Aktie und kaufen sich daraufhin auch welche«, erläutert er die Ausgangssituation und fährt nun mit dem Finger die Linie weiter – und die nimmt keinen guten Verlauf. Sie stürzt regelrecht ab, bis sie am zweiten Emotionspunkt ankommt, der mit *Ärger* bezeichnet ist. »Nachdem die Aktie eine Zeit lang Verluste macht statt der erhofften Gewinne, bekommen viele schon Angst und glauben, einen Fehler gemacht zu haben.«

Wir nicken und verfolgen den Finger des Beraters, dessen Weg nun aber nicht weiter nach unten führt, sondern leicht ansteigt, bis er am Punkt *Erleichterung* stoppt. »Nun entspannen sich die Anleger und denken, sie hätten das Schlimmste hinter sich«, kommentiert er die aktuelle Situation, bevor sein Finger zum Unglücksboten wird und einer beinahe senkrechten Linie in die Tiefe folgt. Nächster Halt: *Angst.*

»Das ist wohl selbsterklärend«, meint er und zeichnet mit dem Finger unerbittlich weiter die Linie nach, die immer noch weiter in die Tiefe fällt und schließlich an einem Punkt ankommt, der *Endzeitstimmung* heißt.

»Spätestens an dieser Stelle verlieren die meisten die Nerven, wenn nicht schon viel früher«, erklärt der Berater.

»Endzeitstimmung, das klingt nach Schwarzem Freitag und Börsencrash«, fasst Christine ihren Eindruck zusammen, und ich frage nach: »Wäre *Endzeitstimmung* der Zeitpunkt, wo Sie auch überlegen würden, aus dem Fenster zu springen? Also angenommen, Sie würden nicht im Erdgeschoss arbeiten?«

Der Berater schaut mich irritiert an, weswegen ich ergänze: »Oder meinetwegen Ihr unbeliebter Kollege?«

»Diese *Endzeitstimmung* hier« – er tippt auf den Bildschirm – »ist ja gerade keine wirkliche Endzeitstimmung«, versucht er wieder auf die Sachebene zurückzukehren. »Es geht darum, dass die Leute zu schnell in Panik verfallen.«

»Dann sollte man ihnen vielleicht keine Grafiken zeigen, auf denen von Endzeit die Rede ist«, schlägt Christine vor.

Weil er wohl vermutet, dass gute Nachrichten mehr wert sind als Argumente, lässt er seinen Finger nun aus der Endzeitzone wieder aufsteigen, bis er am Punkt *Skepsis* ankommt.

»An dieser Stelle spüren viele Anleger eine große Verunsicherung und ein bisschen Erleichterung, schließlich haben sie die Talsohle ja hinter sich.«

»Talsohle«, wiederholt Christine, als wäre ihr beim Glücksrad endlich das entscheidende Wort eingefallen. »Das klingt doch viel besser als Endzeit!«

Unser Banker nickt zustimmend, will aber mit seiner Präsentation fortfahren, bei der sein Finger nun einen weiteren Anstieg gemeistert hat: *Verunsicherung*.

»Immer noch herrscht das Gefühl vor, dass dieses ganze Börsenabenteuer doch keine gute Idee war, aber die Verluste sind wenigstens nicht mehr so dramatisch«, fasst unser Gegenüber die Lage zusammen und lässt seinen Finger weiterreisen, bevor von unserer Seite eine Frage zur Gemütsverfassung *Verunsicherung* folgen kann oder Christine womöglich einen alternativen Begriff vorschlägt. Stattdessen ist sein Zeigefinger jetzt wieder auf dem Weg nach oben, fährt mit Entschlossenheit eine Linie hinauf und landet bei *Optimismus*.

»Ja, und damit wäre man dann wieder am Ausgangspunkt, und der Kurs ist so hoch wie zu Beginn, und womöglich schreibt eine Zeitung über die Vorteile der Börse und alles beginnt von vorn«, fasst er zusammen.

»Ich hätte den abschließenden *Optimismus*-Punkt noch etwas höher angesetzt als den ersten *Optimismus*-Punkt, weil es dann psychologisch so wirkt, als ob am Ende mehr da wäre als am Anfang und sich all der Stress schließlich doch gelohnt hat«, fällt Christine dazu ziemlich genau das ein, was den Banker wohl am wenigsten interessiert.

Er nickt ihr wieder unbestimmt zu, wobei aber auch nicht wirklich klar geworden ist, warum er uns diesen Stufenplan der Emotionen überhaupt gezeigt hat.

»Dieses Modell erinnert an die Studien von Elisabeth Kübler-Ross zu den fünf Phasen, die ein Sterbender durchläuft«, werfe ich nun ebenfalls eine etwas anleiheferne Bemerkung ein. »Von der Hoffnung über die Frage nach dem Warum und das Verhandeln bis hin zum Trauern und schließlich dem Akzeptieren.«

Wieder Nicken. Der Bankberater klickt die nächste Seite seiner Präsentation an und ist froh, dass es auf ihr einfach nur um die Renditeerwartung von Anleihen geht.

Er legt uns schließlich zwei Angebote vor, wobei es sich beim zweiten um einen Mischfonds handelt, der nicht nur Anleihen enthält, sondern auch Aktien.

»Dieser Fonds«, beginnt er, »hat eine höhere Rendite als der erste, der ein reiner Anleihefonds ist, weswegen er –«

»Ja, aber wir möchten nur Anleihen«, unterbricht ihn Christine.

»Sie haben bei diesem hier jedoch eine breitere Streuung, die –«

»Trotzdem.«

Wir sitzen mittlerweile seit neunzig Minuten mit ihm in dieser Geisterhausbank, die ansonsten leer ist und abgedunkelt. Offenbar hat Christine beschlossen, hier nicht zu übernachten, und treibt das Gespräch nun voran. Tatsächlich hat unser Berater die Angewohnheit, immer dann sehr ausführlich zu werden, wenn es um ziemlich simple Dinge geht, während er komplexe Fragen schnell und knapp zu beantworten versucht.

»In Ordnung«, gibt er zum Schein nach, nur um hinterherzuschicken: »Ich drucke Ihnen beide Angebote aus, dann können Sie sich in Ruhe entscheiden.«

Christine hätte vermutlich wieder Einspruch erhoben, aber da fängt der Drucker schon mit einem leisen Fiepen an zu arbeiten. Einige Sekunden vergehen, in denen beide Parteien in Richtung Wand oder auf den Tisch starren, während die Papiere ausgedruckt werden.

»Wenn die Zinsen wieder steigen, gibt es auch wieder höhere Renditen«, unterbricht der Berater die Stille.

»Okay«, kommt es von mir zurück.

»Was glauben Sie denn, wann die Zinsen wieder steigen?«, fragt er nun wie ein Hinterzimmer-Jauch.

»Keine Ahnung«, meine ich, und »im Herbst« meint Christine, die wohl irgendetwas sagen will.

Der Berater schüttelt den Kopf wie jemand, der nicht versteht, warum wir uns nicht wirklich für sein Geheimwissen interessieren, und löst dann auf: »Wir gehen von einem Zeitraum von zwei Jahren aus.«

»Okay.«

Der Drucker verstummt, und der Berater greift sich die ausgedruckten Unterlagen, tackert sie zusammen und überreicht sie uns.

»Schauen Sie sich alles in Ruhe an, und wenn Sie Interesse haben, gehen Sie damit bitte nicht zu einer Direktbank, das ist auch eine Frage der Fairness.«

Offenbar fallen ihm wirklich keine handfesten Argumente gegen die Direktbanken ein, wenn er nun an die Fairness appelliert. Was zwar ein verständlicher Zug ist, aber auch ziemlich hilflos wirkt.

Wir nehmen die beiden Angebote und einige weitere Prospekte mit, die er uns ebenfalls ans Herz legt. Vor allem das Überreichen dieser zusätzlichen Informationen erinnert in der sturen Aufdringlichkeit, mit der es geschieht, an die Abschiede von den Großeltern, wenn in den Sommerferien wieder ein Besuch zu Ende geht und an der Tür neben der Schokolade und den Bonbons auch ein Alibi-Apfel aufgedrängt wird. Die Oma will den Enkeln nicht nur Süßigkeiten geben, sondern auch was Gesundes, um ihr Gewissen zu beruhigen. Deswegen wird das Obst zwar ohne Widerworte mitgenommen, aber nicht gegessen.

* * *

Zu Hause legen wir Angebot zwei mit den Aktien sofort zur Seite und konzentrieren uns ganz auf das reine Anleihegeschäft.

Es umfasst vor allem Unternehmen aus der Finanzbranche, die von Ratingagenturen als solide eingestuft werden. Diese Ratingagenturen sind dabei für Unternehmen in etwa das, was die Schufa (die auch eine Ratingagentur ist) für Privatpersonen ist. Wer da einen schlechten Score hat, hat es schwer. Der Fonds umfasst aktuell ein Vermögen von knapp 600 Millionen Euro, womit er bei Weitem nicht zu den Riesen gehört, denn die größten Fonds der Welt kommen auf über eine Billion.

Was beim Abwägen der Chancen und Risiken nie guttut, ist die Auflistung der Risiken. Auch dieses Mal ist es nicht anders. Ich lese sie Christine vor: »Der Fonds legt einen wesentlichen Teil seines Vermögens in Schuldtitel an. Deren Aussteller können insolvent werden, wodurch die Schuldtitel ihren Wert ganz oder zum Großteil verlieren.«[19]

Auf der nächsten Seite geht es direkt so weiter: »Es besteht die Gefahr von Verlusten, die infolge der Unangemessenheit oder des Versagens von internen Verfahren und Systemen, Menschen oder infolge externer Ereignisse eintreten. Auch neue oder geänderte rechtliche Rahmenbedingungen können den Fonds beeinträchtigen.«[19]

Ich will gerade eine weitere Risikobeschreibung vorlesen, als Christine kurz aus dem Wohnzimmer verschwindet und etwas im Badezimmerschrank sucht. Sie kehrt mit einem Zettel zurück und liest vor: »Kopfschmerzen, Schwindel, Verwirrtheit, Hörstörungen, Ohrensausen, Nasenbluten, Zahnfleischbluten, Hautblutungen, Sodbrennen, Übelkeit, Erbrechen und Bauchschmerzen!«

»Was ist das?«

»Aspirin. Das nimmst du regelmäßig.«

»Soll ich das jetzt nicht mehr?«

»Was ich meine, ist, die Nebenwirkungen klingen doch immer schlimm. Wenn man nur von den Risikobeschreibungen ausgeht, kann man gar nichts kaufen.«

Ich nehme also eine Aspirin gegen die Kopfschmerzen und gegen die Beipackzettelphobie und bin danach endgültig bereit, vierhundert Euro in Anleihen zu investieren. Allerdings haben wir aus unseren Erfahrungen mit Aktien gelernt und wollen uns nicht von den Empfehlungen der Bank abhängig machen. Schließlich laufen unsere eigenen Börsengeschäfte viel besser als der Aktienmix, den uns die Sparkasse empfohlen hat. Um genau zu sein, fährt dieser Aktienmix Verluste ein, während unsere eigenen Aktien deutliche Gewinne erzielt haben (streng genommen sind unsere aber auch ein Mix, weil wir die Gewinne meiner Boeing-Aktien mit den Verlusten von Christines sentimentalen Barnes-&-Noble-Einkäufen verrechnen, was uns aber immer noch deutlich im Plus hält). Wir entscheiden uns schließlich dafür, zweihundert Euro in den Fonds des Beraters zu investieren und für die anderen zweihundert Euro einen eigenen auszuwählen, der seinen Schwerpunkt auf Bankanleihen setzt. Unsere Hoffnung dabei ist, dass es mit den Geldhäusern wieder bergauf geht und damit auch die Ausschüttungen auf die Anleihen steigen. Außerdem vertrauen wir darauf, dass es im Zweifelsfall immer noch heißen wird »too big to fail«, was unsere Risiken weiter reduziert.

Nach etwa einem halben Jahr zeigen die Anleihen der Bank und unsere eigenen folgende Ergebnisse: Gleichstand. Sie haben sich beide kaum verändert und liegen mit jeweils etwa einem Prozent im Plus. Der Kursverlauf erinnert an einen Wettlauf zwischen zwei Weinbergschnecken, von denen sich keine so richtig von der anderen absetzen kann, sodass jede Wertveränderung in einem gemütlichen Tempo stattfindet. In dem Schaubild, das der Berater uns gezeigt hat und in dem es auch einen Endzeitbereich gab, sind wir damit aktuell wohl irgendwo zwischen den Punkten Optimismus und dem nicht berücksichtigten Wert Lethargie angekommen. Bislang ist einfach nicht wirklich viel passiert, weswegen der spannendste Teil unseres Anleihegeschäfts derzeit noch darin besteht, sich vorzustellen, wie der Beraterfinger den gemütlichen Verlauf der Kursentwicklung nachfährt.

Fazit: Anleihen sind etwas für Menschen, die an der Börse sein wollen, ohne die Hektik des Aktienhandels ertragen zu müssen.

Spielbank

Heute fordern wir Göttin Fortuna zum Duell! In der Berliner Spielbank. Um Mitternacht.

Der Potsdamer Platz, den man auf dem Weg ins Zockerhaus überqueren muss, ist um diese Uhrzeit erstaunlich leer und so sauber, als wäre der graue Beton mit dem Staubsauger gereinigt worden. Das schräge Dach des Sony Centers leuchtet bunt in den Nachthimmel hinein und erinnert dabei an einen Hut, den sich jemand schief auf den Kopf gesetzt hat. Es ist noch angenehm warm, als wir uns unserem Ziel nähern. Ich habe einen Anzug an und Christine ein schickes Kleid, schließlich geht es nicht in eine der vielen Spielhöllen Berlins, in denen geraucht wird und die Tasten der Automaten kleben, sondern in die einzige Spielbank der Hauptstadt.

Um sein Glück herauszufordern, braucht es zuerst mal 2,50 Euro für den Eintritt und einen gültigen Ausweis. Danach geht es noch durch einen Metalldetektor, der hier aber offenbar nur zu dekorativen Zwecken steht. Der südländisch aussehende Sicherheitsmann würdigt uns jedenfalls keines Blickes, sondern schaut weiter auf sein Smartphone, während wir durch die Konstruktion gehen, die wie ein Türrahmen ohne Tür wirkt, dem der Dienst in einer richtigen Wand nicht zugetraut wird.

In der Spielbank selbst fällt uns sofort diese hinterhältig beruhigende Atmosphäre auf. Wie in einer Therme, nur ohne Wasser und Sauna. Spielautomaten stehen hier nebeneinander wie Reihenhäuser in der Vorstadt. Jeder Bildschirm versucht mit knalligen Farben und bunten Symbolen, bestehend aus Bananen, Autos oder Elfen, die Besucher anzulocken. Auf den bequemen Sitzen haben es sich Männer und Frauen jeden Alters bequem gemacht, wobei ihre Gesichter in einem seltsamen Kontrast zur Wohlfühlatmosphäre stehen. Erstarrte Mimik, müde Augen und die immer gleiche Bewegung hin zur »Start«-Taste, die das jeweilige Automatenspiel in Bewegung setzt. Es sind Gesichter jenseits des Glücks, die kaum noch glauben, das versprochene Paradies aus Höchstgewinnen jemals betreten zu können. Obwohl es eine große Halle ist, ist es sehr ruhig hier, als müssten die Leute sich konzentrieren. Was eigentlich Unsinn ist, denn die Spielautomaten drehen sich in ihrem Rhythmus, der durch keine eigenen Leistungen, Gedanken oder Gebete beeinflusst werden kann.

»Wo sind denn die einarmigen Banditen?«, fragt Christine einen Mitarbeiter im Anzug, der uns sogleich eine traurige Mitteilung macht.

»Die gibt es nicht mehr. Bis vor einiger Zeit hatten wir noch drei in der unteren Etage stehen, aber sie sind aus der Mode.«

»Wie, aus der Mode, das sind doch die berühmtesten Automaten der Welt«, protestiere ich.

»Technisch aus der Mode«, geht unser Gegenüber ins Detail, »moderne Automaten nehmen keine Münzen mehr, und der einarmige Bandit war der klassische Centschlucker.«

Das zu hören ist etwas schade, aber eigentlich nur zweitrangig. Wir haben uns nämlich nicht wegen der Automaten auf den Weg in die Spielbank gemacht, sondern wegen des Roulettes. Das befindet sich im oberen der beiden Stockwerke, auf denen hier das Glück herausgefordert wird.

»Da unten haben die Leute ja ziemlich sportliche Klamotten angehabt«, meint Christine im Fahrstuhl, der uns sanft rauschend hinaufträgt.

»Ist mir auch aufgefallen«, entgegne ich. Im Erdgeschoss sitzen die Zocker in den üblichen Sommertagsoutfits. Kurze Hosen, kurze Hemden, Sportschuhe. Es sieht aus, als wären sie Besucher eines Straßenfestes, die sich für ein paar Runden an die Automaten gesetzt haben.

Die Fahrstuhltür öffnet sich, und wir erreichen das Heiligtum der Spielbank. Kronleuchter an der vergoldeten Decke, rote Wände mit großen Bildschirmen, die die aktuellen Ergebnisse der Rouletterunden verraten, und weicher Teppichboden. Jeder Schritt wird von diesem Untergrund gedämpft. Es ist überraschend voll hier oben. Im vorderen Bereich versuchen die Pokerspieler an ovalen Tischen ihr Glück, und im größeren hinteren Teil stehen die Roulettekessel. Um die Spielfelder herum sitzen oder stehen die Teilnehmer und legen ihre Einsätze auf das Zahlenfeld, bevor der Spielleiter (der Croupier) seine Hand in einer eleganten Bewegung über das Spielfeld schweben lässt, als würde er es segnen. Nichts geht mehr, heißt das – nun waltet das Glück seines Amtes. Sobald die Kugel im Roulettekessel auf einer Zahl zur Ruhe kommt, fangen die Aufräumarbeiten an. Der Croupier greift sich die Spielmarken, die Jetons heißen und den Plastikchips ähneln, mit denen auf der Kirmes Fahrten im Autoscooter bezahlt werden, und schiebt sie in eine Öffnung des Tisches. Nur die Gewinnereinsätze bleiben zurück, die der Croupier um die gewonnenen Beiträge erweitert, die sich die Spieler dann nehmen können.

Zum Teil entstehen wahre Jeton-Türme, die über einzelnen Zahlen in die Höhe wachsen. Neben den Sitzspielern, die auf den Hockern rund um den Tisch Platz genommen haben, gibt es auch wandernde Teilnehmer, die von einem Tisch zum anderen ziehen und überall ihr Glück versuchen, als erhöhte diese Aufteilung irgendwie die Gewinnchancen. Ein sehr dürrer alter Mann mit schwarz gefärbten Haaren ist dabei der aktivste Reisende zwischen den Tischen, wobei er manchmal auch minutenlang ins Leere starrt, bevor er sich wieder bewegt und seine Jetons so gezielt legt, als hätte er sich in der Zwischenzeit mit jemandem ausgetauscht. Womöglich hat er in den Phasen des Weggetretenseins wirklich Kontakt in andere Sphären. Sollte das der Fall sein, erhält er in dieser anderen Welt schlechten Rat und sollte sich dringend von diesen Geisterberatern trennen, denn er verliert fast immer.

Auch wir wollen jetzt einsteigen. Es gibt hier oben zwei Kassen, an denen Euros in Jetons getauscht werden können. Christine schiebt der Mitarbeiterin fünfzig Euro zu. Es handelt sich um eine ältere Frau, deren postblondes Haar zu einem Pferdeschwanz gebunden ist und die in einem früheren Berufsleben auch eine strenge Bibliothekarin gewesen sein könnte.

»Was möchten Sie dafür?«

»Jetons.«

»Was für Größen? Zweier, Fünfer, Zehner?«

»Egal, von allem etwas, aber keine Zehner.«

»Sie möchten also Zweier und Fünfer.«

»Ja.«

Mit einer Gleichgültigkeit, die unser Fünfzigeuroschein nicht verdient hat, verschwindet er in der Kasse und wird durch vier rote Fünfer und fünfzehn Zweier ersetzt.

Ich schiebe ihr nun meinen Fünfzigeuroschein zu.

»Für mich bitte dasselbe.«

»Sie bekommen das Gleiche«, korrigiert die Frau, »dasselbe können Sie nicht bekommen, denn dasselbe ist der Stapel Ihrer Frau.«

Neben ihrer Kasse hängt ein Hinweis, dass bis September die französischen Jetons eingetauscht werden müssen, weil sie danach ihren Wert verlieren.

»Gibt es ab September dann keine französischen Jetons mehr?«, frage ich.

»Ja, wie es hier steht.«

»Und was gibt es danach?«

»Weiterhin Jetons, aber keine französischen.«

»Was für welche sind es dann?«

»Nur noch amerikanische.«

Make American Jetons Great Again!

Ausgestattet mit unseren Plastikmarken und einer Lektion im Unterschied zwischen »dasselbe« und »das Gleiche« machen wir uns auf die Suche nach einem geeigneten Spieltisch. Das ist gar nicht so einfach, weil jeder einzelne von ihnen belagert wird, und zwar fast durchweg von asiatischen Spielern. Während im Pokerbereich eher der europäische Zocker dominiert, ist das Roulette klar in fernöstlicher Hand. Wobei der Kleidungsstil hier oben sich kaum von dem unten an den Automaten unterscheidet. Junge Frauen stehen in Flip-Flops da, trinken Cocktails und kichern über jeden Scherz ihrer männlichen Begleiter, die ihrerseits so leger angezogen sind, als würden sie später noch zum Tischfußballturnier in der nächsten Eckkneipe gehen. Männer mit Umhängetaschen wandern umher, Frauen sitzen in Trainingsanzügen da und starren mit leeren Blicken auf ihre Jetonberge. Wer hier kein Asiat ist, ist Berliner Rentner, sitzt mit der Unverrückbarkeit einer Riesenschildkröte am Tisch und verteilt mit langsamen Bewegungen seine Spielmarken. Die graue Jacke, die es vom deutschen Staat offenbar zum Renteneintritt gibt, ist dabei über die Lehne gehängt.

Mit Abstand am elegantesten sind die dezenten Uniformen der Männer und Frauen, die hier arbeiten. Weißes Hemd und Fliege zu schwarzer Weste und ebensolchen Hosen und

Schuhen. Als wir ein Foto machen wollen, eilt auch sofort eine der eleganten Damen in unsere Richtung und stellt klar, dass hier nicht fotografiert werden darf.

»Und unten bei den normalen Automaten?«

Statt nur »Ja« oder »Nein« zu sagen, erklärt sie in einem strengen Ton, als hätten wir es immer noch nicht verstanden: »Sie dürfen hier nicht fotografieren und auch sonst nirgendwo. Im ganzen Haus herrscht Fotoverbot.« Ich bin beinahe froh, dass sie mich nicht noch zwingen will, das hundert Mal auf ein Blatt Papier zu schreiben.

Insgesamt neigen vor allem die Mitarbeiterinnen zu einem belehrenden Ton, der sie so sympathisch macht wie eine Bedienung, die das Glas immer nur genau bis zur 0,3-Liter-Markierung füllt. Rein formell ist das zwar völlig korrekt, aber auf der viel wichtigeren informellen Ebene hinterlässt so etwas nur rauchende Ruinen, wo es idealerweise ein gutes Verhältnis zum Kunden geben sollte.

»Da!«, zischt Christine und deutet auf einen Tisch, wo gerade zwei Spieler ihre Plätze verlassen haben. Wir treten ihre Nachfolge an. Mögen die Glücksspiele beginnen!

»Kann man sich einfach setzen?«, flüstert Christine.

»Ja«, behaupte ich, warte aber selbst noch ab, um zu sehen, wie sich unsere Tischnachbarn verhalten. Und die verhalten sich so, dass ihre Jetons in kürzester Zeit ganze Zahlenreihen unter sich begraben. Sie spielen vor allem mit Jetons im Gegenwert von drei Euro.

»Vielleicht ist das eine Glückszahl in Asien?«, überlege ich, während immer mehr Dreier gesetzt werden.

»Stimmt, das würde passen«, meint Christine und setzt ihren ersten Zwei-Euro-Jeton auf Schwarz.

»Bist du hier nicht so mutig wie auf der Pferderennbahn?«, frage ich und setze zugleich einen orangenfarbenen

Fünf-Euro-Jeton auf Ungerade und einen zweiten auf das dritte Drittel der Zahlenreihe.

Es folgt die Nichts-geht-mehr-Handbewegung des Croupiers, und kurz darauf haben wir tatsächlich nichts mehr. Zusammen mit einer erstaunlichen Anzahl an Dreiern verschluckt das Loch im Tisch auch unsere Einsätze. Der Alte mit den nachgeschwärzten Haaren kommt ebenfalls immer wieder vorbei und setzt kleine Beträge, während er mit witzigen Bemerkungen versucht, ein paar Lacher zu ernten. Leider missachtet er dabei aber die erste Comedyregel: »Kenne dein Publikum.« Keiner der vielen Asiaten, die mit uns über diesen Roulettetisch gebeugt sind, spricht auch nur ein Wort Deutsch. Allerdings scheinen ihn die fehlenden Reaktionen nicht zu stören, denn er macht stur weiter mit seinem Unterhaltungsprogramm.

Christine gewinnt in den nächsten Runden mehrmals, während bei mir eine Fehlentscheidung auf die andere folgt, bis tatsächlich der Glückskonkurs eintritt.

»Ich habe nichts mehr«, flüstere ich, als wäre es verboten, nichts zu haben.

Daraufhin folgt Christines Sankt-Martins-Moment, denn sie teilt ihre Jetons auf und gibt mir die Hälfte davon.

Mit den Worten »Auf die Null, bitte!« reiche ich dem Croupier einen Jeton.

»Zéro«, korrigiert er mich, während er den Auftrag ausführt.

Die Kugel rollt. Sieben.

Wieder nichts gewonnen. Ich bleibe aber bei der Null.

»Zero, bitte!«

Erneut wird korrigiert: »Zéro.«

»Hab ich doch gesagt«, meine ich zu Christine, während mein ungebetener Sprechtrainer längst den Asiaten beim Erbauen neuer Dreiertürme hilft.

»Du hast es englisch ausgesprochen, es ist aber französisch!«, erklärt Christine.

»Hoffentlich auch nur noch bis September.«

»Was ist im September?«

»Da werden doch die französischen Jetons ungültig, dann könnte man ja auch die Sprache anpassen.«

Die Kugel landet auf der Neunundzwanzig.

Christine hat wieder gewonnen, schwächelt aber insgesamt auch ein wenig.

In der nächsten Runde lasse ich die Null aus und setze auf Rot. Eine Fünfzig-Prozent-Chance ist jetzt genau das Richtige, um … Schwarz!

»Ich bin wieder pleite«, flüstere ich.

Und in diesem Moment zieht Christine in Sachen Großzügigkeit an Sankt Martin vorbei, denn sie teilt erneut ihre Jetons. Wäre der Heilige damals ebenso selbstlos gewesen, hätte er in jenem Moment nur noch ein Viertel seines ursprünglichen Mantels umhängen gehabt.

Während ich eine Pause einlege, beobachtet Christine das Zahlenfeld mit konzentrierten Blicken, wie ich sie hier im Casino immer wieder sehe. Es ist ein Blick, der versucht, Muster zu erkennen, wo der reine Zufall waltet. Wieder schiebt der Croupier massenhaft Dreier in die Tischöffnung, von wo sie durch ein Röhrensystem automatisch und ordentlich gestapelt an die Oberfläche zurückgelangen. Der ewige Kreislauf des Glücksspiels.

Schließlich hat Christine noch drei Zwei-Euro-Jetons und ich einen. Angesichts unserer Pläne, die Spielbank als reiche Leute zu verlassen, sind das keine guten Nachrichten.

»Lass uns jeweils einen setzen«, schlägt Christine vor.

»Und wenn wir beide verlieren?«

»Dann überlegen wir, was wir mit den letzten machen.«

Wir setzen auf Gerade und Rot. Neben uns taucht der schwarzhaarige Alte auf und legt auf die Achtundzwanzig. Die gottgleiche Hand entscheidet, dass nichts mehr geht. Die Kugel rollt.

Fünfunddreißig. Ungerade und schwarz.

Und nun teilt die heilige Christine auch noch ihre letzten beiden Jetons auf. Sankt Martin hätte jetzt nur noch ein Achtel seines ursprünglichen Umhangs gehabt, also kaum mehr als eine Serviette. Der erste und der zweite Bettler hätten mittlerweile größere Umhänge als er. In unserem Fall trägt das Casino schon den gesamten Umhang bis auf einen kleinen Faden, den wir noch besitzen und nun setzen.

Christine und ich entscheiden uns beide für Schwarz. Alles oder nichts.

Rot.

Nichts.

Sankt Martins Umhang ist endgültig verloren.

Wir stehen auf und laufen etwas umher.

»Hattest du eine Strategie?«, frage ich Christine.

»Ich dachte zwischendurch, dass ich eine habe.«

»Wie das?«

»Es fühlte sich an, als würde ich es gut voraussehen.«

»So, wie wenn du vor einem Elfmeter sagst, dass der reingeht, weil du das im Gefühl hast?«

»Ja.«

»Da irrst du dich aber auch meistens.«

Wie werden kurz durch eine Gruppe asiatischer Flip-Flop-Trägerinnen getrennt und erreichen den Bereich der Pokerspieler, der eine ziemlich maskuline Veranstaltung ist, während beim Roulette auch viele Frauen dabei waren. Ein korpulenter junger Mann springt auf und schreit einen anderen an: »Warum hast du das gemacht?« Er schlägt auf den Tisch, dessen weicher Überzug genau für solche emotionalen Ausbrüche gemacht ist. Der Schlag ist kaum zu hören, als würde er von einem Kissen abgefangen. Die wütende Frage richtet sich an einen Mitspieler, der ihn vermutlich in eine Falle hat laufen lassen. Offenbar ist dem Zornigen nicht klar, dass es Teil des Spiels ist, seine Gegner auf falsche Fährten zu locken.

Wir gehen zum Fahrstuhl. Unser Geld ist verwettet, was sollen wir also noch hier. Ein etwa vierzigjähriger Mitarbeiter stellt sich zu uns in die Kabine und streicht sich über seine Glatze, als würden seine Hände aus alter Gewohnheit durch eine Haarpracht fahren wollen, die da schon lange nicht mehr ist.

»Wann wurde hier eigentlich der Kampf um den Dresscode aufgegeben?«, möchte ich wissen und erhalte eine verblüffend genaue Antwort.

»Sommermärchen 2006. Damals haben wir alle reingelassen, und danach blieb es so.«

Die Shoppingmallisierung der Spielbank reicht damit schon weiter zurück, als ich angenommen hätte.

»Sind hier immer so viele Asiaten?«

»Eigentlich sind unsere größte Gruppe die Israelis, aber heute sind vor allem Gäste aus China da, das stimmt.«

Wir kommen unten an und unterhalten uns noch etwas länger mit ihm. Wenn wir hier schon nicht mit materiellem Gewinn hinausgehen, dann zumindest mit bildungstechnischem. So erfahren wir, dass gutes Personal schwer zu kriegen ist, weil die Arbeitszeiten bis fünf Uhr morgens nicht attraktiv sind. Ob er auch manchmal hier spielt, will Christine nun wissen, und er schüttelt den Kopf. »Das ist rechtlich gar nicht erlaubt im gleichen Bundesland.«

Außerdem bezeichnet er die Pokerspieler noch als »ganz unten in der Nahrungskette«, was auch auf die sonstigen Umgangsformen bezogen ist. »Wenn sich jemand am Telefon nicht vorstellt, gehe ich schon davon aus, dass es ein Pokerspieler ist, und meistens stimmt das auch.«

Nun laufen wir durch den bunten Automatenwald.

»Fällt dir eigentlich auf, dass die Geräte keine Geräusche machen? Es gibt keine Musik, wenn die Ziffern wirbeln«, meint Christine, als wir gerade durch das Drehkreuz gehen, das die Grenze zwischen Spielbankwelt und Welt bildet.

»Stimmt, das war es«, stelle ich fest. »Irgendetwas hat mich die ganze Zeit irritiert.«

Es ist tatsächlich die ganze Zeit seltsam still gewesen. Der Las-Vegas-Soundtrack aus schrillen Tönen fehlt hier völlig. Und so verlassen wir eine bunte und stumme Welt, in der man für gewöhnlich einmal mehr verliert als gewinnt.

Um kurz vor drei Uhr überqueren wir erneut den Potsdamer Platz, der nun endgültig nur noch für uns beleuchtet wird. Es ist eine milde Sommernacht. Sterne leuchten am Himmel, und wir machen noch einen längeren Spaziergang, statt sofort hinunter zu den S- und U-Bahnhöfen zu gehen. Kurz vor dem Brandenburger Tor rennt ein junges Paar einem Taxi hinterher, das sie übersehen hat und an seinen möglichen Fahrgästen vorbeigerauscht ist. Sie winken und springen auf die leere Straße, und tatsächlich bremst der Wagen ab und setzt zurück. Die beiden steigen erleichtert ein und verschwinden hinter der nächsten Kurve.

Zumindest jemand hatte heute Nacht also Glück in dieser Stadt.

Fazit: Casino ist wie Geld aus dem Fenster werfen, nur mit mehr Stil.

Nachwort

Etwa ein Jahr lang haben wir nun alle kapitalistischen Hebel bedient, die wir greifen konnten. Wir setzten auf Pferde und auf Boeing, wir gruben nach Schätzen und besuchten Investmentmessen. Wir ließen uns auf einem Motivationsseminar anbrüllen und standen auf dem Parkett der Frankfurter Börse – okay, ich zumindest. Gemeinsam gingen wir auf Versteigerungen und in Ateliers. Wir erwarben Kunst, verbrachten ganze Vormittage in sterilen Büros von Großbanken und hatten mehr als einmal halbkriminelle Geschäftsleute am Telefon.

Wir versuchten dem Reichtum zu Fuß, in Flugzeugen, Autos und Zügen näher zu kommen. Wir suchten ihn in Trier, Berlin und Düsseldorf, in der Stadt und auf dem Land, in Häusern und in Wäldern.

Und, hat es sich gelohnt? Sind wir jetzt reich?

Das ist nicht so leicht zu sagen, schließlich haben wir ja noch einige Eisen im Feuer. Wer weiß zum Beispiel, ob die Kryptowährungen nicht bald wieder durch die Decke gehen. Oder unsere Aktien oder die Kunst, die wir erworben haben. Warum sollte unsere Malerin nicht noch zu einem gefeierten Star der Szene werden? Da spricht doch nichts dagegen – also außer die Einschätzung aller Experten.

Sind wir zumindest reicher an Erfahrungen? Ja, sicherlich. Aber das ist nicht schwer. Jeder Mensch ist am Ende eines Jahres reicher an Erfahrungen. Das bringt das Leben einfach so mit sich. Wir sind ja auch alle in einem Jahr ein Jahr älter.

Was wir nach unserer Reichtumsjagd aber sagen können, ist: Es gibt ziemlich viele Möglichkeiten, da draußen in der Welt sein Geld auszugeben, anzulegen und abzugeben beziehungsweise zu verlieren. Die kapitalistische Versprechung, dass jeder reich werden kann, führt überraschend schnell von der breiten Hauptstraße auf holprige Seitenstraßen und von da auf unbefestigte Wege, die sich irgendwo in der Wildnis verlieren. Hier draußen drängen sich gern dubiose Gestalten als Berater auf, die man an den drei Z erkennen kann, denn sie scheinen frei von Zweifeln, Zögern und Zaudern. Mit dieser vermeintlichen Sicherheit beeindrucken sie unsichere Menschen, auf deren Geld sie es abgesehen haben. Also Vorsicht vor den Z-Menschen! Wer ihnen begegnet, ist irgendwo falsch abgebogen.

Christine und ich räumen jetzt erst mal alles auf den Dachboden, was uns an das Reichtumsjahr erinnert, und hoffen, dass in einigen Jahrzehnten unsere Enkelkinder beim Stöbern auf diese Kiste stoßen.

»Wow«, wird Enkelkind eins rufen, »unsere Großeltern haben ja Barnes-&-Noble-Aktien gekauft, die sind heute ein Vermögen wert!«

Woraufhin das altkluge Enkelkind zwei erwidern wird: »Das stimmt so nicht! Oma hat die gekauft, Opa hat sich darüber lustig gemacht!«

»Woher willst du das wissen?«

»Hier lag irgendwo mal ein Buch übers Reichwerden rum, das sie geschrieben haben.«

»Das will ich auch lesen!«

»Lohnt sich nicht, das ist viel zu alt.«

Quellen

Bücher:

[1]Donald Trump, »TRUMP – Wie man reich wird«, Ansichten und Einsichten eines Multimilliardärs, FinanzBuch Verlag, München 2004, 6., unveränderte Auflage 2017, Seite 8, 47, 51, 57, 60, 63, 65, 76, 97, 104, 108, 141, 144, 157

[15]Joachim Brandmaier, »Alles über Aktien«, Der Ratgeber für Einsteiger, Börse Aktuell Verlag, Stuttgart 2018, Seite 98, 104

[16]Nassim Nicholas Taleb, »Der schwarze Schwan«, Die Macht höchst unwahrscheinlicher Ereignisse, dtv, München 2010, Seite 162

Lexikon:

[6]»Deutschland – Erneuerbare Energien erleben«, Reiseführer, Baedeker Verlag, Ostfildern 2014, Seite 17

Zeitschriften/Hefte/Broschüren:

[2]Sparkassen-Broschüre »Optimierung Ihres Wertpapiervermögens«, Seite 6

[3]Jürgen Höller, »Die neuen Power-Days«, Workbook, Jürgen Höller Academy KG, Schweinfurt, Seite 153

[5]Axel Thiel von Kracht, »Butznickel« Sonderausgabe 1, Königstein, 2018, Seite 21

[14]Produktinformationen: Hampton By Hilton Aachen Tivoli Werbematerial, Seite 6

[17]Broschüre: IIV Mikrofinanzfonds, Seite 5

[19]Produktinformationen: »Uni Euro Kapital Corporates A – Risiko- und Ertragsprofil«, Seite 5

Internet:

[4]Manager Magazin, http://www.manager-magazin.de/fotostrecke/time-die-zehn-reichsten-leute-aller-zeiten-fotostrecke-128808-6.html, gesehen am 22.09.2018

[7]Naturfinanzen.de, https://www.naturfinanz.de/investmentfonds/themenfonds/, gesehen am 15.10.2018

[8]Fondsweb.com, https://www.fondsweb.com/de/LU0324479020, gesehen am 27.03.2019

[9]Adelstitel-kaufen.com, https://www.adelstitel-kaufen.com/deutsche-adelstitel/, gesehen am 24.09.2018

[10]Mondgrundstueck-kaufen.de, https://www.mondgrundstueck-kaufen.de/bestellen.html, gesehen am 22.09.2018

[11]Vice Magazin, https://www.vice.com/de/article/dpka7j/dennis-m-hope-gehort-der-mond-seit-1980-weil-er-sagt-dass-es-so-ist, gesehen am 16.10.2018

[12]BTC-ECHO.de, https://www.btc-echo.de/kryptokompass-der-erste-boersenbrief-fuer-digitale-waehrungen-ausgabe-4-oktober-2017/, gesehen am 23.09.2018

[13]Handelsblatt.com, https://www.handelsblatt.com/finanzen/maerkte/devisen-rohstoffe/kryptowaehrungen-bitcoin-mining-verbraucht-bald-mehr-strom-als-argentinien/20837230.html?ticket=ST-2099810-4NKlT20nGWsXDZjdfJas-ap3, gesehen am 20.10.2018

[18]Aurana Deutschland, http://www.aurana-deutschland.de/images/Oliver%20Kahn%20im%20Interview.pdf, gesehen am 30.09.2018